I0268924

50 Centimes — La Série de 5 Livraisons **DEUX LIVRAISONS PAR SEMAINE** 10 Centimes — La Livraison

LE CHATEAU NOIR

ROMAN HISTORIQUE ILLUSTRÉ

Par VINDEX

PARIS

CHEZ MM. PÉRINET & CIE, ÉDITEURS

10, Rue du Croissant, 10

1886

LE CHATEAU NOIR

ROMAN HISTORIQUE ILLUSTRÉ
Par VINDEX

Le Château Noir d'Oràas

PARIS
CHEZ MM. PÉRINET & Cie, ÉDITEURS
10, Rue du Croissant, 10

Paris.— Imp. F. DEBONS et C¹ᵉ, 16, rue du Croissant.

LE CHATEAU NOIR

PREMIÈRE PARTIE [1]

UN RAPT FÉODAL

I

Le soir de la Saint-André de l'année 1369, — une nuit de novembre, — le manoir féodal d'Oràas, dans la vicomté de Béarn, cessait d'allumer le feu d'*avis* et de *fidélité* au sommet de son donjon.

Ce manoir, anciennement appelé le castel de Mû (2), était bâti sur un mamelon abrupt ou butte argileuse immense, qui émergeait du sein des forêts d'Oràas et des châtaigneraies d'Escos. Il dominait le vaste amphithéâtre sauvage, et partout boisé, ayant pour limites et pour défenses : au nord-est, le château-fort de Belloc; au nord-ouest, la vieille cité visigothe et alors imprenable de Sordes; au sud-ouest, les tours lacustres de Labastide-Villefranche; au sud-est, la ville noble et l'une des anciennes citadelles de la Navarre, Sauveterre-de-Béarn.

A une demi-lieue, au sud-sud-ouest, l'un des grands torrents pyrénéens, le Gave d'Ossau courait, large et profond, servant de limite au fief d'Oràas.

---

(1) *Note de l'Editeur*. — Pour tous ceux qui ont lu le *Sang farouche*, dont la publication vient de finir à peine, les péripéties du sombre drame qui commence aujourd'hui auront un attrait puissant de plus, car les principaux personnages du *Sang farouche* vont réapparaître au cours du roman historique, le *Château noir*.

Le *Sang farouche* a été un grand succès. Près de quarante mille livraisons ont été vendues. Nous céderons l'ouvrage entier, broché, illustré de magnifiques gravures du moyen-âge, pour 2 francs 40 centimes les 24 livraisons réunies. Ecrire à M. Perinet, éditeur, rue du Croissant, 10. (Remise aux libraires-commissionnaires.)

(2) Aujourd'hui, la *penne* ou précipice de *Mû*.

La forteresse, qui portait aussi le nom légendaire et terrible de *Château Noir* (1), se détachait ce soir-là dans le ciel sans étoiles, comme une gigantesque ossature de pierre, aux arêtes confuses et aux cinq tours fantastiques; c'était la demeure du baron Gratian de Castelner (2).

La position du Mû était formidable. Dans le jour, avec ses abruptes accès, ses longs chemins en labyrinthe qui contournaient le mamelon, et que des obstacles et des piéges sans nombre hérissaient et défendaient à chaque pas; avec ses approches fortifiées et la seconde enceinte de ses hautes murailles, l'aire du vautour féodal inspirait un respect particulier à toute chevauchée errante, aux soudards en maraude et aux partis armés des *grandes Compagnies*.

Dans la nuit, isolé qu'il était, n'ayant même pas à sa base le village traditionnel des serfs du manoir, le château du Mû devenait pour tous un objet de terreur. Les âmes simples de ce pays et de ce temps-là en faisaient volontiers le séjour du mystère et le palais préféré des fées et du malin esprit.

Le soir où les événements de ce drame prennent naissance, nulle lumière n'apparaissait donc au sommet du Mû. Et cependant, un ordre formel de Charles V, roi de France, ordre apporté en Béarn et en Navarre par Bertrand Duguesclin, enjoignait aux barons, possédant tours en leurs châtellenies, aux églises et monastères ayant plates-formes de défense, d'allumer un fanal de nuit au sommet des donjons ou beffrois.

La guerre désolait à cette époque les provinces de Castille, que se disputaient Henri de Transtamare et Pierre le Cruel.

Le roi de France avait envoyé son illustre et fidèle capitaine Duguesclin guerroyer en Espagne pour la cause du Transtamare, et le héros breton avait profité de cette campagne pour purger la France des bandes éparses et indisciplinées de soldats qui, sous le nom de *grandes compagnies*, dévastaient les provinces et faisaient, pour leur propre compte, de continuelles expéditions de pillage.

Duguesclin, dans la seconde expédition de 1369, avait réuni et formé son armée en Béarn. Il avait imposé à Charles le Mauvais, roi de Navarre, une neutralité humiliante pour l'ancien agitateur qui joua un si

---

(1) Corruption de *Castelmoron* ou le *Château du Maure*. L'invasion sarrazine laissa des traces en Béarn.

(2) Autre corruption béarnaise de *Castel-nègre*, *Château noir*.

odieux rôle de traître, pendant les précédentes guerres entre l'Angleterre et la France.

Le futur connétable avait ordonné à tous les vassaux du roi Charles V d'entretenir un signal nocturne au sommet de leurs beffrois; c'est-à-dire un feu d'*avis* et de *fidélité* pendant la durée du passage et du campement des troupes nationales, sur les *marches* ou frontières du théâtre de la guerre.

Cette injonction militaire pouvait n'avoir qu'une valeur politique relative, car la fidélidité des barons, en ces temps troublés, ne dépendait pas toujours d'un signe extérieur imposé ou arboré par ordre.

Mais, au point de vue du rassemblement et de la sauvegarde des armées, il n'était pas inutile de recourir à des mesures qui assuraient la direction des étapes et le libre rendez-vous des contingents venant renforcer le corps principal. De même, en cas d'échec ou de retraite, un général prévoyant ne pouvait pas se dispenser de s'assurer des routes et des abris ouverts par l'alliance et la fidélité.

Tout baron qui contrevenait, en pareil cas, à l'ordre des lieutenants du roi, était déclaré félon, et passible du supplice réservé aux traîtres.

Charles le Mauvais, quoique suzerain étranger, avait subi, — à son corps défendant, sans doute, — l'ordonnance de Duguesclin; Gaston Phœbus, seigneur indépendant et suzerain de Béarn, mais loyal ami de la France, s'était montré, au contraire, plus empressé à satisfaire aux désirs du grand capitaine de Charles V et à pourvoir aux besoins de l'armée nationale. S'il ne suivit pas en personne le rival célèbre de Chandos et du Prince-Noir, c'est qu'il avait à tenir tête aux compétitions, à peine dissimulées, du comte d'Armagnac, et sa présence était nécessaire à la sécurité du Béarn.

Seul un vassal de Phœbus, le sire d'Oràas, démentait les bonnes dispositions du vicomte de Béarn; et Gratian de Castetner annonça, en effet, sa révolte en éteignant les feux de son donjon.

II

Un pèlerin *navarrot* (1), arrivé de Notre-Dame de Sarrance, frappait ce soir-là à la poterne d'asile, sous la barbacane avancée du Château Noir.

---

(1) En Béarn un *navarrot*, c'est l'habitant de la plaine ou du plat pays.

— Par la sainte Vierge et monseigneur Saint-André ! s'écriait-il, ouvrez au pauvre bourdonnier qui demande gîte pour la nuit ! J'apporte grâces plénières !

Aucune voix ne répondit au pèlerin. Le Navarrot distinguait pourtant des pas d'hommes d'armes derrière la muraille de la seconde enceinte. Dans le fond, des éclats de rire, mêlés à des jurons de soudards, se laissaient parfaitement entendre, tandis que les molosses du manoir, lâchés dans les chemins de ronde, entre la première et la seconde enceinte, envoyaient à la nuit quelques hurlements d'alarme.

Le Château Noir demeurait fermé pour notre pèlerin. Désespérant de se faire ouvrir, il redescendit l'étroit boyau qui, de la base, conduisait, en serpentant après de longs détours et de nombreux coudes, au sommet du mamelon indistinctement appelé thoron et que couronnait le Château Noir.

Au-dessus des zigzags de ce sentier stratégique surplombaient, de distance en distance, quelques meurtrières d'archers. En cas de guerre ou d'assaut, ces travaux pouvaient être utilisés par une garnison extérieure volante, de manière à rendre encore plus inexpugnable la citadelle aérienne.

C'est dans un de ces réduits, découvert à tâtons dans l'obscurité, que le pèlerin se blottit, ramenant à lui des feuilles sèches amoncelées dans le creux du terrain par le vent d'automne. Ne pouvant plus se hasarder à travers bois jusqu'au moustier d'Athos, qui lui eût donné asile, le Navarrot se disposa à passer la nuit à mi-côte de Mû ; et, après avoir recommandé son âme à Dieu, il se recommanda à sa propre vigilance.

Pour s'enhardir et se distraire, il monologua.

— Le révérend Errecart de Mendiondo, prieur des franciscains d'Orthez, a eu raison de me dire hier, après les vêpres, que mon retour du pèlerinage aurait peut-être plus de surprises pour moi que mon voyage de départ ! En me rapprochant de Léren, mon pays, je trouve en effet, de temps à autre, des partis armés qui m'arrêtent et me questionnent, des villes en état de défense où l'on m'observe, des maisons défiantes et des châteaux fermés ! Autrefois, tout s'ouvrait devant le pauvre pèlerin ! maintenant, la guerre met tout le monde en garde, et le bourdonnier passe souvent pour un espion. Je l'ai échappé belle au bac de Sainte-Marie d'Oloron !...

Ici le Navarrot se signa et récita les litanies des saints.

Puis il s'interrompit dans ses patenôtres :

— Est-il possible, mon Dieu ! que nul bruit, hormis le cri des chouettes et le bourdonnement des rapides du Gave, à Escos ou à Auterive, ne parvienne jusqu'ici ? Le silence du château n'est pas chrétien non plus ; il n'y a aucun feu au donjon, et je suis peut-être en terre rebelle !... Les loups même, heureusement pour moi ! qui n'ai que mon bâton, ne sont pas affamés ce soir ; ils ne viennent pas autour du Mù, comme ils le font après le couvre-feu, chercher dans les fossés des castels, au-dessous des guivres et des gargouilles, si quelque pendu n'a pas été décroché par le vent, après avoir montré et prouvé la justice ou les colères du baron.....

Et ne maîtrisant guère ses appréhensions, le Navarrot, que la bise froide saisissait dans sa cachette de pierre, s'interpella brusquement lui-même :

— Quelle pénitence nouvelle m'est donc imposée, mon Dieu ! pour qu'il me faille passer la nuit sur la *penne*, exposé à tous les dangers, alors que je pouvais rester à Athos, et demander asile aux frères hospitaliers d'Aspis ?... (1)

Il reprit ses litanies, mais c'étaient celles de la vierge Marie ; il murmurait *Turris eburnea,* quand le cor retentit tout-à-coup dans la forêt.

Le son, encore lointain de l'olifant, arrêta court les patenôtres du Navarrot.

Le bourdonnier, frissonnant de terreur, se blottit plus profondément dans l'un des angles de sa cachette.

A une telle heure, après minuit, ce cor retentissant sous bois, dans les ténèbres, ne pouvait être, pour ce rustique esprit, dévotement superstitieux, que la fanfare du sabbat...

Mais sa tête se redressa d'épouvante et de surprise, quand il entendit un autre son du cor parti du haut du castel pour répondre à l'olifant de la forêt.

Poussé par cet instinct de la peur qui excite l'âpre et inquiète curiosité des yeux et de l'ouïe, le Navarrot se releva à demi jusqu'à l'embrasure de la demi-lune qui lui servait d'abri ; il avait à sa droite, au-dessus de lui, l'ombre du manoir se confondant avec les ombres de

---

(1) Les frères prêcheurs avaient pris possession, à Aspis, d'un ancien fort appartenant aux templiers. Nous reprendrons plus loin cette note, et nous la compléterons par quelques explications historiques inédites. Que le lecteur le sache, cette œuvre est une page authentique de l'histoire du Béarn au moyen âge.

la nuit; à sa gauche, au fond du précipice, la nuit plus intense encore que celle qui remplissait le ciel.

Mais bientôt deux torches, plusieurs torches de résine brillèrent dans les clairières de la châtaigneraie d'Escos, et, sous l'éclat charbonneux des lumières dégageant une épaisse fumée, le pèlerin distingua tout un équipage de gens de pied, de cavaliers et de mulets chargés.

Un second appel du cor retentit, et le nain du beffroi répéta sa réponse; la herse du Château Noir, grinçant dans ses rainures, se levait rapidement, le pont-levis de l'enceinte extérieure se baissait, et des gens portant des fallots sortaient de l'intérieur du château pour faire tomber les chaînes qui barraient l'entrée de la double barbacane.

L'expédition nocturne était évidemment attendue au Château Noir.

Elle défila dans le sentier tortueux, sous les yeux du Navarrot qui ne bougeait plus derrière sa meurtrière.

Comme le chemin était escarpé et très-pénible, l'allure des arrivants obéissait aux exigences de la montée. Quelques varlets à pied éclairaient le chemin; ils avaient la mine de truands enrôlés par quelque capitaine pillard ou par quelque baron, voleur de grands chemins, comme il y en avait tant à cette époque.

Trois cavaliers armés suivaient, dont un en tête, portant couchée, en avant et en travers de sa selle, une femme qui paraissait inanimée.

Derrière, quelques roussins, pliant sous le bagage, étaient poussés à coups de gaule par des truands de l'escorte qui, attachés par le bras droit à la queue des derniers mulets, marchaient exténués et poussés à coups de bois de lance par les soudards, ivres de vin de Belloc, qui formaient l'arrière-garde de cet étrange cortége.

Le défilé se termina bientôt, car les arrivants nocturnes s'engouffraient sous les voûtes de l'entrée du Château Noir, et le pèlerin n'entendit plus que l'insolent refrain des barons rebelles, chanté par les soudards de l'arrière-garde :

> « Harri ! marche l'équipage !
> Entrons dedans, il y a bagage
> Pour refuser hommage au roi !... »

Puis les bruits du dedans, cors, vivats et hurlements de molosses, après avoir fait fête à cette fantastique équipée, cessèrent peu à peu; la herse s'étant abattue et le pont-levis ayant été levé, tout rentra dans le silence et dans les ténèbres.

Campement de Gitanos et de Miquelets, à Athos

Le pèlerin, pétrifié d'épouvante, resta debout dans sa cachette; il écoutait, il regardait encore dans le vague et dans la nuit, quand l'aube lui rendit conscience de lui-même...

Il redescendit précipitamment la *penne* du Mù, comme un fantôme qui tomberait des noirs nuages, pour s'envelopper et se perdre dans les froids et intenses brouillards de la vallée..,

10 CENTIMES.

III

Bayonne était alors au pouvoir des Anglais.

Les Anglais combattaient en Espagne sous les ordres du Prince-Noir, fils d'Édouard, roi d'Angleterre.

Le Prince-Noir, gouverneur général des possessions anglaises dans le sud-ouest de la France, avait pour lieutenant et pour connétable Jean Chandos, un des guerriers illustres de son temps, un digne émule des Ollivier Clisson et des Bertrand Duguesclin.

Pierre le Cruel, roi de Castille, avait su placer sa cause sous la protection des armées anglaises. Celles-ci étaient partout où il fallait combattre contre la France, tant la haine était terrible entre les deux peuples, tant l'âpre compétition d'Edouard le portait à revendiquer, jusque sur le plus secondaire champ de bataille, le trône de France qui ne pouvait lui échoir, — l'étranger le comprenait à merveille! — que par la ruine totale de la France, par la succession des désastres, ou par une immense félonie du peuple et des grands vassaux.

La lutte transportée en Espagne, grâce au génie de cet homme d'État qui manqua trop tôt à la France, grâce au roi Charles V; la lutte entre Pierre le Cruel, soutenue par le Prince-Noir, et Henri de Transtamare, pour lequel combattait Duguesclin, eut de nombreuses et sanglantes péripéties. Le général français fut battu une première fois à Navarette, où le Transtamare avait voulu livrer bataille, malgré l'avis si sage de Duguesclin. Celui-ci y fut fait prisonnier. C'était en 1367; et, au moment où nous allons le retrouver sur la scène, plus glorieux que jamais, le héros breton a payé au Prince-Noir sa rançon avec le trésor du roi de France. Pour la deuxième fois, Charles V rachetait son capitaine.

En 1369, on se battait avec plus d'acharnement encore. De part et d'autre, les exigences de la lutte entraînaient une grande perte d'hommes et le perpétuel approvisionnement des armées.

Les troupes anglaises se recrutaient par Bordeaux. Leurs contingents débarquaient à Bayonne ou à Saint-Sébastien, deux ports où s'accumulaient les subsistances achetées ou pillées sur le littoral du golfe de Gascogne.

Les bandes de Duguesclin se renforçaient par recrues rassemblées dans la vicomté de Béarn et recueillies un peu sur tous les grands chemins de France. Du Béarn, ces recrues étaient dirigées par Sauveterre, Saint-Jean-Pied-de-Port et les Aduldes, à travers les monts, sur les campements français en Espagne.

Comme les provinces vascongades, de l'autre côté des Pyrénées, avaient été mises à sac par les combattants des deux partis, il fallait faire arriver de France du blé et du vin, seul genre de vivres dont se préoccupassent, jusqu'au dix-septième siècle, les commandants d'armée. Le reste, en vertu des usages barbares de la guerre, provenait du pillage sur place et de la maraude permise. On devine, quand de nos jours les nouvelles *grandes compagnies* allemandes ont outragé leur siècle et notre civilisation par les plus iniques procédés de réquisition en guerre, on devine ce que devait coûter à un pays, en temps féodal, le passage et le séjour d'une armée !

Heureusement pour Duguesclin, les vassaux français de la frontière s'étaient faits à la fois les sergents recruteurs des combattants et les pourvoyeurs de l'armée française. Bayonne, au pouvoir de l'étranger, ne pouvait pas nous servir pour la prompte et facile expédition des hommes et des vivres ; mais les cols des Pyrénées n'étaient pas, pour les aventuriers de ce temps-là, de si périlleux passages, qu'ils ne servissent à de continuelles communications entre Duguesclin et la France.

Aussi, en 1369, le général de Charles V, bien renforcé cette fois et bien approvisionné, put acculer Chandos et Pierre le Cruel sous les murs de Montiel, et leur livrer cette bataille célèbre, la revanche de Navarette, qui devait être notre triomphe et celui de Henri de Transtamare.

Cette journée chassa l'Anglais de la péninsule ibérique et brisa la couronne tachée de sang de Pierre le Cruel. Elle fut la première du règne de Henri de Transtamare qui fit prisonnier, son rival sur le champ de bataille de Montiel. Henri, le lendemain, poignardait Pierre, son frère naturel, après un échange d'explications et d'injures.

IV

C'est pendant les préparatifs qui précédèrent la bataille de Montiel que Gratian de Castetner, seigneur du Château-Noir, joua le rôle sinistre de traître.

L'une des routes stratégiques du Béarn jusqu'aux Pyrénées espagnoles partait du gué d'Athos, à l'ouest de Sauveterre, en face des collines d'Authivielle et, pénétrant dans les territoires basques d'Hasparren, aboutissait, par Saint-Jean-Pied-de-Port, aux Aldudes et à Aïnhoa.

Par ce chemin, parfaitement à l'abri de toute incursion ennemie, les renforts et les vivres étaient dirigés sur l'armée de Duguesclin.

Des miquelets ou contrebandiers montagnards franchissaient les cols, traversaient les gorges, et affrontaient la neige et les précipices pour guider les convois français et porter jusqu'en Espagne des objets de consommation et de commerce.

Cette voie stratégique était très-ancienne. Elle existe encore aujourd'hui, par sections raccordées au réseau principal des routes nationales, au pied des Pyrénées.

Le mouvement de va-et-vient des hommes et des convois de mulets devait donc être très-considérable entre les Aldudes et le gué d'Athos.

Un instant la pensée vint à Gaston-Phœbus de placer des postes d'observation et de protection sur cette ligne de communication entre Duguesclin et la France; mais le noble suzerain de Béarn se rappelait le serment des barons; ses vassaux, à la dernière assemblée des Jurats, à Lescar, de prêter aide aux troupes nationales et de favoriser par tous moyens, en bons et fidèles amis du roi, le ravitaillement de l'expédition. Gaston-Phœbus se borna à confier au sire d'Oràas, à Gratian de Castetner, la garde du passage d'Athos.

En ce lieu était un campement de miquelets, de contrebandiers, de gitanos ou bohémiens basques, qui rassemblaient les provisions et les marchandises pour les porter par caravanes, à dos de mulets, jusqu'au delà des Pyrénées.

Une tolérance, qui devait sans doute être inscrite dans les *fors* primitifs du Béarn (1), voulait que les gitanos pussent vivre, séjourner et vaquer en liberté à tous travaux et négoce, hormis la culture, sur terres chrétiennes des fiefs, communes et biens des tenanciers.

L'intérieur des villes était interdit aux bohémiens. Leur présence dans une agglomération de feux, dans une ville fortifiée était réputée maudite, comme était maudite cette race errante.

---

(1) Les *fors*, fueros ou priviléges et libertés du Béarn. Les premiers *fors* sont dus à Centulle-Loup, l'un des premiers législateurs de la Novempopulanies traduits du celto-roman sous Jeanne d'Evreux, reine de Navarre, petite-fille de Philippe le Bel. La partie qui concernait le Béarn n'a été traduite que d'une manière imparfaite et incomplète. Nos fueros écrits et conservés à Pau doivent être bien abrégés (?).

Alors on vit, avant les persécutions qui se déchaînèrent plus tard sur les juifs et sur les gitanos (ces parias de la civilisation européenne), des campements de bohémiens qui furent, à une certaine époque, les caravansérails du sud-ouest au moyen âge.

Là, on travaillait délicatement les étoffes éclatantes et les métaux précieux.

Des artistes, restés inconnus, brodaient sur la soie ces magnifiques arabesques que les chevaliers, revenant des guerres méridionales, apportaient dans leurs manoirs pour la parure des châtelaines, ou à la cour des rois pour l'éblouissement des damoiselles.

Les artisans nomades des tribus bohémiennes damasquinaient l'acier du combat; ils marbraient de capricieux méandres d'or la dague des palatins, et les gitanos, leurs femmes ou leurs filles, constellaient de rosaces d'argent, sur les souples maroquins de Cordoue, la housse des palefrois.

V

D'où venaient les gitanos ?... de l'inconnu. Qui pourrait dire leur origine ? De même que les Phéniciens qui durent créer une grande civilisation, les bohémiens du monde occidental ont vécu sans laisser de monuments écrits. A l'égard de ces peuplades, détachées de quelque grand rameau transformé ou disparu, n'abordons pas l'hypothèse, et pourtant l'hypothèse est ici la seule base de la science.

Ils vivaient au jour le jour, chassés ici, tolérés là-bas, à la fois persécutés partout. Ils n'ont jamais possédé la certitude d'un tranquille réveil après la course agitée, après la nuit inquiète, et le sol leur a refusé jusqu'à l'ombre entière que trace en un jour l'arbre sous le soleil.

Les gitanos du quatorzième siècle, en Béarn, se rattachaient davantage à une société assise et naguère conquérante. Il est certain pour nous que les Maures d'Espagne et quelques tribus bohémiennes du midi de la France avaient quelques liens d'origine et des affinités de race et d'alliance. La proscription qui enveloppa à de certaines heures du moyen âge les juifs, les Maures et les bohémiens, tous désignés sous le nom de races maudites, provoqua le mélange des tribus, au moins pendant la durée de chaque persécution, et seuls, les juifs conservant leur foi, leurs lois, leurs coutumes et leur sang sans alliage, se séparèrent des campements proscrits, chaque fois que la chrétienté militante s'apaisait, pour quelque temps, dans son farouche prosélytisme.

Les bohémiens basques, qui n'eurent rien de commun avec les gypsies du pays de Galles, avec les zingari et les tziganes de la Moravie et de la Bohême, n'ont apparu dans le midi de la France qu'avec l'invasion sarrazine. Ils étaient les servants, les bateleurs ou les mendiants de l'armée d'Abdel-Ramman. Lorsque, plus tard, se créèrent en Espagne le khalifat arabe de Grenade et le khalifat mauresque de Cordoue (deux races parfaitement distinctes), les conquérants africains rejetèrent encore ces résidus des armées, hommes et femmes, qui devinrent les gitanos d'Espagne.

Repoussés en deçà comme au delà des Pyrénées, les bohémiens d'origine berbère ne tardèrent pas à se réunir et à se considérer en France et en Espagne comme membres de la même famille.

Le caravansérail d'Athos était, comme nous l'avons dit, un des plus considérables du versant français des Pyrénées. Les gitanos avaient rendu déjà de considérables services à l'armée française, soit comme guides, soit en qualité de convoyeurs. Ils étaient tolérés et presque protégés ouvertement par Gaston-Phœbus, qui leur donna le droit de vendre un jour par semaine, dans les villes fortes, les produits de leur industrie.

Ce furent les bohémiens campés à Athos, qui se firent les premiers colporteurs du sel blanc puisé et *cuit* à Salies-de-Béarn, après la découverte faite par Gaston-Phœbus des premières sources salées de cette bourgade, au centre d'un vaste entonnoir sauvage et giboyeux qui s'appelait, dans les temps reculés, « la Combe du Martinat. »

Le seigneur suzerain de Béarn n'attendait qu'une simple tolérance de l'Église pour proclamer francs et chrétiens ces hommes industrieux qui pouvaient faire honneur à la société de ce temps-là et qui, si la liberté et les égards ne leur eussent pas été ravis, pouvaient enrichir le pays par leur commerce et leurs artistiques ouvrages.

Quoi qu'il en soit, sous le règne de Gaston-Phœbus, les bohémiens sédendaires ou ceux qui ne se déplacèrent pas jusqu'au delà des limites de la vicomté de Béarn, jouirent des avantages réels d'une franchise de fait.

VI

La reine des bohémiens, au campement d'Athos, était une jeune fille dont le père, la mère et les cinq frères avaient été pillés et massacrés avec d'autres gitanos, quatre années auparavant, au passage de la Bidouzo, à Bidache.

Le métier de colporteur, de marchand ambulant, entre les deux frontières, avait de ces perspectives-là. Quand un parti de pillards, son baron en tête, tombait sur une caravane de gitanos, l'expédition était réputée sainte, et elle devenait fructueuse pour tout le monde : le seigneur emportait les marchandises ; les soudards gardaient les bêtes de somme qu'ils se jouaient entre eux, et que le plus favorisé allait revendre aux paysans et aux tenanciers des châteaux; Dieu lui-même avait sa part, disait-on, puisqu'on lui envoyait des maudits à juger dans l'autre monde; enfin, Satan y trouvait son compte, car ces forbans de manoirs risquaient volontiers leur salut éternel, pour violer les filles et les femmes qui avaient le malheur de se trouver dans une caravane surprise.

L'orpheline des massacrés de la Nive avait échappé à la mort des siens, parce qu'elle était restée à Athos avec les autres bohémiens de sa tribu. Elle fut proclamée reine des gitanos tolérés en toute la vicomté de Béarn, en vertu de cette croyance sigulière : « Tout être frappé par une grande calamité aura sa revanche heureuse, et la communauté doit en profiter. »

Les sorcières de la tribu avaient, comme toujours, prédit à la jeune fille des jours enchantés. La mère de celle-ci avait été à son tour reine des gitanos. On ne faisait que continuer dans la même famille un honneur que la beauté ainsi que le baptême de l'adversité précoce de la bohémienne orpheline justifiaient d'avance aux yeux des gitanos du Béarn.

Et les anciens de la tribu avaient brisé l'amphore traditionnelle d'argile, dont les débris indiquaient le nombre d'années pendant lequel la jeune fille pouvait être reine. Les formules cabalistiques de la proclamation solennelle avaient été prononcées par les aïeules de la tribu :

Chuckel sos pirela cocal terela !

C'est-à-dire :

« Le chien qui court trouve un os. (1) » Définition imagée de la condition errante de cette race, et formule d'espérance basée sur la certitude d'un avenir plus prospère, rattaché à la destinée de celle qui devenait désormais la fée protectrice des proscrits ! »

Goïta était son nom. Son type était celui des mauresques d'Espagne. Sa beauté était incomparable, et, au temps où se place notre récit, cette beauté était proverbiale en Béarn.

Plus d'un chevalier de la cour de Phœbus avait tenté un enlèvement audacieux de la jeune reine des gitanos, sauf à faire excuser le rapt par le baptême de la maudite et par l'absolution du ravisseur.

A la cour très-licencieuse de Charles le Mauvais, à Pampelune, il s'était trouvé des cavaliers plus audacieux qui traversèrent la Bidassoa pour venir admirer et tenter d'enlever, pour en faire une bayadère de Castille, la perle des Morisques, comme les chrétiens l'appelaient en Béarn.

Lors de la première expédition de 1367, au passage de l'armée française, deux ans avant les événements dont nous nous occupons, plus d'un, parmi les galants officiers de la suite de Duguesclin, avait proposé un pacte au diable pour pouvoir ramener en croupe la Goïta d'Athos. On répétait aussi le mot d'un capitaine bourguignon, dit à la cour du seigneur de Sauveterre, pendant l'étape de l'armée nationale en Béarn :

« Si la maudite veut me suivre jusqu'en Bourgogne, je la ferai vénérer à Saulieu comme on y vénère la châsse de saint Andoche! (2).

Goïta, instruite par les malheurs de sa famille, n'avait jamais quitté les campements d'Athos.

Au moment où la lutte éclata en Castille, elle avait demandé aux miquelets de Navarre, de Catalogne et même d'Aragon, leurs services de convoyeurs et leurs équipages de mules pour transporter du Béarn en Castille les provisions de guerre et toutes les marchandises de menu commerce pour les camps.

---

(1) Devise des bohémiens d'Escuehunac en langue basque.

(2) Le tombeau de Saint-Andoche, à Saulieu, dans l'église de ce nom, date du sixième siècle.

Le *Navarrot* ou pèlerin de Notre-Dame de Sarrance.

On entreposait à Athos les charges destinées à ce voyage d'outre-monts. Les bohémiens s'étaient en quelque sorte assuré l'entreprise de ce transport à dos de mulets, qui devenait parfois, tant les passages étaient difficiles, un transport à dos d'hommes. Rappelons-nous que l'Anglais tenait la Bidassoa, et qu'il ne restait aux Français, pour tromper ou pour tourner les auxiliaires de Pierre le Cruel, que les sentiers et les abîmes alpestres des Pyrénées.

Gaston-Phœbus avait recommandé au sénéchal de Sauveterre la plus grande « charité » (1) à l'égard des bohémiens d'Athos, dont les services

(1) Dans ces temps féodaux, la bienveillance envers les humbles et les proscrits n'était jamais qu'une aumône ou le fait d'un caprice généreux du maître et de la caste plus élevée. La bonté, la bienveillance, les égards, s'appelaient *charité*.

devenaient de plus en plus indispensables à l'armée nationale, opérant au delà de la grande chaîne.

Le seigneur suzerain de Béarn, entraîné par la chasse ou attiré par la renommée de la reine des bohémiens, s'était rendu plusieurs fois au milieu des gitanos. Le prestige de la jeunesse, de la beauté orientale et celui non moins attrayant peut-être du fruit… maudit, avaient éveillé dans l'âme de Gaston-Phœbus un sentiment qui, sans être l'amour, était déjà celui d'une vive et indéfinissable sympathie pour la Goïta.

Et, du reste, la ravissante créature paraissait mériter cette attention quasi-royale, autant par ses réelles qualités que par ses charmes extérieurs. Sa royauté toute nominale, œuvre d'un puéril ou primitif préjugé de sa race, lui laissait, comme à ses compagnons de proscription, toutes les incertitudes du lendemain. Au milieu des femmes et des filles de la tribu, elle travaillait à ces amulettes de soie et d'or que les superstitieux soldats de l'armée française — chevaliers et simples combattants — achetaient à l'envi comme de précieux talismans.

Elle exerçait pourtant sur les siens une autorité qui n'était pas un vain mot. On la savait puissante : aujourd'hui, par l'heureuse et mystérieuse chance qu'elle procurait à la tribu; demain, par les avantages de plus en plus considérables qu'on supposait sa merveilleuse beauté capable de produire encore.

Les gitanos, d'origine moresque, n'oubliaient pas dans leurs traditions la fortune des filles esclaves élevées jusqu'aux splendeurs du kalifat par les émirs et les conquérants almohades.

Goïta aimait.

VII

Goïta aimait Enrique Sünhart, le chef des miquelets de Lecumberry, dont les convois nombreux et bien escortés arrivaient constamment au camp de Duguesclin.

Enrique n'était pas gitano. C'était un jeune et vigoureux basque dont l'habileté et le courage avaient été appréciés par le chevalier Arnaud de Bideren, baron béarnais et lieutenant de Gaston-Phœbus.

Arnaud de Bideren avait été mis à la disposition de Duguesclin, pendant la campagne de Castille, en qualité d'officier des guides montagnards et des interprètes navaro-castillans.

Enrique servait de messager entre l'armée française et la cour de Moncade, où régnait Phœbus.

Les messages reçus par le seigneur de Béarn étaient transmis ensuite, à franc-étrier, par des courriers royaux (1) fournis par les vassaux fidèles, depuis la Gascogne jusqu'à l'Ile-de-France, au roi Charles V qui, de son cabinet, à Paris, dirigea toute la politique et les expéditions extérieures de son règne. Le roi de France, en profond politique, ne s'exposait pas, comme ses prédécesseurs, à laisser la nation sans direction et sans chef, comme ce malheur se produisit, si fatalement, après le désastre de Poitiers et la captivité du roi Jean à Londres.

Entre le Basque Sünhart et Goïta, il y eut bientôt un serment d'amour.

La jeune bohémienne osa l'avouer un jour à Gaston-Phœbus, qui lui demandait si, voulant devenir chrétienne et sa sujette affranchie, elle ne chercherait pas tout le bonheur qu'une jeune fille a le droit de rêver pour son cœur.

La scène avait lieu dans le bois d'Aspis, sur les bords du Gave.

Le seigneur de Béarn, entouré de quelques chevaliers, d'une suite nombreuse de pages, de piquiers et de varlets, se reposait d'une laborieuse chasse au héron sur les bords du lac de Labastide.

Avant de rentrer au château de Sauveterre, où Gaston-Phœbus comptait passer la nuit, le seigneur et sa suite faisaient une solide collation de la vesprée et l'on mangeait... comme on savait manger au moyen âge.

Le tambourin et le chant des gitanos se faisaient entendre à distance pour distraire cette halte seigneuriale.

La reine des bohémiens était là, et Gaston-Phœbus l'envoyant quérir par un page, lui demanda une danse, que la Goïta exécuta de la meilleure grâce.

C'est alors que le vicomte de Béarn lui posa la question à laquelle la gitana avait répondu simplement et franchement.

Gaston-Phœbus parut un moment étonné d'une résolution qui allait priver la colonie d'Athos de sa merveille et assurer à l'heureux Enrique un bonheur dont plus d'un chevalier ou manant pouvait être jaloux.

— Qui donc t'a baptisée pour te préparer à l'union avec un chrétien? demanda le suzerain.

— Il y a longtemps, mon gracieux seigneur, que l'Eglise m'ouvre

---

(1) Les postes royales ne furent organisées d'une manière un peu régulière que le siècle suivant, par Louis XI.

son giron. Les moines du Temple (1) ont fait de moi une catholique.

— Tu quitterais donc le Béarn pour la Navarre d'Espagne ?

— S'il le faut je suivrai partout Enrique ; et, s'il le veut, je lui demanderai qu'il reste ici votre serviteur, pour que je puisse toujours vous remercier de votre bonté et de votre clémence pour moi et pour ceux de notre sang.

Gaston-Phœbus fut vivement impressionné par ce langage plein de franchise, de résolution et de véritable reconnaissance.

— Fille, ce que tu dis là, répliqua le seigneur d'un ton doux, mais quelque peu solennel, prouve à l'assistance que la grâce t'a touchée puisque tu parles comme une vraie chrétienne qui reconnait nos bonnes intentions. J'ai donc bien fait de te donner asile et sauvegarde à Athos. J'avais protégé les gens de ta race ; je te dois pour tes sentiments meilleur sort et franchise en Béarn. Je veux récompenser davantage les services du messager de mon chevalier de Bideren, et je permets votre mariage. — Goïta, le seigneur de Béarn t'appellera à Moncade.

Il se leva, et l'assistance imita le mouvement du suzerain, congédiant d'un gracieux geste la gitana après ces paroles qui saisissaient d'émotion la jeune fille, et qui ne faisaient que précéder un acte d'affranchissement plus complet pour l'orpheline des massacrés de la Nive.

Parmi les témoins et les suivants du suzerain se trouvait Gratian de Castetner, sombre, soucieux, constamment méditatif, dont les yeux ne se détachèrent pas un seul instant de la Goïta, et que celle-ci ne regardait pas sans appréhension.

Ce n'était pas la première fois que la Gitana voyait le sire d'Oràas, et ce n'était pas la première fois qu'elle frissonnait, en secret, devant cet homme.

Nous saurons bientôt quel était cet homme.

VIII

Le serment d'amour entre Enrique et Goïta remontait à quelques mois.

Au printemps de 1369, pendant une soirée douce et tranquille, on entendit des bords du Gave le chant lointain des muletiers basques

---

(1) L'ancien couvent d'Aspis, enlevé aux Templiers et donné aux religieux franciscains.

descendant les collines d'Authivielle, et rentrant en Béarn après un long voyage de trente jours.

Les gitanos accourus sur les deux rives se concentrèrent au gué d'Athos pour recevoir les intrépides convoyeurs.

Enrique Sünhart marchait joyeux et empressé à la tête de son équipage. Ses miquelets étaient armés du makila, le flexible bâton noueux des basques et de la navaja, le couteau-poignard d'Aragon qu'on n'affrontait pas impunément.

Le jeune chef de Lecumberry fit lestement passer mules et gens par le gué peu profond de la rivière, et, jetant son béret en l'air, il s'écria, marchant vers la foule assemblée :

— *Vive Béarn et France* ! La France a vaincu ! Don Pèdre de Castille et l'Anglais ont crié merci !

Les gitanos et les paysans confondus ensemble acclamèrent les messagers de la Victoire. A leurs vivats se mêlèrent les cris d'allégresse des miquelets basques. Un même sentiment de patriotisme faisait éclater les âmes et, on l'a dit avec raison : l'idée française, l'idée nationale et patriotique date véritablement du règne de Charles V.

Enrique, courant vers les premiers assistants de cette joyeuse arrivée, embrassait paysans et bohémiens.

— Voici l'écrit de la bataille ! s'écria-t-il dans un accès d'enthousiasme.

Et il tirait des vastes replis de sa large ceinture de laine rouge un parchemin en rouleau.

— Voici, voici, continua-t-il, ce que m'a donné le sire de Bideren pour le seigneur de Moncade : c'est la grande nouvelle qui partira pour le roi de Paris !

Sünhart était en effet chargé du bulletin de la victorieuse journée de Montiel, gagnée par Duguesclin sur don Pèdre et sur Chandos, le 14 mars, vingt jours auparavant.

— Où est la reine ? cria Enrique, cherchant à travers la foule qui entourait les nouveau-venus.

Dans la semi-obscurité du crépuscule, celle qu'il réclamait s'approcha :

— Enrique ! dit Goïta.

Ah ! je t'embrasse pour ma bienvenue et pour notre victoire ! cria le jeune Basque.

Et tandis que bohémiens, paysans et miquelets, mêlés ensemble, gagnaient allègrement le caravansérail d'Athos au milieu des chants, des joyeux vivats et du bruit des clochettes suspendues au col des mules, le jeune Sünhart et la Goïta ralentirent leur marche pour laisser converser leurs âmes un peu loin de ce flot bruyant.

— Je reviens et pour toi ! s'écria le Basque, entourant la taille de la jeune fille qui ne parlait plus. Vois, dit-il, sous quelle bonne étoile je te reviens, car tu m'avais demandé d'être assez heureux pour obtenir du seigneur de Moncade droit d'asile et de franchise pour toi !

Avec ma nouvelle, ne serai-je pas bien écouté demain à Orthez ? Goïta, ne comprends-tu pas qu'il y a maintenant du bonheur pour toi et pour moi, et qu'on va permettre au miquelet de Lecumberry de faire sa femme de la reine d'Athos ?

Et Goïta, émue et soupirante, s'arrêta un instant, regardant langoureusement Sünhart :

— O Enrique ! dit-elle, mon cœur bat... je ne sais pas quel sera son bonheur, mais il n'a jamais eu le bonheur qu'il éprouve en ce moment !...

Il y eut entre les deux jeunes gens un court silence, mais Goïta reprit :

— Enrique, me promets-tu maintenant de m'emmener loin de ce pays ? — N'importe la distance, n'importe le danger des voyages, je te suivrai partout et comme tu l'entendras !... Il faut que je quitte Athos, et, en me donnant à toi, je veux être à toi jusqu'à la mort, et je ne te quitte plus !

Sünhart, que la passion transportait, ne trouva qu'un bienheureux soupir pour réponse, mais son bras enlaçait plus voluptueusement, plus passionnément celle qui se livrait tout entière à lui.

— Goïta, ô ma Goïta, dit-il, je t'aime !... nous nous aimons... nous ne nous l'étions jamais dit, et nous nous étions parlé pourtant par le cœur... depuis que nos regards s'étaient rencontrés ! Mon cœur aujourd'hui éclate... — Vois ! je ne peux plus parler ; mais tiens, écoute-moi ! et renversant doucement sur son épaule la tête de sa belle amante, il scella par un ardent baiser cet amour que rien au monde, pour ces libres fiancés, ne semblait devoir contraindre ou retarder désormais.

Mais on se rapprochait d'Athos, où Sünhart devait passer la nuit.

Le lendemain, dès l'aube, il avait pour mission de se rendre à Orthez afin de remettre à Gaston-Phœbus l'heureux message du commandant de l'expédition française en Castille.

Goïta lui dit :

— Enrique, séparons-nous pour ce soir. Nous voici arrivés ; gardons pour nous le secret de tout le bonheur que tu m'apportes ; à ton retour d'Orthez, je te dirai pour toujours : viens ! et je te conjurerai de m'emporter au loin, car ici notre amour serait troublé !

— En quoi ? répondit vivement Sünhart, qui s'arrêta tout étonné.

— Tu le sauras demain, répondit la bohémienne. Je suis à toi pour toujours, pour la vie... car je t'aime jusqu'à affronter pour toi et avec toi mille fois la mort... Tiens ! et embrassant vivement son fiancé, elle lui échappa et elle courut à la foule qui faisait halte au milieu d'Athos.

IX

Le lendemain, Enrique, comme il l'avait annoncé à Goïta, s'était rendu, par Orion, en la cité d'Orthez pour remettre au comte de Foix, suzerain de Béarn, le message glorieux de l'armée française.

Gaston-Phœbus fit publier à son de trompe, par ses hérauts d'armes, la nouvelle de notre victoire sur Chandos et sur le prince de Galles.

La France, depuis Crécy, hélas ! — depuis Poitiers et Navarrète, n'avait pas eu l'occasion de se livrer aux patriotiques allégresses.

Aussi, le Béarn, profondément patriote, en ces temps-là surtout, accueillit avec transport cette première revanche des désastres passés : la victoire de Montiel devint le prétexte de fêtes publiques dans toute la vicomté.

Le jeune Sünhart, l'intrépide coureur d'Arnaud de Bideren, fut largement récompensé par le seigneur de Moncade.

Gaston-Phœbus l'attacha définitivement à sa maison militaire avec le titre de messager et de guide des comtés de Foix et Béarn. Les miquelets, servants et convoyeurs de Sünhart, eurent libre franchise de péages, bacs et haltes sur les eaux et terres seigneuriales et domaniales des castels.

Gaston-Phœbus était un prince très-éclairé qui savait discerner et qui, sans trop s'arrêter aux préjugés de son temps, choisissait ses serviteurs et les élevait d'une condition obscure jusqu'aux charges les plus enviées de son administration seigneuriale.

Enrique revint quelques jours après à Athos. Il était pressé d'annoncer aux siens, qui l'attendaient, la faveur insigne qui l'élevait tout à coup du rôle de contrebandier à celui de messager du prince, et il était fier de se montrer à Goïta paré de la livrée nouvelle que l'intendant du palais de Moncade lui avait fait revêtir.

Le messager seigneurial portait la casaque de laine, mi-partie rouge et bleue, des couleurs de Foix et de Béarn, portant à l'épaule senestre l'écusson du suzerain. Sa tête était coiffée du béret bleu avec l'aigrette de courtes plumes de paon, l'oiseau royal placé dans les armes du Béarn. Sa taille serrée par la ceinture de cuir aux ornements d'acier portait un poignard de combat et une corne d'appel.

Comme les héraults porteurs de cartels, on lui avait passé sous sa casaque une cotte de mailles finement tressée, car plus d'un, parmi ces hardis courriers féodaux, risquait dans ses missions ostensibles ou secrètes le coup de dague de quelque espion indiscret ou jaloux.

Goïta apercevant son fiancé... son amant, ne parut pas surprise de la situation nouvelle d'Enrique.

Seulement, dans un tête-à-tête où elle attira le jeune homme, la gitana lui dit :

— Enrique, toi qui grandis avec les barons chrétiens et toi qui repars encore, crois-tu que tu pourras toujours m'appartenir ?

— Oh ! que parles-tu ainsi au Basque Sünhart qui t'étreint dans ses bras et qui te jure éternelle fidélité ! répondit Enrique.

Et dans un transport d'amour, il attirait dans ses bras la belle bohémienne, qu'il rendait muette encore par le plus brûlant baiser.

Ils étaient seuls, loin du bruit joyeux des villageois, des bohémiens et des miquelets chantant et buvant dans le campement d'Athos.

Elle s'assit sous l'un des chênes séculaires qui formaient la verte bordure du Gave. Et lui, à ses pieds, ses yeux dans ses beaux yeux à elle, tenant dans ses mains les blanches mains de sa maîtresse, il lui parla ainsi :

— Dis-moi enfin, Goïta, moi qui t'ai tout dit, puisque je t'ai juré dévouement et sacrifice, dis-moi ce qui t'oppresse, et chasse, entre nous, jusqu'au nuage du plus léger secret... Tu le vois, je dois repartir pour le seigneur de Moncade ; il faut que j'aille prévenir le sire de Bideren de faire retourner par les montagnes et par Puycerda l'armée française et surtout le général du roi de France; car l'Anglais, battu, va se replier par Bayonne, par Béarn et Bigorre, à ce que dit le seigneur de Moncade, et tout cela est cause d'effroi pour les barons et pour le pays.

Procédés des barons pillards contre la propriété au XIVe siècle.

J'ai noble et nationale mission en portant ce grand message et, tu le vois, il faut que j'obéisse à notre gentil maître de Béarn! Coûte que coûte, par embuscades de traîtres, par forêts de loups ou par sentiers d'izards, il faut que j'arrive en Aragon et d'Aragon en Castille, jusqu'au camp français, et que j'attire ici les lances de messire Bertrand Duguesclin, pour que Béarn échappe à la rançon des Anglais battus et rendus féroces. Ils prennent nos chemins pour rentrer en Guyenne!

Ah! je vais tout affronter pour réussir et pour te revenir bientôt, et je réussirai, et je reviendrai, Goïta! car je veux t'avoir après, tout à moi, toujours et sans trêve!

Mais, parle, dis tes pensées... Tu me caches des secrets ou des chagrins...

Et se redressant :

T'ai-je offensée depuis l'heure où j'ai dit à la reine d'Athos que Sünhart de Lecumberry en ferait sa femme adorée ?

T'a-t-on offensée, toi la douce fille, toi la belle amante, toi ma Goïta ?... Oh ! alors cette dague qui pend à mon côté prendrait son baptême dans le sang d'un maure, d'un chrétien ou d'un baron... Par le Dieu vivant !

Et l'impétueux jeune homme s'était levé, et sa main avait sorti à demi du fourreau la lame aiguë de son poignard vierge encore.

X

Il y eut une seconde de silence.

— Enrique ! dit tout à coup Goïta, qui d'un geste avait calmé son fiancé, et qui entraînait celui-ci loin des bruits d'Athos dans le sentier solitaire, Enrique, écoute-moi.

Et la jeune fille, la jeune femme, était sérieuse et émue.

— Enrique ! je ne resterai plus dans ce pays si tu pars sans moi... il y a des dangers pour celle que tu aimes. — Non, Enrique, ne m'interromps pas... Cesse de pâlir ! Laisse-moi te parler comme on veut parler à son seul amour, à sa vraie espérance.

J'ai la vingtième année, tu le vois, l'âge bien sérieux parmi les nôtres, pour notre sang et sous ce soleil d'Espagne ! J'ai vécu seule reine des gitanos sans les miens, si misérablement tués, et je me suis défendue de bien des surprises au milieu des chrétiens ravisseurs, des chevaliers hardis ou des hommes de notre race. A vrai dire, tout ici, tout autour de moi était indifférent à mon cœur : je n'aimais point !.. si ce n'est toi !

Quand il m'a fallu sur ces pelouses ou dans leurs castels payer de danses ou de chansons l'hospitalité ou la clémence des seigneurs, je ne songeai pas à devenir la bayadère du village, la favorite d'un château. Nos vieilles femmes de la tribu lisaient pourtant mon sort, et elles annonçaient mon baptême catholique et ma puissance prochaine dans les bras du sire de Moncade.

Ah ! j'y étais bien insensible, à ces prédictions, trop communes dans la bouche de nos vieilles bohémiennes, et je n'ai jamais fourni au hasard le droit de faire de moi une fille perdue !.. J'ai demandé aux puissants aide et protection pour les gitanos du Béarn, et on m'a accordé toutes les faveurs, mais on n'a obtenu autre chose de moi qu'une loyale reconnaissance.

Maintenant on veut demander à la gitana ce que la gitana ne peut donner qu'à son fiancé, l'amour ! — Et quand mes yeux ont vu tes yeux, mon cœur s'est donné à ton cœur : toi seul disposeras de cet amour...

Mais protége ta fiancée ! protége celle qui t'aime.

Emmène-moi loin des miens qui me tueraient si je refusais les faveurs d'un baron... Emmène-moi, si tu tiens à Goïta, car un baron m'épie : le seigneur du Mù, le baron de Castetner a juré de m'enfermer pour lui dans les tours du Château Noir. Et qui me protégerait ? Je n'ai plus que le seigneur Phœbus, et il faut me donner à lui — si je ne t'ai pas... si je ne meurs pas...

Sünhart ne se contenait plus. — Quoi ! dit-il, je ne pourrais pas même accomplir mon serment ? J'ai juré de franchir la montagne et l'Aragon pour aider au succès de nos armes et pour préserver Bigorre d'une invasion de l'Anglais en déroute et en retraite ; j'ai juré de partir seul, de revenir sain et sauf, ma mission remplie, et j'ai juré d'être heureux dans mon voyage, afin de te retrouver pour jamais... j'ai juré pour qu'on permît mon mariage avec la gitana ! j'ai juré, à mon maître, au suzerain de Moncade, de partir de suite, quoi-qu'il m'en coûte de te quitter un seul instant, toi qui es ma vie, ma flamme, mon ambition !..

Et suffoqué, se dégageant de la Goïta, il cacha sa tête dans ses mains.

— Oh ! mon Dieu ! fit-il avec un gros soupir : Goïta, laisse-moi remplir mon devoir de reconnaissance ! je suis soldat de mon suzerain et le suzerain fera de moi, si je réponds à sa confiance, le plus heureux des hommes, puisqu'il nous donnera l'un à l'autre, moi riche, à toi affranchie ! Il me faut partir seul ce soir, où ta présence serait un perpétuel danger. Mais, si tu le veux, si tu l'exiges, dit-il, s'arrêtant court et subitement froid, je jette dans le Gave ces vêtements de ma nouvelle charge ; je jette dans le Gave le serment d'un Basque ! — je t'emmène, mais honteux, et notre amour ne s'abritera plus sous le ciel doux de France... car j'aurai failli au serment de Sünhart ! Dis, et Sünhart va obéir.

— Oh ! pardon ! pardon ! ami, fit la jeune fille en sanglotant et en se jetant aux pieds de son amant : ne parlons plus de mes craintes, j'ai eu tort et l'amour m'a rendue folle et impatiente... Sois soldat, sois Basque ! sois franc ! fais ton devoir et reviens-moi...

Elle se releva et interrompit Enrique de sa voix douce et avec un sourire indéfinissable et profondément amoureux :

— Je t'attendrai ! je me défendrai ou je mourrai !

. . . .

Dans la nuit, le messager du comte de Foix, accompagné d'un miquelet armé, avait gagné les chemins secrets de Pampelune.

Tels étaient les événements et les figures de cette histoire au point où nous nous sommes placés pour entrer dans le récit.

La guerre d'Espagne est terminée, mais l'Anglais va réapparaître sur le sol français, malgré la dernière victoire de Bertrand Duguesclin.

Nous ne nous attarderons pas sur les péripéties d'une lutte qui se prolonge en raison de la longueur même de la ligne de retraite de nos ennemis.

L'épisode du *Château Noir* appartient à cette période du *retour de Castille* qui n'est, historiquement et stratégiquement parlant, que la retraite des Anglais sous le règne de Charles V (1).

XI

Pourquoi la reine d'Athos avait-elle instamment supplié son fiancé Enrique de l'emmener avec lui, loin de ces contrées du Béarn, où dans sa condition de proscrite elle trouvait protection et riches profits par le commerce et les relations des gitanos en Espagne ?

Il s'était passé un fait ignoré de tous et dont la Goïta avait gardé le secret, même envers son amant.

Gratian de Castetner, seigneur du Château Noir, faisait la cour à la Bohémienne.

Pour des hommes féroces, peu scrupuleux et puissants, il n'était pas difficile de satisfaire une passion semblable, alors qu'il ne s'agissait que d'une « fille de mécréants. »

---

(1) Toutes les parties historiques ou épisodiques de ce drame se trouveront expliquées et développées dans le 1er et le 2e volume des fastes inédits du Béarn, que prépare l'auteur, et qui ont pour titre : *la Cour de Moncade et le Sénéchal de Sauveterre*. C'est là que se retrouveront les figures de Charles le Mauvais, de don Pèdre avec Eléonore de Guzman et Blanche de Bourbon ; de Gaston-Phœbus avec la favorite de Moncade. On se trouvera aussi en présence de personnages nouveaux, tels que le sénéchal Pierre d'Ostabat, le captal de Buch et sa maîtresse ; Jean V, comte d'Armagnac, et sa sœur Isabelle, épousée incestueusement malgré les foudres du Vatican ; Mathieu de Castelbon, etc., etc,

Gratian aurait facilement enlevé la gitana, si la crainte du suzerain de Béarn ne l'eût arrêté dans ses convoitises.

Car le sire d'Orâas croyait Gaston-Phœbus épris de la bohémienne ; et, sur le terrain brûlant de l'amour, le vassal — quoique d'un caractère indépendant et audacieux — n'osait pas encore entrer en lutte ouverte avec son suzerain.

La Goïta, qui n'avait pas répondu autrement qu'avec un sentiment de la plus chaste reconnaissance aux faveurs publiques du suzerain de Moncade, accordées aux bohémiens tolérés en Béarn, Goïta ne répondit pas aux avances réitérées du baron Gratian, dont le visage froid et cruel était loin d'inspirer l'amour.

Souvent le seigneur du Mù qui, dans ses chevauchées, se dirigeait constamment vers le campement d'Athos, avait demandé à Goïta d'aller danser aux fêtes seigneuriales du Château Noir.

Mais la jeune fille avait toujours refusé au baron Gratian. Le Château Noir lui inspirait des craintes superstitieuses, et elle avait toujours entendu dire dans le pays : la femme qui entre là n'en sort plus !

Gratian comprit que cette belle jeune personne ne se donnerait jamais librement à lui. Il médita dès-lors contre Phœbus, qu'il jalousait dans sa puissance et qu'il persistait à considérer comme son rival, le projet le plus abominable.

En relations secrètes avec Charles le Mauvais, il suggéra à cet infâme génie la pensée de laisser pénétrer en Navarre et en Béarn les bandes de Chandos, victorieuses ou vaincues.

Le plan de Gratian consistait en ceci :

Il provoquerait, par suite de l'invasion anglaise, l'intervention du roi de Navarre en Béarn, et Gaston-Phœbus, pour sa vicomté d'abord, et ensuite pour son comté de Foix ; les sires d'Albret pour Tartas, et d'Armagnac pour Lectoure et Nogaro, seraient suffisamment occupés à tenir tête à l'envahisseur et à lui disputer le terrain.

Gratian, au milieu du désarroi général, se déclarerait le lieutenant de Charles le Mauvais en Béarn, et deviendrait indépendant du comte de Foix, celui-ci vaincu ou expulsé. Il calculait que la trombe ennemie passerait rapidement sur le pays, grâce aux concessions de Charles le Mauvais envers le prince Noir... Dès-lors, il se voyait suzerain de toute la sénéchaussée de Sauveterre et des châtellenies d'Aspis, d'Athos, d'Escos et d'Orâas, jusqu'à Sordes, à l'ouest, et Belloc, à l'est.

L'ambition du traître satisfaite, le désir du vassal jaloux se trouvait réalisé... Au bout de tant de désastres, Gratian voyait surtout la Goïta !

Il lui fallait s'emparer par félonie des gorges des Pyrénées basques et de tous les gués et passages d'eaux et de forêts en Béarn, afin de pouvoir seul abaisser la barrière devant les anglais chassés de la Castille.

Gaston-Phœbus, trompé par la sombre physionomie de son vassal qu'il appelait son baron taciturne, déclara plusieurs fois que, seul, le sire d'Oràas pourrait garder et défendre la route des Aldudes avec cinquantes lances et cinq cents miquelets.

Ce plan, dont ce n'est pas ici le lieu ni le moment de développer les détails ni les conséquences, s'exécuta en partie, grâce à cette complicité du hasard ou de l'indifférence des hommes dont la France a été si souvent victime.

La victoire de Montiel, heureuse pour le Transtamare, désormais roi de Castille, et favorable pour le prestige de nos armes, allait nous devenir désastreuse parce que l'ennemi, battu, se repliant sur nos contrées, ne pouvait pas manquer, dans sa retraite et à cause de son dépit, de tout piller, de tout incendier sur le sol français.

Le félonie des scélérats devait ajouter à toutes ces calamités.

Gratian osa un jour appeler vers lui, pendant qu'il disposait des troupes d'observation, depuis le pont de la Fourche ou du Hourcq jusqu'aux coteaux d'Ilharre, la reine des bohémiens restée à Athos comme elle l'avait promis à Enrique Sünhart.

Il lui parla ainsi :

Goïta, je peux tout désormais dans ce pays, car le comte de Foix aura assez à faire depuis Orthez jusqu'à Pau et Bigorre pour organiser la défense des passages et pour obliger l'Anglais à se détourner, par le nord, de Bayonne et les Landes jusqu'en Guyenne.

J'ai besoin de tous les campements et de tous les villages ouverts, pour mes archers, mes cavaliers et nos provisions de guerre, et je m'établirai au gué d'Athos, malgré toi, si tu ne consens point à me donner liberté sur tes mécréants.

Je veux aussi tes miquelets qui feront le service de la montagne et qui défendront Roncevaux et les Aldudes. En un mot, c'est moi qui ai le droit de commander, mais tu seras toujours la reine des tiens, et tu commanderas pour moi si tu veux m'écouter... si tu veux me suivre.

— Vous suivre, Seigneur ! et où ? répliqua vivement étonnée et à demi indignée la jeune fille.

— Ne sois pas cruelle, Goïta. Le Château Noir sera ton palais, et je te prouverai que Castetner n'est un homme à craindre que pour ceux qui le bravent.

Vois ces lances, ces hommes d'armes, ces archers, cette armée. C'est moi qui dispose de ces combattants comme je dispose du pays. J'ai le droit d'ouvrir ou de fermer les passages de la montagne, des rivières et de la plaine, et dans ces temps de trouble, la puissance est à qui sait conduire les événements à son gré. Phœbus a l'Anglais, puis Armagnac à surveiller. Moi seul, en Béarn et Navarre, ai la force et le pays. Si tu es pour moi de bon gré, Goïta, tu seras plus que la reine des gitanos ! si tu es contre moi, rien ne me résistera plus, et tu verras que les plus puissants sont bien faibles pour te protéger.

Goïta avait écouté, saisie d'étonnement et d'effroi, ce langage saccadé du baron qui était loin d'être le langage d'un vassal fidèle et d'un gentilhomme français. Elle comprit, mais elle n'osa pas prouver au sire rebelle d'Oràas que sa perspicacité allait si loin. Elle répondit :

— S'il vous faut Athos, notre campement et nos miquelets, vous pouvez tout prendre, seigneur ; mais laissez-nous les bois, comme le veulent les fueros, et disposez de nous pour le bien du Béarn et les services de nos défenseurs.

— Goïta, répliqua le baron qui étudiait la physionomie de la jeune fille, tu n'es pas simple... Veux-tu enfin m'entendre et m'écouter, comme tu écoutes avec bonne grâce le comte de Foix, notre maître ?

— Je vous écoute, sire, dit avec résignation la bohémienne, et, les pages et archers du baron Gratian étant loin des deux interlocuteurs, nul ne pouvait entendre la mystérieuse communication que faisait le sire d'Oràas à la reine d'Athos.

Gratian prenant cette fois la main de la gitana, qu'il pressait avec signification, lui dit, baissant la voix :

— Ce que je te confie, Goïta, est un secret mortel. La guerre emportera tout, mais l'Anglais me respectera ; le roi de Navarre revendiquera ce plat pays, et Charles se souviendra de mes services. Je serai toujours le maître de mon castel et le seigneur de la sénéchaussée de Sauveterre et des terres et chatellenies entre les deux Gaves.

Les gitanos ne seront pas tolérés, mais, par ma puissance, je pourrai continuer vos priviléges, et toi, la reine, tu auras franchise pour les tiens, s'ils sont mes fidèles serviteurs sur la montagne.

En plus, Goïta, je te fais la reine de mes castels et la favorite toute-puissante dans mon manoir du Mû, si tu m'écoutes, si tu fais jurer envers moi obéissance absolue à tes gitanos et à tes miquelets...

Tu le vois, je veux t'épargner dans les grands malheurs qui nous menacent, et je veux te grandir comme jamais ne l'aurait fait le comte de Foix, dont le sort est entre nos mains.

— Que dites-vous ? s'écria Goïta.

— Oui, entre les mains du prince de Galles et du roi de Navarre, et moi seul connais leurs desseins, et si tu révélais jamais ces confidences, souviens-toi, Goïta, que le lendemain ne serait pas à toi et que tout ici, à toi ou aux tiens, serait brûlé et les gitanos branchés en forêt.

— Grâce, seigneur ! dit-elle. Ne me faites pas ces horribles confidences de projets terribles... Ces confidences me tuent déjà. Je partirai avec les miens vers le bois de Mixe, et mon absence ne vous inspirera pas alors la crainte d'une révélation... C'est donc bien contraire au sire de Moncade et au grand roi de France ce que vous faites là puisque les paroles d'une jeune fille peuvent tant vous effrayer ?

Gratian redevint soucieux et sombre ; il répondit :

— Il n'y a plus ici de seigneur de Moncade ni de roi de France : il y a Gratian de Castétner ! Je te quitte, réfléchis.

Goïta resta muette et comme interdite devant ces propositions inattendues, accompagnées des plus terribles menaces. Elle n'osait plus, en vérité, regarder en face l'homme étrange qui ne lui annonçait que perdition et calamité.

Gratian sonna du cor. Un page s'approcha, tenant par la bride le cheval du baron.

Avant de mettre le pied à l'étrier, celui-ci, souriant et adoucissant la voix, tendit sa main à la bohémienne :

— Belle Goïta, sois plus gente fillette. A demain !

XII

Ce lendemain fut un jour laborieux pour les gitanos.

Sur les instances de leur reine, les bohémiens d'Athos creusèrent de profonds silos pour garantir leurs richesses et leurs marchandises.

Goïta, sans s'expliquer davantage, annonça de grands malheurs, et les aïeules de la tribu, avec les jeunes mères et les travailleurs non combattants, se disposèrent à partir successivement, et par petits groupes, vers les forêts de Mixe, entre la Nive et la Bidouze.

La Goïta, la reine des Gitanos.

On écoutait aveuglément la reine. On lui croyait le don de divination infaillible; et les plus sceptiques de sa tribu supposaient au moins que le sire de Moncade avait, par précaution, suggéré ce moyen de sauvegarde à celle que les bohémiens regardaient comme la protégée intime du comte de Foix.

Gratian de Castetner ne manqua pas au rendez-vous qu'il avait assigné à la bohémienne.

Goïta, toujours protégée de loin par les miquelets d'Athos, se rendit à l'appel du baron du Château Noir.

— Le moment approche, dit celui-ci.

— Sire, répondit Goïta, vous m'avez épouvantée, et il ne faut pas pousser au mal une pauvre fille qui est aussi chrétienne que vous ! Je demanderai asile au couvent d'Aspis, et si la guerre vient m'y trouver, je ne serai pas vivante !

— Hé ! la belle fille, dit en ricanant Gratian, tu te crois donc en sûreté avec les nonnes et frocards d'Aspis ou de Sauveterre ? Tu me la bailles belle, fraîche chrétienne ! Ton noviciat est trop neuf, et je mettrai ordre au droit d'asile !

Il se rapprochait de Goïta comme s'il voulait l'enlever par un vigoureux enlacement.

— Prenez garde ! baron, dit la bohémienne, se rejetant en arrière, et, fouillant dans les plis de son écharpe de soie, qui se croisait sur sa gorge pour retomber gracieusement par-dessus les épaules, elle cherchait la dague protectrice et vengeresse.

— O patience, amie ! dit le redoutable entreprenant, n'abusons pas du poignard... J'attends mieux de la persuasion, et comme la colère te va mal, ma belle, je reprends ma chasse et vais rejoindre mes gens... Au jour du danger, tu appelleras ton maître du Château Noir !

Cette fois encore, Gratian appela son écuyer fidèle et, montant à cheval, il alla rejoindre le gros de ses gens qui attendaient, dans la clairière voisine, la fin de cet entretien intime de Castetner avec la reine d'Athos.

Celle-ci, éperdue, avait fui vers son campement, vers sa demeure ; — les maisons des bohémiens étaient élégantes, construites en bois et en style quasi-mauresque ; — la maison de la reine était au centre du caravansérial. Quand elle arriva au milieu des siens, il y eut comme un conseil des gitanos... Goïta, presque affolée, n'avait plus que ces seuls mots dans la bouche :

— Amis, il faut fuir !... il y a danger... Je vous précéderai. Si je vais à Orthez implorer protection, des espions d'Oràas me tueront ou m'enlèveront en route ; si j'attends ici, l'audace du seigneur du Château Noir ne se bornera plus à des mots ni à des menaces.

Elle fondit en larmes.

— Enrique ! Enrique ! disait-elle au milieu de ses sanglots, où es-tu ? tu m'as abandonnée ou bien la male fortune t'a frappé en Castille !...

Depuis plus de sept mois, en effet, elle n'avait pas revu son fiancé, après la scène de l'heureux message de Montiel.

Et tous les malheurs annoncés ou préparés par le traître Gratian se réalisaient en Béarn.

Les Anglais rentraient par Roncevaux et par les Aldudes, alors que Duguesclin croyait la retraite de nos ennemis s'opérant par la Bidassoa et les côtes atlantiques de Gascogne.

Les princes de Languedoc, de Comminges, d'Armagnac, d'Albret, de Bigorre et de Béarn, confiants dans les dispositions arrêtées par l'un d'eux, Gaston-Phœbus, pour défendre tous les défilés basques, s'étaient concertés pour établir une ligne de protection entre la Guyenne et Toulouse, afin de contraindre l'Anglais à ne pas s'éloigner des côtes et à continuer sa course par les landes dacquoises jusqu'à Bordeaux.

Des émissaires, soi-disant envoyés par les princes de Béarn et d'Armagnac, engagèrent Duguesclin à prendre la route d'Andorre et de Girone, les défilés basques étant, disait-on, suffisamment gardés.

D'autres émissaires secrets engageaient, au contraire, Chandos et le prince de Galles à prendre la route de Roncevaux et des Aldudes.

C'est ce qui se fit.

Mais, prévenus à temps, les seigneurs français fidèles, sur la frontière, purent ordonner immédiatement la fermeture des villes, châteaux et forteresses, donner à tout le pays le signal d'alarme, et remettre en vigueur l'ordre du roi de France d'allumer les feux d'avis au haut des tours, clochers et donjons.

On arrivait en novembre, — et nous reprenons ici les tragiques événements à peine esquissés au début de cette histoire.

XIII

Les bohémiens d'Athos s'éloignèrent par groupes successifs des rives jusque-là hospitalières du Gave, pour aller abriter leurs familles, leurs ressources et leurs instruments de travail dans les profondeurs de la forêt de Mixe.

Gratian de Castetner fit occuper, comme il l'avait dit à la reine des gitanos, tous les passages stratégiques de la rivière et les points culminants de la route d'Athos aux Aldudes.

Il enrôla des miquelets qui furent armés de piques, et les arbalétriers de l'armée nationale, formée précipitamment dans le Languedoc, arrivant à marches forcées pour grossir les contingents de soldats montagnards qui devaient, selon les ordres et les espérances du comte de Foix, rendre invulnérable, par Roncevaux, les Aldudes et Saint-Jean-Pied-de-Port, les parties centrales du Béarn.

Gratian découvrit les Aldudes. Roncevaux fut seul observé, mais le complot réussissait en partie, puisque l'irruption anglaise s'annonça par la prise de Saint-Jean-Pied-de-Port, livré par les capitaines de Charles le Mauvais.

Ce fut alors le signal de la trahison, mais les suzerains de Béarn et de Languedoc surveillaient d'une part les Landes, de l'autre, la route de Puycerda.

Et Duguesclin, trompé, arrivait par Puycerda, tandis que Chandos et le prince de Galles, qu'il croyait en retraite par la Bidassoa et les côtes des Landes, prenaient les passages qui étaient naturellement réservés aux Français revenant victorieux de Castille.

Le sire d'Oràas se considérait désormais comme le seul maître en Béarn. Les barons, vassaux de Gaston-Phœbus, devaient lui obéir. Le comte de Foix avait donné, sans le savoir, sa confiance à un traître.

Mais la trahison, non développée encore, apparaissait évidente à ceux qui avaient ordre de suivre le lieutenant du comte de Foix.

Les villes se fermèrent; Sauveterre refusa entrée aux troupes de Gratian de Castetner. Le sénéchal de la forte cité béarnaise déclara qu'il se défendrait seul, et que les Anglais n'auraient que la libre campagne pour leurs chevauchées et leurs pillages.

Belloc, La Bastide, Sordes se fermèrent également. Les castels d'Aspis, d'Orion, de Castelbon, tous les manoirs, toutes les forteresses hissèrent la bannière de Béarn et de France, allumèrent les feux la nuit et se barricadèrent en permanence.

Le sire d'Oràas était le maître, mais en pays ennemi. Il brûla Aspis et toutes les dépendances des chatellenies rebelles à son appel.

Il s'empara des derniers convois de miquelets au pont de la Fourche, et menaça d'aller incendier les forêts de Mixe. Dans sa furie, il résolut de mettre simultanément le siége devant Belloc et Sauveterre, avec le concours de ses amis les Anglais qui avançaient, brûlant tout sur leur passage, par Cilaoga, Juxue et Ilharre.

Enfin, il fit battre la plaine d'Escos pour retrouver la Goïta, disparue depuis plusieurs jours. La Goïta ! la Goïta ! c'était là son âpre et seul désir !

Il mit le feu au campement d'Athos, et un soir, enfin, — tandis qu'un groupe de fuyards disparaissait au delà du Gave par Authivielle, — lui, le baron du Mû, placé en embuscade, découvrit celle qui avait été l'objet de ses ardentes convoitises : il tenait la Goïta ! C'était elle.

Il passe le Gave, déjà grossi au gué d'Athos ; son cheval, éperonné jusqu'au sang, fend l'onde, et les sicaires du baron se précipitent à sa suite dans les flots rapides. On aborde ; un galop furieux les jette sur le groupe en fuite. Les couteaux des bohémiens et les lances des chevaliers félons font rage et sang...

— Vive ! toute vive ! crie ou hurle Gratian, prenez-la vivante ! puis, dans la mêlée, jetant lui-même sur une femme qui descendait éperdue de la mule qui l'avait emportée jusque-là, jetant sur sa victime un vaste manteau castillan, il l'aveugla en quelque sorte et, se penchant jusqu'au poitrail de son destrier, il enlève par un prodigieux effort musculaire cette femme criant avec angoisse et qui ne se rendait qu'évanouie.

Le vautour tenait sa proie ! Goïta était entre les mains du baron. Celui-ci repassa aussitôt le Gave, tandis que ses féroces archers faisaient un massacre des défenseurs de la reine.

L'un des séides du baron ravisseur criait de toutes ses forces :

— Branchez ! branchez les mécréants !

Mais ceux-ci vendaient chèrement leur vie. Comme les Maures du désert, ils se dégageaient avec agilité des lourdes étreintes des soudards, et, bondissant sur leurs assassins, ils plantaient dans le flanc des archers leurs longues navajas.

Le baron fuyait toujours, emportant son butin vivant. Quelques cavaliers le suivaient seuls, et la lutte sanglante continuait sur les bords du Gave entre les miquelets et les archers de Castetner.

Les piques, les coutelas, les masses d'acier, les bâtons firent, en quelques minutes de mêlée effroyable, sous la nuit déjà venue, des morts et des blessés qui roulèrent dans le Gave...

Les bohémiens, qui n'étaient pas les plus forts, s'enfuirent sur les sentiers praticables à peine qui conduisent à Ilharre ; les archers, fous de rage, branchèrent par un pied, aux arbres qui surplombaient au-dessus du torrent, les malheureux gitanos blessés ; quant aux survivants, ils les attachèrent à la queue des mules qui erraient çà et là affolées, et les cavaliers d'Oràas, tirant à eux les montures des bohémiens, firent passer le tout, moitié à gué, moitié à la nage, la rivière qui les séparait du thoron du Mû. Et cette expédition rejoignit bientôt dans les bois le cortége de Gratian, qui entra enfin au Château Noir.

C'était la nuit du 24 novembre 1369. Et ce cortége sinistre était celui qu'avait vu défiler, de sa cachette, le pauvre pèlerin, le Navarrot de Leren.

FIN DE LA PREMIÈRE PARTIE

DEUXIÈME PARTIE

LE REPAIRE

I

Si tout était ténèbres au dehors, lorsque la criminelle équipée du baron Gratian vint s'abriter derrière les murs et sous les voûtes du Château Noir, ici le spectacle changeait subitement.

La première et la deuxième enceinte du château franchie, le sire d'Oràas se trouva dans la cour d'honneur du castel, en face du perron gothique du donjon s'élevant au centre du manoir, et douze pages, portant des flambeaux à trois becs où brûlaient des cierges de cire jaune, vinrent faire réception éclatante au châtelain. Les hallebardiers se rangèrent aux deux côtés du grand perron, et les lévriers favoris furent conduits au seigneur par l'un des nains de Gratian. Les trompes de chasse retentirent, et des têtes d'hommes, de femmes, de pages et d'archers parurent aux fenêtres de la cour rectangulaire du donjon.

Et, en moins de temps qu'il n'en faut pour l'écrire, la femme qu'avait enlevée le seigneur s'était trouvée descendue du destrier et portée par deux serviteurs fidèles jusqu'au premier étage de l'appartement seigneurial.

Quant aux bohémiens et à leurs bagages, on enferma les premiers dans des cages disposées dans la « tour de Patience », à l'un des angles de la cour d'honneur; et quant aux mules et aux marchandises enlevées aux gitanos, on abrita le tout dans les hangars de l'arsenal, entre la première et la seconde enceinte.

Et, avant de franchir le seuil du donjon, le seigneur, se tournant vers ses intendants, dit à voix haute :

— Il y a liesse !

— Vivat ! vivat ! crièrent les soudards et les varlets ; les gens du manoir savaient ce que voulait dire cette liesse permise. Les offices souterrains du manoir allaient fournir d'énormes quartiers de viande rôtie à la garnison, et les celliers devaient livrer des outres du meilleur vin de Belloc. Jusqu'au grand jour, en effet, il y aura orgie.

II

— Superbe ! baron, dirent, en applaudissant, plusieurs chevaliers richement parés qui se tenaient au seuil du donjon et dans la salle des gardes au moment où Gratian fit son entrée à la lueur des torches et des flambeaux de cire.

— Je vous salue, messeigneurs ! dit Gratian, mais vous me permettrez d'aller chercher un peu de fraîcheur dans les aiguières pour mes mains qui tenaient mieux qu'une épée ! Et pour vous faire honneur, j'irai changer mon pourpoint de peau de buffle que ma cotte de maille va bientôt faire crier merci.

Les seigneurs se dirigèrent vers une immense salle où le souper de la nuit attendait les hôtes du Château Noir. Gratian avait gagné la spirale de pierre qui conduisait à son appartement. Il était suivi d'un page porte-torchère.

Le sire d'Oràs se dirigea vers une chambre située au fond du vaste corridor du premier étage de son castel.

Deux duègnes et un solide compère attendaient le châtelain.

Sur un lit dressé au centre de cette pièce, haute et profonde, gisait, toujours évanouie, la reine des bohémiens, enlevée sur la rive d'Authivielle par Gratian de Castetner.

Celui-ci s'approcha, et examinant la belle fille étendue sous les draperies sombres et armoriées : — Quelle magnifique santé ! dit-il. — Je te confie la belle, Roux, ajouta-t-il en se tournant vers son compère. Que ces femmes apaisent cette colère qui dort, et vous, matrones, fouillez bien : il y a du poignard sous les écharpes. Vous avez promis de me donner une merveille de soumission et d'amour. Je compte sur vous et sur la colombe !

Le baron de Castetner recommande aux duègnes la Goïta prisonnière.

Puis, suivi du Roux, il entra dans la chambre voisine qui était celle du baron, et là, attendu par deux pages, il se fit verser, dans un bassin de cuivre, de l'eau de fontaine; il procéda à une rapide toilette et, tandis qu'il se faisait habiller de pied en cap, revêtant un somptueux pourpoint de velours, il interpella son compère :

— Suis-je bien gardé, Roux?

— Oui, monseigneur. Les sires de Navarre, avec leurs amis les Anglais, se disent capables de défier avec nous toutes les lances de sire Bertrand et les vieilles machines de siége de Moncade. La garnison est dévouée. Deux cents archers nouveaux nous sont arrivés, avec Madoz, capitaine conjuré, de Saint-Jean-Pied-de-Port. Nos quatre cents hommes d'armes, enfermés dans ce manoir, sont solides à narguer Béarn et France. Tout cela dort à rompre nos charpentes, mais monseigneur n'en a pas moins une belle armée.

— C'est bien, Roux ; — si l'on m'emporte ce soir du souper jusqu'en cette chambre, tu me suivras. J'ai besoin de toi au premier réveil. Toi, tu ne boiras pas. J'ai besoin de ta tête, de tes yeux, de ton âme.

— Monseigneur, le Roux sera là et couché en travers de ce seuil.

Puis Gratian descendit vers la salle du festin.

Autour d'une table somptueusement servie, les nobles hôtes et convives du seigneur d'Oràas se tenaient debout, causant et riant par groupes animés, lorsque le châtelain fit son entrée.

III

La salle du festin, au manoir du Mû, était vaste et magnifiquement décorée.

Au haut bout de la table, une chaire en bois, avec daïs sculpté, s'élevait comme un trône. C'était le siège du châtelain. Autour de la table, des escabeaux également sculptés servaient aux convives.

D'immenses salières en argent, à plusieurs étages, formaient un surtout. La vaisselle d'argent et les hanaps ciselés brillaient sur le linge blanc — ce luxe primordial du Béarn. De la voûte en pierre descendaient des chaînes de cuivre portant des lampes à trois becs. Leur nombre était considérable. Chaque caisson de pierre, chaque dragon sculpté de la voûte supportait une de ces chaînes artistiques.

Les deux côtés de la salle étaient lambrissés de hautes boiseries de chêne dentelées en ogives, et, sur les panneaux de chêne, des trophées d'armes, rapportées des lointaines expéditions, ajoutaient comme un caractère de galerie d'armures à l'ensemble d'un vaste réfectoire. Aux deux centres des parties latérales, en face l'un de l'autre, de gigantesques dressoirs portaient la riche vaisselle de cette époque et permettaient aux écuyers tranchants leur service des grands repas.

Gratian alla se placer sur son siège. On lui présenta le capitaine Madoz qui, pour le compte des deux conjurés Charles le Mauvais et Gratian de

Castetner, avait fait, le premier, défection sur la frontière, en livrant aux Anglais, sans combat, la place de Saint-Jean-Pied-de-Port.

La fête commença, et le monde des serviteurs se répandit dans les espaces libres de la salle, servant à droite et à gauche, versant à boire et apportant successivement des grosses pièces de gibier, les hures de sanglier d'Orion et les paons rôtis et parés de leur plumage d'or et d'émeraudes.

— J'avais parié, messeigneurs, dit Gratian, de ramener ici vivante la rebelle gitana !

— Vous avez gagné, baron ! crièrent en chœur les convives anglais et navarrais. — Buvons à l'heureux ravisseur !

— Il faut ici des armes, des vivres et des belles ! ajouta Gratian. Les jolies maudites ne sont pas toutes pour le comte de Foix qui chevauche en Bigorre, ou qui caresse, en ce moment, dans quelque castel de Comminges, les levriers que lui a conduits messire Froissart !

Et les seigneurs d'applaudir et de boire encore. Les conversations s'entrecroisèrent, et il ne fut plus question que de continuer ce repas qui convenait à des appétits du moyen âge.

La politique et les événements militaires furent, cette nuit-là, bannis de la fête.

Les seigneurs anglais, abrités derrière les murailles de Castetner, oubliaient dans le vin la mission qui leur était échue.

Ils étaient destinés à garder la forteresse, à surveiller le baron Gratian dans son propre manoir.

A l'arrivée de l'armée de Chandos sur les bords du Gave, ils devaient livrer le thoron du Mû au général d'Édouard III.

Gratian, en s'alliant avec Charles le Mauvais, avait dû consentir à cette reddition temporaire de son castel. Le prix de la trahison devait être pour lui la prise de possession, après le départ des Anglais, de la sénéchaussée de Sauveterre et de toutes les châtellenies, à quatre lieues à la ronde.

Charles le Mauvais, de son côté, devait enlever le reste du Béarn au comte de Foix, et reconstituer, à son profit, son ancien royaume avec la haute et la basse Navarre.

Le principal désir de Gratian se trouvait accompli : il possédait la gitana d'Athos qu'il avait ravie à Gaston-Phœbus, disait-il, et l'amour-propre se trouvait satisfait.

La question d'ambition restait à résoudre. Il était maintenant sous la dépendance de ceux avec lesquels il avait stipulé. On lui avait envoyé des capitaines félons et des guerriers anglais. Il les amusait en attendant la solution ou le combat.

Lorsqu'il fit le pari d'enlever vivante la reine des bohémiens, jusque dans les retraites sauvages du bois de Mixe, il n'avait accompli qu'un acte de bravade, qui répondait, d'ailleurs, à ses plus secrets désirs.

Irait-il maintenant jusqu'au bout avec les étrangers qui semblaient l'acculer jusque dans les plus rigoureuses stipulations de sa révolte?

En buvant et en s'enivrant, Gratian ne pensait plus à tout cela.

Lorsque des histrions et des bateleurs, gagés par le manoir et constamment enfermés derrière les murailles du Mû, firent leur entrée dans la salle du festin, nul n'entendait ni le son des instruments, ni les chants des troubadours. La présence des Anglais avait fait de cette orgie une fête de gloutons. L'orgie était muette, presque sombre; quelques cris, quelques vivats, des hanaps d'airain roulant sur les dalles de marbre, tels furent les incidents bruyants de la fête, et l'aube se levait déjà, faisant paraître plus fumeuses les lampes à demi éteintes, lorsque les intendants et les serviteurs virent rouler de leurs escabeaux les convives endormis.

Gratian aussi avait cédé au vin et à l'hydromel fermenté. Il n'était plus qu'une masse inerte, quand le Roux, entrant dans la salle du festin, s'approcha du baron et le fit emporter par trois de ses plus robustes écuyers.

IV

Le Roux fit déposer cette masse inerte, qui était la personne du baron Gratian, sur un amoncellement de peaux d'ours, dans un coin de la vaste chambre seigneuriale.

Sur ce lit de chasse et de guerre, Gratian faisait sa méridienne pendant les chaleurs de l'été; il y cuvait son vin quand, le soir, on le rapportait ivre-mort dans son appartement.

Il eût été difficile de le hisser sur son lit de parade, élevé de quatre marches au centre de la pièce et entouré d'une balustrade de chêne.

Le Roux congédia les écuyers.

Il prit un escabeau et veilla son maître.

— Hum! fit-il, on ne s'est pas fendu la tête, cette nuit, à coups d'épée ou de hanap, comme cela arrive pendant ces repas où le vin se boit sans que le gosier rie. Ces Anglais d'aventure ont le raisin muet ! J'aime plus d'accompagnement à la ripaille. Mon baron est bondé, mais déconfit.

Puis il se pencha vers le dormeur.

— Le baron en a, je crois, jusqu'à la onzième heure avant son réveil, si l'on ne fait pas vacarme au castel. Je le veillerai; mais je vais veiller aussi au manoir !

Il se leva de son siége et alla rendre plus impénétrables encore au jour levant, les étroites croisées ogivales de la chambre du seigneur, en ramenant, sur la largeur de leurs tringles de fer, les lourdes draperies en une seule pièce qui formaient rideau.

Resté dans l'obscurité, ses yeux voyaient, et il contempla, couché sur la dépouille des bêtes sauvages, ce baron, son maître, auquel il témoignait une si grande fidélité et les soins les plus empressés.

— Ronfle, baron ! dit-il, — tu as ma tête, mes yeux et mon âme!

Un profond et rauque soupir s'échappa de la poitrine du Roux. Il resta alors debout en place, ses mains croisées sur son vaste thorax, ses yeux fixant dans l'ombre son maître couché.

Il avait l'aspect de ces farouches séides de potentats cruels. Sa tête carrée, aux cheveux ras et d'une couleur de feu, d'où lui venait un sobriquet qui était devenu son nom; ses yeux saillants et fauves comme la prunelle du loup; sa barbe rousse et inculte, sa carrure d'épaules, sa haute taille, ses mains en tenailles, tout cet ensemble faisait du Roux, au premier aspect, un être repoussant et redoutable. Vêtu de peau de bœuf tannée, avec un simple corselet d'acier pour toute armure, les reins serrés par une large ceinture de cuir, où pendait un coutelas dans sa gaine de fer, le Roux méritait bien le surnom de faveur qu'en ses moments de sinistre familiarité lui donnait Gratian :

— Compère d'angoisse !

Il était, en effet, le confident — l'esclave — la chose absolue du seigneur de Castetner. Il était la puissance occulte, la terreur du Château Noir. Il était le bourreau, la main de justice du baron !

Gratian l'avait ramassé dans le vice et dans l'ignominie.

Le Roux avait un jour brisé la tête à sa mère; — il était bâtard. Le tigre, devenu adulte, avait voulu violenter la nature, et, trouvant obstacle, il avait étouffé la voix qui criait : horreur ! et écrasé entre deux cailloux la tête de celle qui résistait à un immonde inceste.

Truand des jacqueries, recruteur des soudards sur les grands chemins de Gascogne et de Navarre, pourchassé par les cours de justice des jurats de Béarn; pillard, déserteur, traître et parricide, il se serait enfin trouvé pris dans l'embuscade des Bayles (1), s'il n'avait dû son salut à une singulière circonstance.

La voici :

Le Roux, hideux vampire, fouillait volontiers les tombes fraîches dans les cimetières.

Suivi d'un loup, qui était pour lui mieux qu'un chien apprivoisé, il savait, lorsqu'on avait enterré un bourgeois et surtout une femme de famille aisée, quelle pouvait être la valeur des suaires ou des bijoux laissés dans le cercueil des défunts.

Il arrivait alors au champ du repos, auprès des églises et des monastères, en pleine nuit, et, avec son loup, il déterrait le cadavre.

Des receleurs, sur la frontière de Navarre, lui achetaient le produit de cette fouille sacrilége : les bijoux se vendaient volontiers aux juifs de Bayonne.

Une nuit de Noël, le Roux pénétra dans l'enclos funèbre, situé sur la colline de Saint-Martin-de-Salies.

Il creusa la fosse fraîchement comblée d'une bourgeoise de cette bourgade.

Dans les airs vibraient le bruit des cloches de Saint-Martin, appelant à la fête de minuit les chrétiens de ces contrées.

Le Roux ne s'inquiétait pas de ce qui pouvait se passer au dehors : il était tout à sa besogne sacrilége.

Il trouva bientôt la bière. Il la souleva, et, après de vigoureux efforts, la ramena sur le bord supérieur de la fosse. Il l'ouvrit rapidement.

Aussitôt, la froidure de la nuit, ajoutée au ballottement de l'exhumation, réveillèrent de sa léthargie quasi-mortelle la femme qui, le matin, avait été enterrée pour morte.

Ce cadavre ressuscité ne fit qu'un cri, mais de ses mains presque glacées, et qui retrouvaient la chaleur de la vie et la vigueur de l'épouvante, il s'accrocha au violateur des sépultures, et celui-ci, pétrifié par le saisissement, ne bougeait pas, ne tombait pas, ne criait pas...

Les formidables hurlements du loup, qui voulait sauter sur ce suaire en rébellion, rendirent au Roux toute sa présence d'esprit.

---

(1) Officiers de justice et de police de la sénéchaussée de Béarn.

Il jeta la femme ressuscitée sur ses épaules; il courut à la clôture du cimetière qu'il franchit on ne sait comment, et, descendant la colline en courant comme un insensé, il portait ce corps revenu à la vie; et, au travers des gens qui se rendaient, éclairés de torches et de falots, à la messe de Noël, il passa comme un fantôme avec ce linceuil flottant au-dessus de sa tête, et avec son loup courant aussi et envoyant aux passants et aux groupes épouvantés son hurlement entrecoupé et lamentable.

L'instinct — quel instinct horrible! — poussa le loup jusqu'à la demeure de la ci-devant défunte...

Cette femme, épouse de l'un des jurats de Salies, vécut dix ans après ce fantastique réveil.

Le Roux, qui était recherché en ce moment pour ses crimes, fut gracié en récompense, et placé sous la surveillance du sire de Château Noir.

Celui-ci trouva original de s'attacher un tel homme.

Il le fit entrer comme un épouvantail dans son manoir.

La dame d'Abitain, épouse du sire de Castetner, en mourut de frayeur, ce qui fit dire à l'époux que le Roux, dans son castel, était plus précieux que le plus subtil poison des Sarrazins.

Gratian l'appela son fidèle serviteur — son ami — son compère.

Le Roux jura aveugle et presque féroce fidélité à ce seigneur qui lui montrait, le premier entre les hommes, protection et confiance.

Depuis son entrée au Château Noir, le Roux n'en avait jamais dépassé les poternes extérieures. Il était le sombre et terrifiant génie du thoron du Mû. On le savait partout à la ronde, et nul, hormis les étrangers, ne franchissait sans frayeur le seuil que Gratian avait placé sous la garde d'un vampire.

Tel était l'homme — le monstre — qui veillait, avec une sollicitude touchante, sur le sommeil bachique de son maître.

Tel il était jusqu'au moment de l'arrivée de Goïta.

Mais le Roux monologue encore; écoutons-le.

V

— Baron, baron! quel maudit tu as à ton service!... C'est égal! ce maudit se damnerait jusqu'au bout pour reconnaître ta confiance...

Mais l'heure vient où quelque chose parle là. Et il se frappait la poitrine.

Puis, après des poses et de profonds soupirs, il continua :

— Baron, j'irai jusqu'au bout pour toi... jusqu'à t'empêcher de commettre un viol !

Cette fille qui est là, de l'autre côté de cette muraille, cette fille que tu as ravie, que j'ai emportée dans mes bras après ton arrivée au castel, que j'ai entendue, que j'ai vue... que j'ai veillée, quand tu te saoûlais, baron, eh bien ! je t'empêcherai d'en faire la chair de tes baisers !...

Il s'interrompit et écouta les bruits de la salle voisine et les mouvements du dehors.

— Allons ! dit-il, je te retrouverai, seigneur compère !

Et fermant l'huis seigneurial avec l'une des grosses clefs qu'il portait à sa chaîne de geôle, il descendit dans la cour d'honneur du manoir, laissant le baron en quelque sorte son prisonnier.

La cour du donjon se remplissait déjà du mouvement particulier aux citadelles en état de guerre et en puissance de nombreuse garnison.

Des groupes d'archers et de piquiers allaient et venaient, relevant les postes et réveillant les compagnies dans les tours et dans les bâtiments affectés aux soldats. De la première à la seconde enceinte, et de celles-ci aux remparts extrêmes de la *ferme du Mû*, le même mouvement de va-et-vient, d'appel aux armes et de renouvellement des postes de la nuit se faisait avec bruit et célérité.

Les palefreniers couraient aux écuries, les écuyers des seigneurs accouraient pour visiter les chevaux de bataille et présider aux soins du pansage, absolument comme de nos jours le service se fait dans les quartiers de cavalerie.

Les serviteurs du castel, servants, officiers de cuisine et de bouche, paraissaient, descendant de leurs combles et se rendant dans leurs offices souterrains pour préparer les repas du matin.

La soldatesque venait par escouade, dans les communs de la seconde enceinte recevoir le pain de millet ou la farine de maïs pour la bouillie, avec une chèvre et une brebis pour cinquante hommes et pour vingt-quatre heures, alternant avec les demi-quarts de vache qu'on donnait au même nombre d'hommes deux fois par semaine.

Les soldats, dans les garnisons de guerre, avaient des fours et des offices spécialement affectés à leur service pour la cuisson de leurs aliments provenant de la distribution régulière par compagnie.

LE CHATEAU NOIR

Le Roux, serviteur et compère de Gratian

Le moyen âge avait le grand art de la discipline dans les campements et casernes. L'ordre et la régularité du service y étaient parfaits. Cette discipline ne se relâchait qu'en rase campagne et pendant le combat, et encore ce relâchement n'était permis que pour le temps de pillage et de maraude accordé aux troupes.

Il est bon que nous donnions tous ces détails, puisque nous évoquons les mœurs d'il y a cinq cents ans. Le roman historique n'est-il pas, en définitive, l'histoire vulgarisée, et s'il a le privilége d'exciter la curiosité du lecteur avide d'émotions et d'intrigues, ne doit-il pas faire excuser la fiction par le mérite de ses rapprochements, l'authenticité des recherches et la révélation des coutumes originales ou disparues?

Le Roux, descendu au milieu de ce monde réveillé, cria à divers serviteurs qui allaient, venaient et couraient affairés :

— Ça? allez-moi quérir quelques fantassins de poterne. (1)

Les serviteurs ne se firent pas répéter l'ordre du terrible compère de Gratian.

Le Roux descendit par la porte basse d'une des tours d'angle de la cour du manoir, et pénétra dans une sorte de galerie souterraine qui se prolongeait au-dessous des fondations de la seconde enceinte.

Il arriva jusqu'aux cages de fer où l'on avait enfermé, la veille, les malheureux bohémiens amenés captifs avec la Goïta.

Les aides de l'exécuteur furent bientôt rendus auprès de celui-ci.

— Débarrassons ces volières ! dit le Roux.

— Ce bétail a faim et soif; nous lui donnerons de l'air : ça boira dans les nuages ! Il nous faut de la place pour les prisonniers de guerre et les otages, si, comme nous l'espérons bien, il y a combat prochain entre les Béarnais du sire d'Orthez et les forces de notre puissant et redouté maître de Castetner.

Sept bohémiens gisaient dans leurs prisons de fer. Ils étaient exténués de faim, de souffrance et de fatigue. Hébétés, ils ne parlaient plus. A peine pouvaient-ils bouger, accroupis qu'ils étaient dans leur geôle étroite et infecte. Ils ne remuèrent pas quand le Roux arriva près d'eux et qu'il ouvrit les cages. Ils semblaient comprendre leur sort. Deux d'entre eux crièrent seulement en castillan : *Agua ! agua !* de l'eau ! de l'eau !

— Là-haut, lépreux ! répondit le Roux les faisant sortir, en les piquant de la pointe d'une courte lance. Les hurlements de souffrance des malheureux n'arrêtèrent pas ce bourreau ; il les piqua tous jusqu'au sang.

— En route ! cria-t-il à ses fantassins, à la tour de Sordes ! Il faut en-

---

(1) Des sédentaires dans les châteaux. Ils étaient les assistants des viguiers et les aides d'exécution pour le bourreau.

tretenir les corbeaux du bois d'Escos et les corneilles du château de Carresse et prouver aux passants qu'il y a toujours bonne et haute justice au Château Noir!

On poussa et on traîna les bohémiens jusqu'aux marches de la haute tour du Guet, au nord-ouest du manoir. On leur fit monter, à coups de bois de lances et de pointes de poignards les innombrables marches en spirale de cette tour sinistre.

— Vite! vite! dit le Roux, arrivé essoufflé sur la plate-forme. Et enlaçant le cou d'un de ces malheureux, qui se débattait entre les coups de poignard dans les reins et la corde du bourreau, le Roux fit lancer pardessus le parapet le premier bohémien qui fut attaché au bec de l'une des gargouilles de pierre.

Les autres durent être liés préalablement, tant ils résistaient avec désespoir aux archers du Roux... Cinq furent pendus aux cinq gargouilles de la tour pentagone.

— Au saut, vous autres! dit le Roux, que la rage de sa besogne de mort semblait enivrer et rendre ingénieux.

Et faisant abaisser vers les deux survivants les fers de lances de ses archers, il montrait le parapet à ses victimes et le gouffre dans lequel elles devaient se précipiter.

— La vie sauve au plus heureux! C'est le jugement de Dieu! dit-il en ricanant.

Et, ahuris, affolés, inconscients déjà, les deux bohémiens se jetèrent dans le vide.

Le Roux regarda dans la profondeur des ravins :

— Bien chuté! dit-il. Il y a des cervelles au frais! Les loups ne demanderont pas pitance à la poterne; il y a pour eux gibier dans les fossés. Descendons.

Et redescendant la spirale de la tour, il se dit à part lui :

— Pauvre fille! ces bohémiens l'auraient mariée. Elle nous reste seule au castel; mais, pour celle-là, le Roux veut paix et protection!

— Allons réveiller le baron!

Il congédia ses archers et se rendit dans l'appartement de Gratian.

VI

Avant d'aller rejoindre le Roux dans la chambre du baron Gratian, revenons auprès de Goïta que nous avons laissée pendant la nuit, évanouie et couchée sur un lit de parade, confiée aux soins et à la surveillance de deux duègnes du manoir.

Gratian avait recommandé à ces deux matrones les plus grands égards pour la bohémienne.

Les duègnes, complices attitrées des débauches du baron, comprirent leur rôle dans cette circonstance.

Ce n'était pas la première fois, du reste, qu'on leur confiait des pucelles ou de belles femmes ravies un peu partout, et que leurs offices rendaient soumises aux lascives volontés du seigneur du Château Noir.

Ces affreuses mégères, que le Roux appelait les sorcières du Mû, ne reculaient pas, au besoin, devant les moyens du lacet fatal pour les victimes absolument récalcitrantes, ou pour celles que la violence commise pouvaient faire considérer comme une gêne ou comme une protestation vivante et permanente.

Il y avait encore les profondes oubliettes, et plus d'une avait été précipitée dans ces sépulcres épouvantables creusés par le féroce despotisme des tyrans féodaux.

L'une de ces duègnes avait été au service de Pierre le Cruel, au moment où le roi de Castille assassina Eléonore de Gusman, sa maîtresse.

On ne sait comment elle arriva au manoir du Mû. Le Roux la soupçonnait d'avoir conduit au baron Gratian une belle juive... qui avait disparu plus tard par les soins de l'horrible pourvoyeuse.

L'autre duègne était au manoir depuis plus longtemps.

C'est à ces deux orfraies qu'était confiée la Goïta.

Celle-ci, grâce à des soins intelligents, ouvrit les yeux et reprit toute sa connaissance.

D'abord, elle resta stupéfaite en se trouvant étendue sur une couche somptueuse, dans un appartement parfaitement éclairé et majestueux par sa grandeur et sa décoration.

Sa stupéfaction était muette; le frisson de l'épouvante agitait ses membres... ses yeux, ses beaux yeux hagards, se portaient des choses aux personnes. Les deux duègnes officieuses, grimaçant un sourire, ne la rassuraient pas plus que la vue de cet athlète soudard, le Roux, qui entrait dans la chambre au moment où la reine des gitanos reprenait ses sens.

— Ma mie, lui dit une des duègnes, n'ayez crainte ici. Vous êtes la princesse du manoir, et il vous faut être belle pour plaire à monseigneur, et pour nous commander!

— Et nous vous servirons en humbles servantes, dit l'autre duègne en faisant une révérence au pied du lit de la belle.

Goïta, sans répondre, fondit en larmes.

— Allons! allons! la belle, dit alors le Roux, il ne faut pas de larmes dans le castel du seigneur baron! Les seigneurs présents en ce château fêtent votre arrivée, et, si vous aviez été sage, votre place était au milieu des nobles sires. Ah! combien les fanfares du manoir vous feraient fête si vous descendiez au milieu des invités!

Goïta se releva sur son séant, tenant sa tête dans ses mains. Elle voulut descendre de cette couche où on l'avait jetée dans ses vêtements à demi déchirés, souillés et mouillés dans la lutte de la capture.

Les duègnes s'opposèrent à son mouvement, mais Goïta imposa sa volonté et elle se trouva debout.

Elle s'assit bien vite dans une chaise à dossier; quelque effort qu'elle fît, elle ne put pas marcher; les émotions la brisaient.

Cependant les duègnes profitaient de cette sorte d'inconscience morale et physique pour changer la toilette de la captive, pour rafraîchir son visage, dénouer et lustrer ses beaux cheveux noirs qui flottèrent libres sur ses épaules déjà couvertes d'une gaze de soie et d'or.

Tout à coup la bohémienne se leva et, fouillant dans ses vêtements qu'elle ne reconnaissait plus, elle cherchait la dague protectrice...

Elle était splendide dans sa furie muette. Ses beaux yeux, tout à coup séchés, lançaient des éclairs; les narines dilatées, la bouche serrée, elle allait devant elle par élans précipités, saccadés, et ses mains cherchaient toujours l'arme qu'elles ne trouvaient pas.

Une duègne s'approcha pour la contenir et lui offrir des pâtisseries chaudes et un hydromel réconfortant; elle repoussa d'un geste brusque la femme et son offrande, et sa poitrine gonflée éclata tout à coup d'un cri terrible :

— Enrique!

Et elle tomba inanimée. Elle roula sans connaissance dans les bras du Roux, resté témoin silencieux de cette scène.

Le Roux mit la Goïta de nouveau sur le lit de parade.

— Celle-ci n'est pas pour vous, sorcières! dit le soudard.

Vous avez paré la madone, mais vous ne tenez pas la princesse! il faudra mon bras, voyez! Et puis vous lui faites peur, ajouta-t-il d'un ton railleur.

— Avec ça! ripostèrent dépitées les deux duègnes, avec ça que nous n'en avons pas muselé de plus farouches!

— Eh bien! celle-ci, vous ne la musèlerez pas, matrones !

Et comme elles s'approchaient du lit pour dégager au moins Goïta évanouie :

— N'approchez pas! dit brusquement le Roux. C'est fini ; et il avait fait sauter la boucle d'argent d'une ceinture de maroquin qu'on avait passée à la taille de la gitana.

— Et le baron? dirent les duègnes. Il n'y a donc plus qu'un seul maître ici ?

— Moi, oui, après le seigneur! dit le Roux. Et je veille la princesse. Taisez-vous!

Il se pencha vers la jeune fille.— Sommeil d'enfant, dit-il, attendons. Elle se calmera après le réveil.

Les duègnes interdites n'osaient pas répliquer au Roux, qui fit sans façon son souper des pâtisseries de la bohémienne et du flacon d'hydromel qu'il se versa dans une coupe d'argent ciselé.

Les duègnes de plus en plus stupéfaites se retirèrent résignées au fond de la chambre, et s'accroupirent côte à côte attendant ce qui allait arriver.

On n'attendit pas longtemps.

La robuste santé et l'énergique tempérament de Goïta eurent encore une fois raison d'une faiblesse passagère, provoquée par les émotions successives qui assaillaient la jeune fille.

Elle se releva sur sa couche :

— Pitié! cria-t-elle, d'une voix presque étouffée... Oui, le baron est mon maître... ne tuez plus mes frères...

Un rire homérique du Roux accueillit les paroles incohérentes de la gitana.

— Vive Dieu ! cria-t-il. Pitié pour vous? Plus que çà, notre belle ! plaisirs et liesse !... Soyez gentille pour le baron, et le Roux vous servira et vous défendra comme il défend notre maître.

Goïta regarda le Roux dans les yeux. Celui-ci fut ébloui de ce plein regard qui l'enveloppait.

— Seigneur ! lui dit Goïta, qui décidément ne regardait plus les duègnes, ayez pitié de la pauvre reine des Gitanos !

Rendez-moi à Enrique...

— Calmez-vous la belle fille, dit le Roux d'une voix qu'il s'efforçait de rendre douce et compatissante. Le seigneur Gratian vous fera justice et bonheur. Ne soyez pas farouche : ici vous pourrez commander et personne ne vous fera de mal... Et se tournant vers les duègnes qu'il désignait du doigt :

— Ces matrones sont vos servantes et le Roux vous ferait justice si l'une d'elles ne vous servait pas selon vos volontés...

— Goïta semblait s'abimer dans une rêverie extatique et presque délirante :

— O Enrique ! tu n'as pas voulu m'emmener quand, il y a longtemps, je te priais de m'enlever au malheur de ma condition... Enrique ! où es-tu ? Si tu es vivant, quel remords sera le tien en apprenant le sort qui m'est fait, et si tu es mort combien ma place serait meilleure, moi morte aussi, mais morte avec toi, à tes côtés !... Enrique ! ton nom seul me soutient et me ranime.

Le Roux avait fait silence pendant ce touchant monologue.

Il se rapprocha de la bohémienne.

— Soyez gente fillette et ne pensez plus qu'au baron. On ne tue plus vos frères et Enrique n'est pas malheureux.

— Quoi ? répliqua vivement Goïta. — Vous le connaissez Enrique ? — Le messager du comte de Foix, Sünhart ! le soldat hardi, le miquelet généreux... mon fiancé !

Et toute la vigueur de la jeune fille se manifesta en une joie indicible. Elle était de nouveau debout dans la vaste pièce seigneuriale, et, prenant les mains du Roux, elle lui dit :

— Oh ! je n'ai plus peur, vous êtes un ami !

Et le Roux se détachant de cette étreinte de reconnaissance, ne sachant d'ailleurs, comment répondre, dit à la bohémienne : — Soyez gentille ! on va vous servir des pâtisseries, vous dormirez, et demain vous ne nous trouverez plus terribles pour une belle fille comme vous.

Il s'éloigna.

Goïta mangea le souper qui lui fut servi. Elle désira être seule et les duègnes disparurent. La bohémienne s'endormit alors pleine de courage et d'espérance.

Quant au baron, on le portait ivre-mort dans son propre appartement, et nous savons ce qui s'est passé jusqu'au moment où le Roux a procédé à la sommaire exécution des bohémiens.

VII

Le Roux, entrant chez le baron après son expédition sanglante de la tour du Guet, se hâta d'écarter les draperies des fenêtres, et le jour pénétra violemment dans la chambre seigneuriale.

Gratian se réveilla en sursaut et se leva lestement de sa couche de peau d'ours.

Le sommeil avait réparé les effets de l'ivresse; le visage était calme et froid. Le corps paraissait dispos.

— Roux, dit-il, hèle mon camérier.

Le Roux sortit pour appeler le valet de chambre de Gratian.

Celui-ci se déshabilla lui-même de son pourpoint de velours dans lequel il avait dormi. Et, selon son habitude dans le camp ou dans son manoir, hiver comme été, il s'ablutionna abondamment de la tête aux pieds dans une large vasque de cuivre que les serviteurs avaient apportée.

— Roux, nous sommes en guerre, il me faut vêtir, aujourd'hui, tout de peau d'izard et de mailles d'acier.

Les Anglais arriveront par Guiche et Labastide; il nous faut assiéger Sauveterre, et contenir Belloc. Il y aura bataille à Orion, si, comme nos hôtes l'appréhendent, messire Bertrand a tourné Chandos, dépassé Comminges, et dépêché les lances du duc de Bourbon au secours du comte de Foix, qui paraît venir à toute bride de Tarbes jusqu'à Orthez.

On habillait Gratian. Sa taille était haute et régulière. Seul, le masque était repoussant. La petite vérole avait frappé de sa disgrâce cette figure qui reflétait une âme noire et l'amer dépit que lui inspirait sa propre laideur.

A tant de causes de jalousie qu'avait Gratian contre le seigneur de Moncade, son physique repoussant n'était pas la moindre, et une comparaison entre le vicomte et le baron faisait ressortir davantage la beauté virile de Gaston-Phœbus, à la tête d'Apollon et à la taille de Paladin.

Le vassal avait l'âge du suzerain : trente-neuf ans, au moment où nous nous trouvons.

Gratian fut bientôt prêt. Il ne mit que les jambières de fer. Sa casaque sarrazine en mailles d'acier descendait jusqu'à ses genoux. Il ceignit l'épée de bataille et à sa ceinture pendait l'aumônière, la dague et l'olifant. Sur sa tête, il plaça un heaume sans cimier et, quoique laid, ce

Le baron Gratian pénétrant dans la chambre de Goïta.

chevalier aurait fait honneur à sa réputation de bravoure et mérité l'attention des dames, si le féroce caractère et l'instinct du crime ne l'eussent transfiguré d'une manière abominable.

Il se promena à grands pas dans sa chambre semblant réfléchir et s'abîmer dans quelque conception farouche.

Il tendit à son compère un profond gobelet d'airain.

— Verse de l'eau à pleins bords, dit-il. Le Roux versa, mais il but la première gorgée; Gratian se méfiait toujours du poison.

Le baron avala ensuite d'un seul trait cette eau limpide et crue.

— Roux, maintenant, rends moi compte!

Et, ouvrant l'une des croisées, il plongea ses regards dans la campagne, par-dessus les murailles et les bâtiments étagés du Château Noir.

Les serviteurs étaient sortis. Il ne restait plus que le maître et le séide.

— Monseigneur, dit le Roux, vos nobles hôtes sont partis en reconnaissance dès le jour levant.

— Hum ! fit Gratian avec un léger sourire de raillerie, mon vin n'est pas si mauvais puisqu'ils peuvent chevaucher dès l'aube, avant d'avoir cuvé leurs derniers hanaps... Ils n'y verront pas bien clair par le bois ou sur le bord du Gave ! Si je suis le dernier à sortir, mes yeux seront encore les meilleurs ?... continue.

— J'ai visité avec ce falot les tours, les logements, les casernes, les écuries et les étables, les chenils, la fauconnerie, les prisons. Les fantassins arbalétriers, étaient à leurs poste. Les Espagnols soufflaient. Il n'y a pas eu bagarre malgré la liesse accordée. Les cavaliers ont appelé les Espagnols : pouilleux ! mais les sergents d'armes ont évité les rixes. Il y a belle armée de bataille au castel, et tout permet combat et résistance.

A la prison des souterrains, j'ai fait enlever les mécréants arrivés cette nuit, par vos hommes d'armes ; je les ai branchés en gargouille du haut desquelles deux ont fait le saut ; mais ils attendent les loups pour la nuit prochaine.

— C'est bien ! continue.

— J'ai veillé près de vous, monseigneur, la jolie rebelle que vous m'avez confiée.

— Ah ! dit Gratian qui se retourna vivement, car jusque-là il était resté absorbé dans sa contemplation vague.

— Oui, monseigneur, j'ai veillé la gitana, et bien m'en a pris, car elle aurait étranglé ses matrones... Mes soins l'ont calmée ; elle a mangé, et la belle enfant dort probablement.

— Comment, scélérat, dit Gratian en riant, tu as donc le don d'apaiser la Cagote ? — Tu as donc quelque philtre ? Me répondrais-tu que je serai bien accueilli moi-même ?

— Monseigneur, les deux sorcières effaroucheraient les plus niaises colombes ; j'ai écouté la basquaise ; j'ai surpris quelques mots entre ses débats de désespoir et ses larmes.

— Ce nom, Roux ? dit vivement Gratian.

— Ce nom est bien insignifiant : *Enrique !*

— Enrique ? mais c'est un nom castillan ? Elle n'a pas dit *Phœbus* ?

— Je n'ai entendu que *Enrique*, et en lui répondant moi-même qu'on lui parlerait d'Enrique, elle s'est calmée, elle m'a écouté et remercié ; elle a mangé et elle dort, parée comme une princesse, selon vos ordres... et, sans doute, elle rêve ? Ah ! par exemple il a fallu chasser les sorcières...

Gratian sembla réfléchir un instant.

— Écoute compère, dit-il au Roux, puisque la cagote (1) ne t'a pas pris en horreur et qu'elle est docile à tes consolations, tu vas lui annoncer ma visite.

Je veux que Goïta soit bien traitée en ce manoir dont elle sera la reine.

Le seigneur Phœbus n'est pas aimé d'elle. Je veux qu'elle se donne à moi, mais ne l'effrayons pas ! je saurai attendre, et, d'ailleurs, la guerre va m'occuper autrement que l'amour !

Envoie au diable ces sorcières comme tu dis, et donne à la Goïta les suivantes qu'elle désirera ; mais pourvu que tu sois toujours sûr des gens qui entreront au Château Noir.

Nos bahuts de soie d'Espagne et de précieux butins conservés, lui seront ouverts. Qu'elle se pare, qu'elle soit belle, qu'elle se console et qu'elle devienne nôtre par tous les soins, tous les égards et toutes les parures. L'habitude fera le reste. N'ayant aucun espoir hors d'ici, elle se donnera toute à moi. Goïta apprendra que Gratian est un chevalier galant et que j'ai voulu faire d'elle la dame de notre cour d'amour. Et si je suis vainqueur, le Béarn saluera ma favorite !

Le Roux avait écouté ces longues recommandations, et il répondit à son maître :

— Je crois, monseigneur, que la meilleure manière d'avoir sans violence votre superbe captive c'est d'agir avec patience et prudence. On exécutera vos ordres et le Roux veillera à ce que la Goïta n'ait plus à regretter son gîte de bohémiens. Si elle a quelque amour en pays basque, les parures et les honneurs lui feront vite oublier ses chagrins... Puis si elle n'obéissait pas à notre puissant baron, alors je ferai mon office.

— Arrête, compère, arrête ! — Avec patience ! Je ne veux plus de poire d'angoisse, ni de lacet, ni d'oubliettes. Fais comme moi, redeviens compatissant pour les belles. Tu as assez des mécréants, de nos ennemis, ou de tout autre manant ici ou au dehors qui pourrait te déplaire, pour exercer ton droit d'occire et pour utiliser ton dévouement à ma personne et à mes intérêts. Va ! et je te suis.

---

(1) Les cagots étaient le nom donné aux bohémiens baptisés.

VIII

Goïta, dont la chambre était contiguë à celle du baron Gratian, ne pouvait jamais entendre ce qui se disait à côté d'elle. Les constructions féodales étaient telles que la moindre cloison était une muraille épaisse de quatre pieds.

Elle ne se doutait pas, au moment ou un sommeil réparateur lui rendait ses forces et son courage, que, non loin d'elle, son ravisseur abandonnant à son égard ses moyens de persuasion brutale, dictait au féroce gardien du manoir tout un plan de conduite, dont l'effet pouvait être autrement décisif que les plus grandes violences.

A son réveil, elle se leva sans attendre les duègnes qui lui inspiraient la plus profonde horreur ; elle se para des atours qu'on avait laissés la veille à sa disposition et, ayant besoin de respirer l'air matinal, elle ouvrit l'une des fenêtres de sa chambre et s'abandonna à ses inquiètes pensées.

— Quel malheur est le mien si je ne vois plus mon Enrique ! Je suis à la merci d'un monstre qui, je le vois enfin, fera de moi une morte, si je ne veux pas être son esclave... Il a tué les miens pour me ravir. Il a employé le fer et le feu pour chasser ceux qui auraient pu me porter secours, et maintenant la guerre empêchera Sünhart, s'il est vivant, de demander la protection du bon seigneur de Moncade, qui, s'il me savait ainsi dolente, accourrait peut-être pour me faire justice et m'enlever au sire cruel du Château Noir.

De gros soupirs gonflaient sa poitrine et ses yeux étaient humides de larmes.

— Pourtant ! reprenait-elle, si j'ai courage, et il me faut en montrer, moi que tant de malheurs ont voulu éprouver, si j'ai cœur ferme et visage impassible, j'éviterai peut-être les témérités du baron et le temps m'amènera quelque secours.

Elle s'arrêtait, réfléchissant encore.

— Oui, se dit-elle tout-à-coup, oui, je serai femme. Je me rappelle nos vieilles gitanas et leurs conseils, qui maintenant m'arrivent en mémoire : si puissant que soit un maître, la femme qui veut faire valoir sa volonté dompte toujours ce maître par larmes, caresses ou fermeté...

Mes larmes, hélas ! il les a vues et son cœur est insensible ; mes caresses... horreur ! Enrique seul a emporté ma dernière étreinte, et seul il retrouvera mes baisers !

Ma fermeté ? pauvre de moi ! saurai-je ne pas trembler ?... Ah ! je ne tremblerai pas pour me tuer s'il veut aller jusqu'à la violence... mais je tremble quand il me faut employer la ruse...

Elle était à cette partie de son monologue lorsque le Roux, ambassadeur de Gratian, pénétra dans la chambre de la Gitana.

Celle-ci accueillit avec grâce le loup-cervier si humble devant elle, et si féroce quelques heures auparavant avec les malheureux bohémiens qu'il avait envoyés de la vie au trépas.

Le Roux se présenta gauche et confus devant cette magnifique personne que la moindre toilette de cour relevait en beauté souveraine.

— Mes conseils, belle reine, dit-il, vous ont fait du bien et vous ne tremblez plus ici, vous, devant qui tout doit se baisser.

— Seigneur... dit Goïta.

— Je ne suis pas seigneur, mais un soldat fidèle de notre glorieux baron et votre serviteur très-humble. Je suis pour lui, le Roux, et je m'appelle pour vous, le Roux.

Au manoir on m'obéit, mais parce que le baron le veut, et que vous le voudrez aussi.

— Quoi ! je commanderais ?... Non, Roux, je suis la servante du baron, mais la pauvre servante qui attends justice. Pour vous j'ai à vous rendre grâces pour la paix que vous avez rendue à mon âme.

— Vous êtes la maîtresse du manoir.

— Roux, ne me parlez pas ainsi !... Puisque vous avez des égards pour une pauvre fille comme moi, obtenez-moi grâce, justice et liberté du baron Gratian.

— Vous étiez la reine des Gitanos, vous êtes la reine du Château du Mû... Je vous annonce le baron et vous aurez mieux que grâce et justice, vous aurez puissance, honneur et respect à vos volontés. Soyez docile à la voix de votre puissant maître.

IX

En ce moment Gratian, armé en guerre, laid, mais ayant la noble et fière apparence des preux, Gratian fit son entrée et salua, un genou en terre, cette fille, sa prisonnière, qui resta stupéfaite devant l'hommage du baron.

Le Roux lui-même en fut interdit. Il se plaça en sentinelle, droit, silencieux et respectueux à la grande porte de chêne de l'appartement, sur laquelle retombait une riche étoffe de Ségovie.

— Monseigneur ! fit Goïta, émue et tremblante, les mains jointes et s'avançant vers le chevalier. Monseigneur ! oh ! ayez pitié de moi... C'est moi qui dois me jeter à vos pieds et vous demander grâce.

— Damoiselle, fit Gratian, se relevant gracieux, tu es baptisée, tu peux donc honorer cette demeure ; tu es belle fille, tu peux porter la joie en ce manoir ; tu as l'amour dans les yeux, tu peux donner le ravissement à mon âme !... Je viens à toi te dire que je suis ton esclave et que tout ici t'obéira !...

Goïta était de plus en plus stupéfaite devant l'attitude du baron, et les paroles de Gratian faisaient devant son esprit comme un effet d'étourdissant mirage : elle ne voyait plus, elle n'entendait plus, elle croyait rêver... elle rêvait positivement.

Le sire de Castetner rappela la jeune fille à la réalité de la situation.

Il s'approcha d'elle près de la haute fenêtre :

— Goïta, quand je te disais que nous allions avoir bataille prochaine et quand je t'offrais abri et protection dans ce manoir, tu n'as pas écouté le baron de Castetner.

Tu croyais à ce qu'on a dit de moi de funeste et de cruel dans les villes d'Orthez et de Sauveterre, où les chevaliers, aujourd'hui mes ennemis, commençaient à ternir ma réputation.

Alors, je t'ai violentée pour t'emporter jusqu'en ce castel devenu une redoutable forteresse. Vois au loin dans ces campagnes : tout annonce la guerre.

Les plaines sont désertes, les chaumières sont vides et j'ai dû brûler les réduits d'Athos et d'Escos, où se tenaient mes ennemis, les manants gagnés par les commandants de Belloc, d'Orthez et de Sauveterre.

Partout les chevauchées de ma baronnie et de mes alliés parcourent le pays en reconnaissance ; mes partis armés gardent les collines, les gués et les passages.

Dans peu d'heures, l'armée anglaise sera ici... Ah ! quels combats bientôt !

Qu'aurais-tu fait, cagote errante, à Athos ou à Mixe ?

Ne sais-tu pas que les richesses des bohémiens sont de bonne prise, et les tiennes qui étaient grandes et que les gens de ta tribu ont su cacher jusqu'ici, seront recherchées par les troupes à qui nous donnons droit de pillage ?

Ne sais-tu pas qu'une belle fille comme toi était le lot du premier capitaine heureux qui t'aurait rencontrée sur sa route ?...

Je t'ai donc mise en sûreté. J'ai fait ce que n'aurait su jamais faire ton seigneur de Moncade que tu écoutais avec plus de soumission que tu ne parais m'en accorder...

Goïta que les longs discours du baron enhardissaient désormais, avait retrouvé son sang-froid et une certaine assurance.

Elle répliqua d'un ton doux mais assez ferme :

— Jamais le seigneur de Moncade ne m'a offert d'asile en ses manoirs parce qu'il ne craignait pas la guerre ! Il ne s'attendait peut-être pas à tous les malheurs qui nous enlèvent du pays et qui nous ravissent le peu de tolérance que nous avions trouvée ici.

— Goïta ! tu défends messire Phœbus ? dit froidement le baron.

— Je suis trop pauvre fille pour oser défendre un si puissant seigneur. Et puis, je ne pourrais défendre que moi, maintenant que je suis seule, abandonnée et à votre merci !

— Non, ma belle, tu n'es pas abandonnée ni à ma merci, dit Gratian en s'inclinant avec galanterie; c'est moi qui suis à ta merci, je suis ton chevalier... Je serai digne de toi, j'irai combattre, et c'est de toi que je veux recevoir l'écharpe de vaillance.

Le baron prit encore la main de Goïta qu'il baisa respectueusement.

— Au revoir, Goïta ! fit-il, et il se disposa à sortir.

— Compère, dit-il au Roux, tu connais mes volontés et mes sentiments : que le château soit un séjour de paix et d'amour pour la damoiselle de mes pensées. Aux remparts, le combat et la gloire; ici, la musique et les *lais d'amour !*

Goïta avait instinctivement suivi jusqu'au seuil de son appartement son ravisseur et amoureux geôlier. Elle ne trouva pas un mot à dire. Elle fit une profonde révérence au galant salut de Gratian.

Le baron et son compère descendirent dans les salles basses du Château Noir.

Restée seule, Goïta se résigna.

Elle se répéta à elle-même toutes les exhortations de courage, de patience... de ruse, afin de pouvoir affronter la situation qui lui était faite, et de détourner autant que possible les convoitises de celui qui ne s'était fait si galant que pour mieux dompter sa captive rebelle.

Elle pensa que les événements militaires en Béarn la délivreraient, pour le moment, des obsessions pressantes du baron... Elle espérait qu'un coup inespéré frapperait le vautour féodal qui vivait impuni au Château Noir.

Elle accepta les parures, les hommages, les friandises, la cour d'amour, les égards et les honneurs de toutes sortes.

Elle se résolut à donner cette satisfaction apparente au baron, afin de pouvoir ajourner indéfiniment toute tentative extrême qu'elle était décidée à n'accepter qu'avec la mort.

La jeune fille, mise à l'épreuve, se redressait femme, et cette femme allait devenir coquette pour éviter son déshonneur dans ce repaire où nul ne pouvait encore lui porter secours.

Lorsque les suivantes nouvelles et les pages lui furent présentés, Goïta agréa leurs services et commanda aussitôt en reine.

Pour les serviteurs du Château Noir, une puissance nouvelle s'élevait.

Ajoutons que cette domination charmante était un rayon de soleil dans un antre où le Roux n'avait brillé que par sa férocité, et où le baron n'avait cessé de se montrer l'émule sinistre des plus sombres tyrans de la légende féodale.

A son tour le Roux ne perdait pas son temps.

Il fit enlever les deux duègnes, sous prétexte que le jour de la justice arrivait pour tout le monde.

Dans l'une des plus profondes oubliettes du manoir, les deux mégères furent précipitées sans autre ménagement.

Au bord du trou béant, le monstre criait, en ricanant d'une façon bestiale :

— Dormez bien, envoûteuses, avorteuses, empoisonneuses ! Dormez en paix, si le diable le permet !

Et sur les cris déchirants des vieilles qui s'accrochaient aux parois de leurs sépulcres, le Roux fit sceller la pierre d'orifice, et midi n'avait pas sonné encore, que l'odieux compère avait déjà bien rempli sa journée !

Deux enterrées vives. Ça le comblait de joie, aussi alla-t-il gaiement présider le dîner des officiers du château. Cet homme était le premier officier.

La Goïta et les ménestrels du Château Noir.

X

Le sire d'Oràas avait eu raison d'annoncer à celle qu'il faisait si solennellement sa maîtresse et sa favorite que les événements allaient bientôt se précipiter.

Parti en reconnaissance à l'heure de midi, avec un gros de cavaliers et d'archers, il rencontra non loin de Sauveterre les seigneurs anglais et le capitaine espagnol, ses hôtes, qui venaient de pousser leur reconnaissance jusqu'au delà de Saint-Gladie, l'antique Saint-Badoire du Béarn.

Les portes de Sauveterre étaient fermées. Au haut des remparts qui défendaient la ville du côté des faubourgs, aujourd'hui disparus, de Saint-Marc, des sentinelles nombreuses se montraient allant et venant, et, du haut des tours, aux quatre points cardinaux de la ville, des vigies apparaissaient, attestant ainsi l'active surveillance ordonnée par le capitaine Brasc, gouverneur, pour le comte de Foix et de Béarn, de la forte et noble cité de Sauveterre.

Autour de la ville, depuis Saint-Marc jusqu'aux buttes du Mont-Royal (Montrejeau) et jusqu'aux postes fortifiés de Sunarte, des escouades de cavaliers faisaient d'incessantes patrouilles. Les reconnaissances des alliés du rebelle d'Oràas n'osèrent point affronter les lances de ces vedettes.

Force fut aux capitaines anglais et à Gratian de Castetner de se contenter d'une observation à distance.

Une fois réunies, les chevauchées du Mù, parties dès le matin, et celle du baron, entrée en campagne dès midi, firent halte et se concertèrent à Aspis, dont le château et le couvent avaient été enlevés traîtreusement quelques jours auparavant par les bandes de Gratian de Castetner.

Il y eut une sorte de conseil de guerre. On délibéra sur la conduite qu'il fallait tenir, avant l'arrivée du gros de l'armée anglaise annoncée depuis trois jours.

Les officiers anglais, prudents avant tout, conseillaient l'expectative.

Gratian, impatient de s'assurer une base formidable d'opérations, proposait d'opérer l'assaut de nuit de la place de Sauveterre.

Il avait comme forces disponibles dans le Château Noir :

Deux cents lances comprenant deux cents cavaliers, trois cents écuyers ou cavaliers servants ;

Deux cents archers ou arbalétriers espagnols venant de Saint-Jean-Pied-de-Port ;

Cinq cents soudards de troupes irrégulières de toute provenance, arrêtées ou embauchées en route par le baron du Mù et enrôlées pour son compte.

Un millier de fantassins, piquiers et archers, qui campaient sous bois, entre les châtaigneraies d'Escos et de Labastide : ces troupes provenaient de l'appel, contraire aux fueros, fait par Gratian à toutes les communes sous sa dépendance ou dans son voisinage. Les réquisitions d'hommes et de moyens de combat avaient été faites avec une violence inouïe et par un véritable système de terreur.

C'est en promettant à cette dernière catégorie de soldats que leurs terres, leurs outils et leurs bestiaux seraient respectés par l'armée anglaise que Gratian put se rendre maître de leur bonne volonté. Et encore cette bonne volonté était-elle soumise à toutes les éventualités de la lutte.

Avec ces forces, Gratian ne doutait pas du succès d'un hardi coup de main.

Il ne possédait pas d'artillerie..

L'artillerie était alors à sa période rudimentaire ; les Anglais en avaient fait usage à la bataille de Poitiers, et seuls, ils possédaient quelques bombardes dont l'effet était plus terrifiant que destructeur, surtout sur les milices ignorantes et les chevaux ombrageux des guerriers.

L'attaque d'une ville forte ne pouvait avoir lieu qu'après un investissement complet, un blocus rigoureux, et après la brèche pratiquée par les machines dont on se servait pendant tout le moyen âge et qui, empruntées aux Romains, avaient été employées avec succès par Baudoin, au siège de Jérusalem.

L'art des siéges par le concours du canon n'allait se manifester que bien des années après, avec Bureau, au siége de Bordeaux par Charles VII.

En attendant, les moyens primitifs prévalaient, et il ne fallait compter qu'avec ceux-ci.

Sauveterre de Béarn était imprenable.

La proposition du baron d'Oràas fut taxée de folie par le conseil des alliés.

Après une longue discussion sans résultat, il fallut rentrer au *Thoron* du *Mû* et attendre l'arrivée de l'armée anglaise.

Mais, tandis qu'on délibérait au château d'Aspis, les barons béarnais et basques, restés fidèles à la France et à leur suzerain immédiat, se concertaient à Sauveterre et juraient de résister jusqu'à la mort au double effet de l'invasion étrangère et de la conjuration d'un félon audacieux.

Un pèlerin avait réussi à se faire ouvrir la porte de Saint-Marc, à Sauveterre, sous prétexte d'apporter de graves nouvelles dans la place.

Comme on se méfiait de tous les intrus, soldats, religieux ou laïcs, le pèlerin, car on va retrouver ici le Navarrot, fut placé entre quatre soudards et conduit à l'arsenal où résidait le commandant militaire de Sauveterre, le fameux Brasc (1).

---

(1) Sa légende sera dans l'ouvrage qui fait suite à celui-ci : la *Cour de Moncade*.

Cet arsenal, dont les ruines existent encore, était placé au-dessous du palais des suzerains de Béarn, entre l'hôtel de la sénéchaussée et les remparts de Saint-Marc. La grande route nationale côtoie aujourd'hui ces merveilleux vestiges d'une architecture féodale, qui fit l'admiration de l'état-major impérial de Charles-Quint et du prince d'Orange, le magnanime vainqueur de Sauveterre, cent cinquante ans plus tard.

Depuis les guerres du seizième et du dix-septième siècles, ces ruines importantes sont restées dans le même état. Comme citadelle de frontière, Sauveterre, avec ses débris, demeure encore un livre archéologique incomparable pour les historiens et les touristes de l'Europe.

Le Navarrot, conduit d'abord devant un capitaine des gardes, fut interrogé par celui-ci :

— Que veux-tu, pèlerin ?

— Je viens prévenir la bonne ville fidèle que le castel du Mû est asile de félon.

— Prouve que tu es fidèle toi-même. Jure sur la croix que tes paroles sont la vérité.

— Je jure devant Dieu et sur le salut de mon âme que je suis Béarnais fidèle et que je dis toute la vérité !

— Soldats, dit le capitaine qui avait écouté debout et fait jurer le pèlerin dans la salle des gardes, conduisez cet homme à la salle des barons.

Le capitaine des gardes annonça lui-même aux barons assemblés qu'un espion fidèle venait raconter les actes de félonie du seigneur d'Oràas.

Le Navarrot fut introduit.

XI

Le conseil des chevaliers et seigneurs fidèles de Béarn était un véritable conseil de guerre.

Là étaient présents l'évêque d'Oloron, qui s'était réfugié à Sauveterre, Arnaud-Guillaume de Béarn, frère naturel de Gaston-Phœbus, Pierre de Cabestang, Manault de Navailles, Espaing du Lion, le commandant Brasc et son premier lieutenant Foucault d'Orteri.

D'autres barons et chevaliers se trouvaient à Sauveterre ; mais le conseil ne pouvait être constitué que par ceux qui avaient commandement de troupes prêtes à combattre.

L'évêque d'Oloron, comme premier baron béarnais, présent, remplaçait le suzerain : il avait la présidence d'honneur ; le commandant Brasc, gouverneur de Sauveterre, était le président réel du conseil : il s'assit à la droite de l'évêque ; Arnaud-Guillaume de Béarn, chef de deux cents lances, s'assit à la gauche ; les autres personnages s'assirent à la suite, par rang d'importance, selon la force numérique de leurs compagnies ou chevauchées.

On manda deux jurats de Sauveterre qui représentèrent les Etats de Béarn, et le bayle de la ville fut admis comme représentant des officiers civils de la vicomté.

Il s'agissait d'entendre un témoin important ; mais surtout il fallait aviser, car de ce conseil de guerre allait dépendre la ruine ou l'indépendance du Béarn.

En entrant dans la salle du conseil, le Navarrot fut obligé, avant toute déposition, de jurer encore sur les Saints Livres de dire la vérité.

Brasc se leva :

— Monseigneur l'évêque et premier baron de Béarn, représentant notre haut et puissant suzerain ! vous plait-il que j'interroge le témoin ici présent et que je poursuive ses paroles jusque dans toutes déductions et conclusions qui pourront intéresser notre suzerain et notre pays ?

— *Amen !* dit le prélat, et il se signa, sanctifiant ainsi les délibérations de l'assemblée. Chacun des membres du conseil imita le pieux mouvement de l'évêque.

Brasc s'assit, puis s'adressant au Navarrot :

— Pèlerin, dites-nous ce qui vous amène avec tant de frayeur en cette cité militaire ?

— Messires, que Dieu vous aide ! dit le pèlerin ; je suis de Saint-Pé-de-Leren, en terre de Béarn, sur les marches de la Navarre de Peyrehorade.

Je viens d'accomplir un pèlerinage à Notre-Dame-de-Sarrance pour la rédemption de mon âme et la purification de mon corps...

— Passez, passez, interrompit brusquement le commandant Brasc ; Monseigneur vous tient compte de vos pénitences ; il va maintenant du salut de la vicomté. Dites, que nous voulez-vous ? Que savez-vous ?

Le Navarrot, ainsi interpellé, demeura comme interdit. Il regarda les membres du conseil d'un œil hébété... L'évêque le rassura en ces termes :

— Homme de Dieu ! vos paroles nous sont nécessaires, mais celles qui ont trait seulement aux événements qui nous tiennent ici réunis.

Le Navarrot continua :

— Après avoir marché de jour et de nuit depuis Escos jusqu'à Navarreux, et avoir évité les compagnies armées, j'ai cru que je rentrais en terre tranquille et sûre.

Les paysans et pasteurs fuyaient pourtant avec leurs brebis. Les basques de Garris et de Mauléon se trouvaient en foule au gué d'Araujuzon, cette bourgade étant fermée par ordre du seigneur de Navarrenx ; les pasteurs disaient en se lamentant :

« Il y a guerre depuis Roncevaux jusqu'aux deux gaves ! »

Pourtant j'ai vu la nuit les feux allumés au sommet des clochers et des castels, et j'ai dit :

« Le seigneur veille pour Béarn et France ! »

Je regagnais Leren sous la protection de Dieu et de la vierge Marie, quand, arrivé à Athos, j'ai vu tout brûlé et tout saccagé.

Je voyais bien que les choses avaient changé depuis mon départ pour Notre-Dame-de-Sarrance ; je n'ai pas pu même aller prier le grand saint André à l'église de cette noble ville de Sauveterre ; la porte du pont d'Oréïte (1) était fermée, le pont gardé, et du haut de sa tour de l'île de Grève, les archers envoyaient leurs traits au loin. Alors j'avais l'asile assuré du thoron du Mû.

Miséricorde ! la nuit était depuis longtemps venue, et, quand j'ai frappé à la poterne du castel, personne n'a répondu au pauvre pèlerin.

La barbacane était fermée. J'ai crié, imploré au nom de Dieu et du patron du jour. Le castel est resté fermé comme une prison, et aucun feu n'a été allumé au haut de la tour.

Ah ! j'ai dit : je suis peut-être en terre rebelle...

— Arrêtez-vous un instant, pauvre pèlerin, dit Brasc. Nous allons vous demander de préciser davantage les faits que vous avez observés depuis la matinée d'hier.

Je vais vous interroger point par point. Et d'abord, monseigneur et le baron, ici assemblés, connaissent la trahison du sire d'Oràas. Nous voulons savoir, puisque vous avez vu, dites-vous, des choses extraordinaires, si votre observation, depuis Aspis jusqu'au thoron du Mû, a porté sur des choses dignes de notre attention.

---

(1) Ce pont, dont les vestiges subsistent encore, est de l'époque visigothe. C'est une des plus belles ruines de l'ancien Béarn.

Avez-vous rencontré des chevauchées entre le bois d'Aspis et la pointe extrême de Montrejeau ?

Le Navarrot répondit :

— Je n'ai vu aucune chevauchée, hormis une halte de cavaliers de Sauveterre après Saint-Marc. Ils m'ont donné l'aumône du pèlerin.

— A Aspis, qu'avez-vous vu ? continua Brasc.

— J'ai rencontré des paysans et des pasteurs qui fuyaient vers Saint-Marc de Sauveterre; d'autres cherchaient à passer le gué de Bideren au Rouan du Gave avec des restes de troupeau... Ils disaient que le seigneur d'Oràas avait brûlé Athos, les bois et les gîtes des bohémiens, tisseurs et convoyeurs. Les chaumières des paysans libres n'avaient pas été ménagées. Il y avait grande désolation depuis Athos jusqu'à Oràas, Escos et Labastide. Les fuyards disaient que les Anglais étaient les maîtres du château du Mû.

Malgré la frayeur de ces braves gens, tous chrétiens, car il n'y avait plus de gitanos dans le pays, — on les disait tous en fuite jusqu'au bois de Mixe, — j'ai continué ma route jusqu'au castel d'Oràas, où je suis arrivé après l'heure du couvre-feu.

— Vous n'avez vu aucun poste en vedette criant l'alerte au Béarnais ?

— Aucun. Tout était désert et désolation. Il me semblait que c'était par là le commencement de la fin du monde.

— Et, arrivé au castel du Mû, qu'avez-vous observé ?

— Rien extérieurement, ni paysans, ni soldats, ni postes, ni sentinelles. Mais tout était noir, et aucune lumière ne brillait au donjon.

— Quand vous avez demandé l'hospitalité à la barbacane ou aux poternes basses, comment vous a-t-on répondu ?

— Personne n'a répondu.

— Avez-vous remarqué les chaînes tendues et les piquets plantés aux bas fossés ?

— Je n'ai remarqué que les chaînes tendues de la barbacane. Le pont-levis était levé, et aucun bruit du dedans n'est venu tout d'abord à moi. Puis, j'ai distingué les cris des chiens dans l'intérieur, et, ne pouvant pas espérer asile en ce lieu, j'ai repris le chemin de la penne, et je me suis réfugié dans une cachette de pierre du chemin tournant. Là, saisi d'étonnement, et, je vous le confesse, plein de frayeur, j'ai attendu... Tout cela me paraissait incompréhensible...

Le Navarrot semblait ici attendre l'interrogation de Brasc; celui-ci lui dit :

— Ne vous interrompez plus ; dites tout ce que vous avez vu, et soyez bref, si vous n'avez rien de plus important à révéler à monseigneur et à son conseil.

— J'étais loin de trouver dans cette cachette le sommeil qui manquait à mon corps fatigué. Je priais pour chasser la crainte qui me saisissait par moments, car je ne me sentais nullement en sûreté.

Tout à coup le son du cor résonna dans la vallée, et on répondit avec l'olifant du haut du thoron du Mû. Je vis arriver, restant caché pour l'expédition nocturne qui s'avançait, un cavalier armé, portant en travers de sa selle une femme quasi morte, et des bohémiens suivaient attachés à la queue des mules, poussés par des soldats ivres qui faisaient partie de ce cortége. Le cavalier qui portait cette femme était accompagné de deux écuyers, et la route était éclairée par des suivants portant des torches de résine.

Tout le monde entra dans le castel. On chantait des airs séditieux.. Rien ne me parut chrétien dans ce que je venais de voir, et, à l'aube, j'ai regagné l'asile de Sauveterre pour vous déclarer ce que j'ai vu.

— Pèlerin, dit Brasc, ce que vous nous apprenez était connu de la noble assistance. N'avez-vous aucun détail particulier autre que celui que vous venez de révéler ?

— Non, messire.

— Il est bien à vous de nous avoir informés. Vous avez fait acte de Béarnais fidèle et franc...

— Capitaine, dit l'évêque d'Oloron, je propose au serviteur de Dieu, ici présent, de remplir, pour la cause commune, une mission qui lui vaudra récompense de notre part et indulgences auprès de Dieu... Auparavant, faites sortir quelques instants ce brave Navarrot.

On fit éloigner le pèlerin, et l'évêque soumit un projet aux barons.

Il s'agissait de faire porter une fausse lettre, un parchemin important au baron d'Oràas.

Un pèlerin, seul, pouvait, de jour, avoir accès au Thoron. Comme il était à peine une heure de l'après-midi, le Navarrot devait franchir en peu de temps les deux lieues qui séparaient le Château Noir de Sauveterre.

Foucault d'Orteri, lieutenant de Brasc, savait écrire assez couramment. L'évêque dicta ces seuls mots en espagnol (et nous traduisons) :

L'Evêque d'Oloron et le gouverneur de Sauveterre

« Portez de suite vos troupes sur Belloc. Nous enlèverons La Bastide, Sauveterre, d'un côté; puis Mauléon, Navarreux et les gués du Gave, depuis Araujuzon jusqu'à Aurive. Nous avançons.

« Signé : Domingo,
« *capitaine de Charles II de Navarre.* »

L'évêque scella lui-même, avec un sceau héraldique, cette pièce étrange, et on introduisit de nouveau le Navarrot.

— Saint homme, dit ce prélat, voici une cédule que vous porterez au seigneur du Mû...

Nous avons invoqué l'Esprit-Saint, qui nous autorise à user du mensonge pour mieux confondre un suppôt de Satan et un traître au Béarn:

Vous pénétrerez quand même; soyez rusé pour la bonne cause. Vous direz au baron lui-même que ce parchemin vous a été remis par l'avant-garde des Anglais et des Navarrais, à Araujuzon, hier au soir. Si on vous demande des explications, répondez que vous n'avez vu que quelques capitaines en dehors du gros des hommes d'armes.

Puis, voyez et observez; — dites que vous attendez une missive verbale, et que vous êtes attendu cette nuit même au gué de Munein par la même avant-garde, qui observe et qui avance avec précaution.

Ne dites mot surtout de votre observation d'hier, ni de ce qui se passe et se dit en ce moment à Sauveterre.

Je vous absous d'avance, au nom du Père, du Fils et du Saint-Esprit; j'ajoute à vos indulgences, indulgence plénière pour vous et les vôtres, et vous réserve 20 sols morlans pour votre mission.

Vous reviendrez en la cité de Sauveterre, et donnerez le mot à la porte de Saint-Marc; ce mot sera : *Domingo-Munein;* puis vous rendrez compte de votre mission au capitaine gouverneur Brasc.

Le Navarrot s'inclina. Il promit d'être rusé et d'avoir raison des portes du Château Noir.

Ce paysan de Saint-Pé de Leren laissait voir, tout d'un coup, dans ses yeux, que l'attente de l'évêque ne serait pas trompée.

— Pèlerin, dit Brasc, ne portez ni armes apparentes ni dagues cachées. Cheminez comme bourdonnier, et récitez le chapelet en route. Ne soyez pas trop empressé au thoron, car vous seriez branché en gargouille.

— J'observerai et je m'observerai.

Les barons sourirent, et l'évêque, congédiant le Navarrot, s'écria :

— Ces Béarnais, ils escaladeraient un cheveu ! Voyez cet homme simple : il y a là peut-être un ambassadeur de la plus haute importance pour nous... Qu'on le réconforte, et qu'il soit en route bientôt.

On exécuta les ordres de l'évêque, et le conseil se dispersa.

XII

Tandis que le Navarrot allait remplir son étrange mission, pleine de risques assurément, les barons béarnais de Sauveterre avaient dépêché à franc étrier des estafettes vers le comte de Foix, posté avec son armée sur les frontières d'Armagnac et de Bigorre.

Gaston-Phœbus, ne se doutant pas de la contre-marche des Anglais chassés de la Castille, prêtait au prince de Galles et au connétable Chandos l'idée de pénétrer, par la Navarre, du Labour jusque sur les terres de Béarn et de Bigorre, en passant par Dax et Mont-de-Marsan.

Duguesclin, prévenu de ce mouvement par des émissaires de Charles le Mauvais, avait repassé les Pyrénées par Puycerda, de manière à venir faire sa jonction, sur la frontière de Foix et de Bigorre, avec l'armée du comte de Foix.

La véritable manœuvre des Anglais se dessinait autrement : nos ennemis pénétraient en Béarn par Roncevaux, Urdos et les Aldudes. Charles-le-Mauvais avait donc bien trahi, et les envahisseurs avaient soudoyé un vassal du comte de Foix, Gratian de Castetner.

Nous avons rappelé ces divers mouvements militaires, déjà esquissés en un précédent chapitre, pour bien faire comprendre les événements qui vont suivre.

Le suzerain de Béarn avait été averti déjà des dispositions hostiles du baron d'Oràas et de la présence des avant-gardes anglaises dans la Soule. Charles le Mauvais avait livré passage jusqu'à Mauléon.

Il n'y avait donc plus de temps à perdre; l'indépendance du Béarn était sérieusement menacée; Charles le Mauvais pouvait reprendre de ce côté des Pyrénées des positions importantes; Gaston-Phœbus pouvait voir son domaine anéanti ou tout au moins soumis à la suzeraineté des Anglais, maîtres de la Guyenne, alors que le Béarn était demeuré terre libre et franche, ne relevant « que de Dieu », comme disent nos vieux fors. Enfin, il fallait tout redouter de l'avidité des traîtres qui avaient favorisé les desseins de Charles le Mauvais et du Prince-Noir.

Le commandant Brasc décida qu'il resterait enfermé dans Sauveterre avec son lieutenant Foucault d'Orteri. L'évêque d'Oloron s'installa dans l'archiprêtré de Sauveterre, qui était, d'ailleurs, sous sa dépendance épiscopale.

Les barons, sous le commandement unique du baron Manault de Navailles (1), sortirent de la cité avec deux mille hommes de troupes de toutes armes.

Les Béarnais étaient résolus à se séparer en deux corps. Le premier devait arrêter l'avant-garde anglaise sur les plaines de Saint-Gladie; l'autre corps devait livrer bataille aux forces du baron d'Oràas sous les murs

(1) Souche originaire de Noailles.

de Belloc, si la mission du pèlerin réussissait au gré du conseil militaire de Sauveterre.

XIII

Gratian de Castetner avait regagné son manoir, avec ses alliés, après la conférence négative tenue au château d'Aspis.

Le sire d'Oràas se fit désarmer, et, paré de nouveau pour le repas du soir, il alla présenter ses hommages à la reine des bohémiens, qui avait appelé auprès d'elle les chanteurs et ménétriers du château.

Malgré sa résolution de conserver son calme et de jouer l'insouciance, la jeune fille s'abandonna plusieurs fois à ses douloureuses pensées : la mort des siens, la persécution pleine d'inconnu dont elle était elle-même l'objet, sa séparation, peut-être éternelle désormais, d'avec Enrique Sünhart, son fiancé !

Aux accords d'une musique assez primitive, ses beaux yeux souvent se mouillèrent de larmes. Les ménestrels mirent sur le compte de la poésie cette émotion de la favorite.

Lorsque le seigneur du Château Noir se présenta dans l'appartement de la nouvelle châtelaine, il remarqua les traces de cette émotion muette, et, lorsqu'il voulut en connaître la cause, Goïta lui répondit que la musique touchait, pour la première fois, très-profondément son cœur, et le baron, pour la première fois de sa vie, à son tour, félicita les ménestrels d'avoir su trouver des accords qui procuraient tant de doux attendrissement à la dame du manoir.

Le baron resta seul avec sa belle prisonnière.

Il lui révéla les dangers du moment, et la résolution où il était, lui, Gratian, de lutter jusqu'au bout avec ses alliés pour le triomphe de ses ambitieux desseins.

— La guerre me ravit à toi, Goïta ! dit-il amoureusement à sa captive; mais, le succès aidant, je serai tout entier à toi, comme tu te donneras toute à moi... n'est-ce pas ?

Et il fit un mouvement comme pour prendre un baiser, en enlaçant la jeune fille.

Mais Goïta s'était relevée de la haute pile de coussins de soie où elle était demeurée assise jusque-là.

— Baron ! dit-elle, vous m'avez promis de respecter mon silence et ma volonté jusqu'à ce que je vous tende moi-même cette main amie...

— Oh ! la belle !... dit Gratian avec un sourire qui ne dissimulait pas le dépit, tu deviens cruelle parce que je suis généreux seigneur ?...

— Vous avez pu m'enlever par la violence, tuer les miens à mes côtés, vous pouvez même me tuer ici, à vos pieds, mais vous ne m'aurez jamais de bon gré, si vous n'en appelez jamais qu'à votre force...

— Goïta ! ce langage, toi seule as pu l'employer impunément dans ce castel, dit froidement le baron ; homme ou femme, chevalier ou manant, nul ne me brave en face et surtout chez moi !... Je te pardonne, parce que je t'aime et parce que tu crieras merci avec joie et empressement lorsque je t'aurai montré la vaillance de mon bras sur mes ennemis et la générosité de mon cœur pour toi.

— Baron ! je vous demande alors de me laisser quelques jours seule avec moi-même, ou tout au moins éloignée de la pensée qu'il faut que je m'abandonne à un maître avant d'avoir laissé parler librement mon âme...

— Ces paroles-là sont plus gentilles, ma mie ! dit Gratian en se rapprochant de la jeune fille et en lui prenant les deux mains, sur lesquelles il posa de respectueux baisers. — Sois donc de ma fête ce soir, à la table du manoir, Goïta ; sois saluée par mes hôtes comme la belle gitana du Béarn, gagnée à notre sainte religion et au cœur d'un chevalier tendre et... patient !

— Soit ! baron, je serai de votre festin ; mais votre dague me protégera contre vous ou contre tout téméraire !

— Dieu vivant ! exclama Gratian, il n'y a pas de téméraires à craindre en ce manoir ! Et, quant à moi, tu as ma parole, Goïta ! Redeviens donc tendre, douce et belle.. Je vais donner des ordres pour que les fanfares de liesse retentissent en ton honneur.

Et Gratian se retira.

Comme la nuit approchait, les fanaux s'allumèrent dans l'intérieur du castel; les fanfares retentirent, et un grand mouvement se fit dans la salle du festin.

Les hôtes étrangers et les officiers de Gratian furent avertis que la favorite du Château Noir apparaîtrait à la table seigneuriale.

Les pages, les ménétriers, les fous et nains du baron durent revêtir leur plus éclatante livrée. Goïta se para avec les riches atours qui étaient accumulés dans les bahuts de son somptueux appartement.

Ces étoffes de brocart et de soie provenaient des butins faits sur les contrebandiers espagnols arrêtés par le sire d'Oràas. L'Espagne et l'Italie fournissaient au midi de la France, et à toute la France jusqu'à Paris, les magnifiques vêtements de toilette qu'on portait au quatorzième et au quinzième siècles.

Les modes venaient d'Italie ; le luxe arrivait de l'Espagne à demi-mauresque.

L'Europe féodale copiait Pise, Florence et Venise ; elle empruntait ses plus riches et ses plus voluptueuses parures à l'art oriental de Cordoue et de Grenade.

Aussi, les muletiers espagnols, à travers les Pyrénées ou sur les sables des Landes gasconnes, étaient-ils une proie avidement chassée par les barons de l'époque.

Les réserves du Château Noir étaient pleines de riches dépouilles.

Goïta y trouva la gaze des almées, les lourds brocarts des riches châtelaines et les pierreries royales...

Et quand, au bruit des fanfares éclatantes, elle descendit dans la salle du festin, la main dans la main du baron Gratian, sa traîne de soie et d'or portée par des nains du castel, quand elle apparut entre la double haie des pages portant leurs hautes torchères allumées, sa vue produisit sur les convives un magique éblouissement.

C'était la beauté splendide dans la splendeur des atours.

On croyait saluer d'un vivat joyeux la courtisane ; on s'inclina comme devant une reine.

Au nom des seigneurs présents, le chevalier Madoz fut offrir sa main à la belle gitana.

— Chevaliers, dit Gratian, cette dame est dans ce manoir sous notre garde...

Elle portera bonheur à nos armes.

Et, vainqueurs, vous la saluerez baronne !

Les acclamations, le chant des ménestrels, le son des instruments retentirent à la fois.

Et, au chef de la grande table seigneuriale, à côté du baron, un siége à coussins de velours était préparé pour Goïta.

Le festin commençait.

XIV

Cette présentation presque solennelle et en tout cas insolite de Goïta aux convives du Château Noir venait à peine d'être accomplie, que le principal officier de Gratian pénétra dans la salle du festin et s'approcha du châtelain à qui il vint parler à voix basse.

Cet officier, c'était le Roux.

Lui seul pouvait ainsi déranger son maître au milieu des fêtes, des plaisirs ou du sommeil.

— Es-tu sûr de ce message? dit Gratian.

— Cet homme a l'air sûr, monseigneur, et sa mission paraît loyale.

— Eh bien! fais entrer cet homme, accompagné de mon clerc lecteur!

Quelques instants après, et tandis que les invités faisaient honneur au pantagruélique menu, servi à leur robuste appétit, on vit arriver par la grande porte du fond de la salle, entre le Roux et le clerc lecteur du baron, un pèlerin, vêtu de sa longue robe brune, au camail de futaine ornementé des traditionnelles coquilles de saint Jacques. Il était coiffé du large sombrero, et il s'appuyait sur son bourdon, chargé, au haut bout, de la gourde de voyage, de chapelets et de reliques miraculeuses.

Cette vue parut produire un singulier contraste dans cette salle où les bateleurs, les fous, les ménétriers chantaient et faisaient les tours les plus grotesques pour la plus grande gaieté des convives.

Tout le monde fut comme surpris de cette apparition inattendue.

Gratian prit la parole.

— Brave pèlerin, je vous ai fait entrer sur la recommandation de mon compère. Vous êtes porteur d'un message de mes alliés. Montrez ce message.

— Monseigneur et messire, dit le Navarrot en s'inclinant profondément, que le bon Dieu et la sainte Vierge bénissent votre repas.

— Ah! c'est juste, dit Gratian en riant bruyamment; nous n'avions pas dit le *Benedicite*... Nous sommes tous chrétiens pourtant, y compris la belle cagote, la dame du manoir.

Continuez!... et levant par-dessus son épaule droite son hanap de vermeil, il se fit verser à pleins bords le vin qu'un échanson gardait pour le baron dans une magnifique aiguière arabe, provenant d'un riche butin sur des contrebandiers de Pampelune.

Le Navarrot ôta son chapeau et, des mystérieux replis de la coiffe intérieure, il retira la cédule de parchemin, scellée d'un cachet assez fantaisiste, et que l'évêque d'Oloron lui avait confiée pour le sire du Mû.

Le clerc lecteur reçut, sur un vaste plat de cuivre repoussé, la missive apportée par le pèlerin et il alla la présenter, un genou en terre, au baron Gratian.

— Monseigneur, dit le pèlerin, comme je l'ai dit à vos vaillants capitaines en pénétrant dans ce magnifique castel, je viens de la plaine d'Araujuzon, où j'ai été arrêté par des chevaliers de toutes les nations, hormis de la nation béarnaise.

Là, de puissants seigneurs, après avoir demandé au pauvre pèlerin des reliques et des indulgences de Notre-Dame de Sarrance, m'ont remis cette cédule qu'ils m'ont chargé de vous porter avec le plus grand soin et dans le plus grand secret, en évitant Sauveterre et les chevauchées qui tiennent tout le plat pays.

J'accomplis ma mission, monseigneur, et je suis heureux d'avoir pu entrer dans ce redoutable castel sans être trop molesté.

— Lisez, dit le baron, au clerc lecteur.

Le clerc donna lecture du billet que nous connaissons et que l'évêque signa du nom de Domingo, capitaine de Charles II de Navarre (Charles le Mauvais).

Les Anglais et Espagnols présents à la table du baron furent aussi intrigués que Gratian en entendant cette lecture.

Les interpellations, les commentaires se croisèrent vivement; le repas fut en quelque sorte interrompu, et le baron Gratian recueillit l'unanimité des avis sur le cas qu'il y avait lieu de faire de cette missive...

Après quelques hésitations de la part des seigneurs anglais qui se méfiaient, le baron Gratian constata la majorité dans le sens de l'acquiescement à l'avis apporté par le pèlerin.

Il se leva debout sur le gradin qui portait sa haute chaise sculptée, à dais de velours rouge.

— Jure, comme si j'étais Dieu, — car moi debout je vaux l'évangile fermé, jure, dit-il au pèlerin, que tu dis et que tu apportes la vérité.

Le Navarrot, fin compère, persuadé qu'il ne jurait pas positivement devant Dieu, leva la main, fort d'ailleurs de l'absolution anticipée de l'évêque, et enchanté d'avoir fait réussir le plan des barons béarnais.

— C'est bien! dit Gratian. Si tu es parjure, tu peux compter sur les soins du Roux.

— Roux, dit Gratian, fais conduire ce saint homme aux offices et qu'on le réconforte! Il attendra mes ordres.

Le pèlerin s'inclina toujours profondément et sortit presque à reculons de la salle.

— Messires, ajouta Gratian, il y a hâte à obtempérer aux avis qui nous parviennent. Ne pensez-vous pas ainsi?

LE CHATEAU NOIR

Madoz, capitaine envoyé de Charles le Mauvais

Et, avant d'attendre la réponse des seigneurs et des officiers, il cria d'une voix forte :

— Arrière, vous autres, batteleurs, manants ! Cessez vos jongleries !

La troupe des ménétriers et des histrions ne se le fit pas dire deux fois ; en un clin d'œil, tout ce qui était étranger à la table seigneuriale avait disparu.

Les seigneurs discutèrent sur la valeur du message apporté par le pèlerin. Mais, à la fin, tous donnèrent dans ce piége, et il fut convenu qu'on se mettrait en marche dans la nuit même.

Goïta assistait à ce bachique conseil de guerre; elle ne souffla mot, et Gratian avait un instant paru oublier celle qu'il honorait jusque-là de toutes les galanteries.

Le baron fit mander le clerc lecteur.

— Apprête ton rouleau, lui dit Gratian.

Le clerc comprit et s'assit à distance sur un escabeau et sous la lumière d'une lampe vive qui descendait du plafond.

Il ôta de sa ceinture une gaîne de cuir, dans laquelle étaient enfermés des morceaux de parchemin.

Il se tint prêt à écrire sur ses genoux.

Le baron dicta :

« Nous avons foi en vous, nous marchons de nuit sur Belloc; exécutez
» votre plan, et surtout coupez les chemins entre Orion et Sauveterre,
» puis entre Sauveterre et Belloc; alors nous réussirons notre coup de
» main, et nous aurons réuni nos armées. »

Le clerc relut le billet à haute voix; et, selon la formule invariable, il ajouta :

— « Moi, le baron Gratian. »

Il s'approcha ensuite du baron, auquel il présenta, en s'agenouillant, sa grosse plume d'aigle.

Le baron, qui ne savait pas signer, fit une croix.

On scella le billet avec la vache héraldique du Béarn, gravée au pommeau du poignard de Gratian, et le pèlerin fut appelé.

— Qui que tu sois, lui dit Gratian, espion ou pèlerin fidèle, souviens-toi que je te retrouverai toujours !

Espion, pour faire justice de toi si tu es l'émissaire de quelques scélérats ennemis.

Messager fidèle, pour te récompenser si ta mission est loyale.

En attendant, je te crois; je te laisse libre et te confie cette réponse que tu porteras à ceux qui t'ont envoyé.

T'a-t-on bien traité au castel ?

— Oui, monseigneur, répondit le Navarrot.

— Tiens, un écu morlan, continua Gratian, qui venait de fouiller dans son escarcelle et d'en retirer une pièce qu'il jeta au pèlerin.

Celui-ci ramassa l'écu et se confondit en remerciements.

— Je prierai Dieu pour le repos de votre âme, monseigneur!

— Prie pour le succès de nos armes, d'abord.
— Et pour votre salut, noble dame et nobles chevaliers.
— Va! va! Dieu ne damne jamais les jolis yeux, et il n'a que faire encore de ces vaillants guerriers !

Ce blasphème ne décontenança point le pèlerin, qui se retira enfin, et qui, à travers tous les obstacles des cours, des chemins de ronde, des portes et des ponts-levis, put enfin sortir vivant et chargé d'une mission de confiance de ce repaire tant redouté.

XV

L'ordre de sonner les fanfares du départ fut donné.

En un instant, à la lueur des torches et des falots, au bruit du cor et du boute-selle, il se fit dans tous les quartiers du manoir du Mû une agitation indescriptible.

Les officiers coururent à leurs troupes, à leurs fantassins, à leurs cavaliers, et la grande salle du festin devint bientôt, par le va-et-vient des soldats et des capitaines, le quartier général des ordres et des commandements qu'on distribuait à la hâte.

Goïta avait été reconduite avec apparat dans son appartement, et le baron Gratian lui avait promis de la saluer avant son départ pour la bataille.

Les opérations militaires furent réglées ainsi :

Une avant-garde de cavaliers d'Oràas, précédant les 200 archers du capitaine Madoz, devait partir pour Belloc, à travers bois, en évitant Carresse à l'ouest, Salies à l'est.

Quatre chevauchées anglaises, composées chacune de 25 lances, soit 100 hommes par escadron, devaient suivre Madoz.

L'arrière-garde, commandée par le baron Gratian, devait comprendre les troupes de toutes armes enrôlées ou réquisitionnées par le baron de Castetner, et qui campaient dans les châtaigneraies d'Escos, au nord-est du thoron du Mû.

L'ordre de mise en campagne leur fut donné par un signal et par le cor du donjon.

Cette arrière-garde devait être commandée par Gratian en personne, suivi des officiers étrangers. Les alliés formaient un véritable escadron de bataille.

Des chariots de vivres et le matériel de siège devaient être escortés par les troupes d'arrière-garde.

On portait les échelles, les fascines d'assaut, les poutres et les béliers roulants pour enfoncer les portes de Belloc. Les étoupes résineuses, qu'on attachait aux flèches, devaient être lancées par des archers fuséens pour incendier l'intérieur de la ville, et cette partie des accessoires d'un siége, au moyen âge, arrivait en dernier lieu, après l'investissement d'une place ou d'un château-fort.

Gratian prenait au pied de la lettre le faux avis qu'il avait reçu; il voulait surprendre et emporter brusquement la cité de Belloc.

Les troupes qui restèrent dans l'intérieur du thoron du Mû ne s'élevaient pas à plus de 150 arbalétriers pour les tours et à plus de 200 combattants de toutes armes, serviteurs ou soldats, pour les remparts et le corps du manoir.

La garde et le commandement du Château-Noir furent confiés au Roux, le sinistre compère de Gratian.

Ces dispositions prises, les troupes casernées du castel furent massées dans les cours de leurs quartiers respectifs.

Les chevaliers, armés de pied en cap, passèrent la revue de leurs cavaliers servants, de leurs fantassins, et le baron du Mû parcourut les rangs avec les seigneurs étrangers, à la lueur de plus de cent torches portées par les serviteurs du manoir.

Il encouragea les troupes, leur promit le pillage de Belloc et la perspective d'un butin autrement considérable à Sauveterre et à Orthez, lorsqu'on se rendrait maître des châteaux et des trésors de Gaston-Phœbus.

Chaque chef de bande reçut une outre de vin qu'on vida dans des coupes d'étain et qu'on servit à tous les soldats.

Des vivats accueillirent les paroles, les promesses et les libéralités bachiques du châtelain du Mû.

Puis les herses se levèrent, les pont-levis furent abaissés, et la première colonne se mit en marche guidée par des porte-fallots et au chant des ballades guerrières de Navarre et de Guipuscoa, que psalmodiaient les mercenaires de Madoz.

Les trompes et les cors des hautes tours du manoir accompagnèrent ces chants dans la nuit. Il n'était pas la onzième heure du soir quand ce premier départ s'effectua. Evidemment, Belloc pouvait être investi le lendemain matin à l'aube.

La seconde colonne de cavalerie suivit de près les fantassins.

La troisième colonne fut plus longue à se préparer. Les troupes étaient de provenance si bizarre, et leur raccolement volontaire ou forcé en faisait une armée si suspecte, que Gratian dut sortir du château pour aller visiter dans leurs campements ces soldats, moitié paysans, moitié soudards, qu'il envoyait au siége de Belloc avec tout un matériel de siége dont nous avons donné la sommaire et rapide énumération.

Après avoir présidé au milieu de la nuit à la levée du camp d'Escos, Gratian, avant de se mettre définitivement en route, rentra au castel et se disposa à aller saluer Goïta.

Celle-ci se trouvait depuis longtemps dans son appartement, et, soit par frayeur ou soit par incertitude, elle ne se déshabilla point, et elle resta tout le temps debout à la haute croisée entr'ouverte de sa chambre solitaire.

Elle semblait écouter les bruits lointains du dehors, les chants des soldats, le son des fanfares, le hennissement des chevaux, le fracas des chariots et des machines.

Gratian entra brusquement et seul.

Il ferma, avant de prononcer une parole, la fenêtre de la chambre, et il tendit les vastes rideaux sur les profondes embrasures.

Goïta, qui avait tressailli à l'entrée du baron, mais qui n'avait rien dit, s'assit sur l'escabeau à coussins qui se trouvait aux pieds de son lit, presque à demi-enterré dans les épaisses et moelleuses fourrures d'un tapis de peaux de loup.

Le baron s'approcha alors de la bohémienne, et s'agenouillant devant elle :

— Donne-moi, fit-il en l'enlaçant, le baiser d'amour qui me vaudra joie et gloire dans la bataille !

Mais bondissant comme la panthère blessée, Goïta s'était levée, et elle se trouvait déjà debout et frémissante au milieu de cette vaste pièce. Un poignard nu brillait dans sa main.

Gratian, d'abord muet de surprise, puis furieux comme le fauve qui a manqué sa proie, se releva à son tour, et s'approchant lentement comme s'il rampait pour mieux s'élancer :

— Ah! cagote, tu me résistes! hurla-t-il sourdement, et tu oublies que tu es à ma merci morte ou vive!

Il cherchait en même temps, de ses doigts distraits et crispés, la dague qui pendait à sa ceinture. Goïta la lui avait enlevée!

— Je vous ai dit ce soir, baron, s'écria celle-ci d'une voix forte et résolue, que votre dague me protégerait contre vous ou contre tout téméraire.

— Fille maudite! tu mourras! vociféra Gratian, qui, reprenant son gantelet à mailles de fer, s'élançait sur Goïta, son poing formant massue.

La bohémienne, debout, sur la défensive, retrouvant toute l'ardeur et tout le sang froid des gens de sa race, attendait le choc, la pointe du poignard en avant, protégeant sa tête et sa poitrine!...

En ce moment le Roux entrait.

Cette apparition arrêta court le baron Gratian. Puis il dit à son compère :

— A nous deux cette cagote! jetons-là sur ce lit. Elle me résiste, elle me brave, elle me menace : c'est mon butin. Attache-la, baillonne-la! J'en veux jouir avant la bataille! Viens!...

Le Roux s'était mis entre le ravisseur et la victime.

— Baron, dit-il, on va se battre, on vous attend. Après la guerre vous reviendrez le maître, et je garderai jusque-là la cagote.

— Roux! pas d'autre ordre ici que le mien! et je veux la cagote à l'instant, et s'il n'en reste plus fille vivante, tu jetteras cette maudite au charnier!...

Pris de délire, les yeux injectés de sang, bavant la luxure, Gratian se ruait encore au hasard sur le Roux et sur Goïta.

Le Roux repoussa son maître :

— On ne viole pas les femmes devant moi! cria-t-il d'une voix tonnante. J'ai laissé mon âme à ce métier, et je défendrai, moi vivant, semblables tentatives... Baron! à la guerre! où vous êtes perdu!

Gratian, qui entendait pour la première fois un langage de résistance et d'admonestation, sembla tournoyer sur lui-même comme un homme ivre... Ce langage, venant surtout de son compère qu'il regardait comme le bras droit de Lucifer dans ce monde, lui coupa net la parole et les mouvements. Il se laissa choir sur l'escabeau où tout à l'heure il allait enlacer sa captive.

Le Roux ouvrit la grande porte :

— Passez, dit-il, à Goïta.

Celle-ci suivit son terrible protecteur, qui lui inspirait néanmoins toutes sortes d'inquiétudes. Non loin de là, une pièce était ouverte : c'était une antichambre des pages. Le Roux l'y enferma.

— Attendez-moi, dit-il à la jeune fille qui tremblait maintenant.

— Gratian s'était levé et il avait couru comme un tigre à la suite du Roux.

Mais celui-ci avait mis Goïta en sûreté.

— Scélérat ! démon ! fit le baron exaspéré par la colère, je te renie ! je te tue. A moi ! hurla-t-il.

Et de toutes parts, des serviteurs, des écuyers, montant les larges spirales de pierre, arrivèrent dans le corridor où cette scène se passait.

— Qui approche a affaire au Roux ! cria celui-ci.

Les arrivants ne bougèrent plus.

— Baron ! voulez-vous faire votre devoir de chevalier ? Alors il faut partir, et après la victoire vous prendrez la tête du Roux !

Ou si vous voulez tout perdre, l'expédition, vos alliés, le château, le renom, persistez encore dans cette folie !

Et avant d'attendre la réponse de Gratian, qui semblait pétrifié dans sa colère pâle et muette, les bras croisés sur sa poitrine et ses yeux vitreux fixés aux yeux quasi sanglants du compère, celui-ci cria :

— A cheval ! officiers et écuyers ! sonnez le départ du baron !

Il prit celui-ci par le bras, et Gratian se laissa faire ; il descendit automatiquement les escaliers du premier étage, et, sur les marches du perron de la cour d'honneur, le Roux lui plaça le heaume sur la tête, lui ceignit l'épée de combat et passa à son bras senestre le bouclier armorié des Castetner.

Saisi par la réalité des choses, Gratian dit d'une voix redevenue subitement calme :

— C'est bien, Roux ! tu me fais faire mon devoir !... Je ferai le mien, et tu ne te plaindras pas, si tu gardes la maudite. Je te pardonne !

— En route ! cria-t-il ; et les coureurs précédés de torches ouvrirent la marche.

XVII

Le Roux était désormais le maître absolu du Château Noir.

Il avait seul le droit de vie et de mort dans ce manoir, dont il organisa la défense pendant la nuit, aussitôt après le départ du baron Gratian et de l'armée d'attaque contre Belloc.

Il avait pour mission de résister contre toute surprise et de n'ouvrir les portes de la forteresse qu'au baron seul, revenant avec ses alliés.

Dès qu'il eut donné quelques ordres sommaires pour l'occupation des postes de vigie sur les remparts et sur les tours, et qu'il eut transformé tous les valets en soldats, il se souvint enfin que la captive du Mû était encore enfermée dans l'antichambre des pages.

Il se rendit seul, portant son fallot, auprès de Goïta. Il avait permis quelque repos aux défenseurs du Château Noir, mais lui ne dormait pas.

Il vivait, d'ailleurs, la nuit. Son activité se déployait dans les ténèbres. Il était l'homme de l'ombre et du mystère. Le jour seulement, il s'enveloppait dans une vaste cape, et il dormait au coin de la salle d'armes, ou mieux encore dans l'appartement du baron.

Il arriva donc auprès de Goïta qui s'était laissé tomber, brisée de fatigues et d'émotions, sur un tapis mauresque, dans le coin de la pièce qui lui servait de refuge et de prison.

Son sommeil fébrile était naturellement léger. Elle se leva en sursaut sous l'éclat de la lanterne du Roux, et elle allait parler, quand le sombre visiteur, devançant la bohémienne, lui dit ces mots :

— Cagote ! je t'ai protégée contre le baron notre maître ; mais ne crois pas que c'est pour te posséder moi-même...

Goïta frémit à cette idée dont le Roux se défendait par avance.

— Eh bien ! dit-elle, joignant ses mains et s'avançant vers le Roux, toute suppliante, faites-moi quitter ce château, et moi et tous les miens nous vous payerons une riche rançon !

— Je ne veux pas de rançon et tu ne quitteras pas le Mû, dit lentement le Roux. Au baron seul appartient le droit de disposer de toi et de ta liberté.

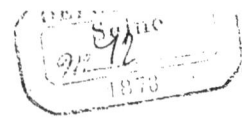

Combats devant Belloc

Goïta haletait, les dernières paroles du compère de Gratian la brisèrent ; elle s'affaissa, mais le Roux l'aida à s'asseoir sur les coussins amoncelés à terre.

Le Roux demeura debout, respectueusement placé à distance. Il continua :

— Ne te lamente pas ; c'est inutile ! Tu resteras ici sous notre garde et confiée à nos soins. Si tu vas librement au baron, mon rôle s'efface. Si le baron veut contre toi user de violence, je te protégerai !

Goïta ne comprenait plus rien à la façon étrange qu'employait le Roux pour lui éviter ce qu'elle considérait comme son dernier malheur.

Le Roux reprit d'un ton solennellement lugubre, comme s'il se confessait à un esprit mystérieux :

— Je suis corps et âme au baron Gratian de Castetner, qui m'a recueilli ici, moi honni en France et en Béarn ! Il m'a donné sa confiance et je lui dois mon dévouement absolu.

Il m'eût ordonné de t'égrangler, tu serais morte !... Un seul acte ne se commettra pas devant moi : c'est le viol d'une femme, parce que je porte là (et il frappait sa large poitrine) un remords plus pesant que la montagne du Mù...

J'ai voulu violer, et j'ai tué après avoir violé... Et ma mère, dans mes songes, me crie sans cesse : « Ne viole pas ! ne viole pas ! »

Aussi, je fuis le sommeil et les songes, et ne violant plus moi-même, j'empêche de violer aussi !

Ces paroles frappèrent d'étonnement et d'effroi la bohémienne, qui se redressa et s'agenouilla sur son tapis.

— De grâce, faites-moi sortir ! disait-elle d'une voix suppliante ; ne me retenez plus prisonnière en ce château, et puisque vous avez protégé la fiancée d'Enrique, rendez à Enrique celle qui vous paiera cher votre protection !

Le Roux posait à terre son fallot allumé, et se promenant dans cette pièce, il semblait s'abandonner au monologue le plus incompréhensible pour la jeune fille.

Goïta n'avait pas abandonné le poignard de Gratian. Cette arme, sa dernière ressource, elle était décidée à la plonger dans le cœur de celui qui aurait osé porter désormais la main sur elle. Elle avait caché cette dague dans les plis de sa belle écharpe de soie.

Le Roux lui inspirait les plus vives craintes. Elle se croyait à sa merci. Les protestations étranges de cet homme à figure de monstre ne la rassuraient nullement.

Le compère s'arrêta encore une fois devant la gitana, et comme s'il contemplait en elle un être mystique, il continua, les bras croisés sur sa poitrine :

— Fille des bohémiens, ne me sache pas gré de ma protection pour toi. Je te répète que si Gratian m'eût ordonné de te pendre, ton corps aurait été lancé dans l'air avant la fin du commandement reçu. Mais, puisqu'il veut autre chose de toi, — et contre ton gré, — je te défendrai contre lui et, au besoin, contre tous les seigneurs de France et de Navarre.

Goïta se réfugia dans la prière en entendant ces paroles. Décidément, le Dieu que les moines d'Athos lui avaient appris à connaître en la catéchisant et en lui donnant le baptême des chrétiens, ce Dieu apparaissait à Goïta comme un consolateur suprême, et elle l'invoqua.

Le Roux poursuivait :

— Tu pries, cagote, bohémienne convertie! Que ne puis-je prier et expier dans une minute de vraie résolution et de foi sincère cette vie sanglante de crimes et d'horreurs qui compose ma maudite existence!...

Venant du hasard, né sur les grands chemins, d'une mère à qui il a fallu que la main d'un fils bâtard servît de châtiment, puisque je l'ai tuée en la faisant mourir assassinée; venant de la faute d'autrui, j'ai grandi dans la faute, et ma vie n'a été qu'un long attentat contre la nature, contre ma mère et contre les vivants et les morts!

Quand j'ai été ramassé dans la fange, quelque chose, là (et il frappait la place de son cœur), m'a ordonné d'être reconnaissant envers qui me parlerait avec confiance et douceur.

Le baron, qui n'est pas sans tache devant Dieu, et qui a, au contraire, pactisé depuis longtemps avec le diable, le baron a été pour moi le premier homme puissant qui m'ait montré un visage ami.

Aussi, je suis fidèle à mon serment, et je sers le baron jusqu'à le conduire aux portes de l'enfer.

Mais je m'étais juré aussi d'empêcher tout viol en ma présence. Voilà pourquoi, cagote, tu as rencontré un bras pour te défendre et, s'il le faut, pour te venger!

Ces révélations d'un halluciné n'interrompaient pas Goïta dans ses prières naïves. Quelques mots étranges ou terribles de la confession bizarre du Roux, frappant son oreille, faisaient tressaillir la gitana; elle n'en priait qu'avec plus d'ardeur, car tout devenait extraordinaire autour d'elle, et il lui semblait, depuis son enlèvement par le baron jusqu'à cette confession du Roux, il lui semblait que son corps et son esprit fussent le jouet du plus infernal cauchemar. Elle croyait rêver, mais d'un rêve horrible, sans commencement et sans fin.

— Prie, prie, continua le Roux, prie, jeune fille! et je respecterai ta croyance qui ne descend pas dans mon âme et dont l'expression semble fuir mes lèvres. Je suis un damné, j'aime pourtant prier Dieu! Il me semble qu'au bord de la source, où mes jambes coupées ne me peuvent plus porter, j'assiste, altéré moi-même, au bonheur de ceux qui boivent

les délices. Prie, et Dieu te protégera par les bras d'un damné !
Oh ! que n'ai-je appris cette langue des croyants vrais ! Et quand j'ai assassiné celle qui tomba dans le vice pour me créer et qui tomba dans la mort pour se défendre de mes horribles convoitises ; quand j'ai assassiné ma mère, combien j'aurais voulu avoir appris le nom d'un Dieu juste... Ce nom seul, appris par elle qui l'ignorait, m'aurait enlevé à l'inceste et au parricide.

Il se fit un moment de solennel silence.

Goïta, de sa voix la plus douce, lui dit :

— Si vous vous repentez, Dieu vous pardonnera ! on me l'a appris, et je prie ainsi que me l'ont dit les pauvres moines tués ou dispersés par le baron.

— Si je me repens ?... dit comme réveillé en sursaut l'homme étrange qui monologuait ainsi devant une prisonnière agenouillée, — si je me repens ? mais je ne demande qu'à me repentir, qu'à pleurer comme toi, qu'à prier. Oh ! le bâtard maudit, combien il voudrait se racheter et racheter la mère qui le porta !

Oh ! malheur, malheur pour le bâtard et pour celle qui jette ainsi un bâtard dans ce monde !?. tôt ou tard la bâtardise tue, mais avant de tuer la mère ou l'enfant, quel chemin de tisons ardents ne leur faut-il pas traverser dans un monde où les vivants vous rejettent à droite, et où le perpétuel précipice vous attire à gauche !

Goïta, toujours agenouillée, la tête dans ses mains, priait à haute voix, car elle ne pouvait plus entendre sans trembler les paroles du Roux.

Le Roux se tut lui-même et comme affaissé par ce qu'il venait de dire ; il reprit lentement et en silence le fallot qui l'avait éclairé jusque-là.

— Goïta, dit-il d'une voix humble et douce, rentrez dans la chambre qui vous appartient au manoir... Venez, comptez sur moi, demain au soir vous serez libre.

— Libre ! cria Goïta qui s'était levée en sursaut, les bras levés au ciel, et s'avançant vers l'homme à qui elle voulait témoigner sa reconnaissance... Elle pleurait de joie, les battements du cœur l'étouffaient.

Le Roux s'était dérobé à ce transport subit de la bohémienne ; il la précédait avec sa lanterne dans la chambre qu'elle avait occupée depuis son enlèvement.

Le Roux se retira aussitôt comme un homme ivre, titubant dans les sombres corridors gothiques, et ne proférant que quelques mots à peine articulés.

— Si je me repens !... Dieu me pardonnera... Mais peut-on me pardonner, moi, bâtard infâme ?...

Puis, la lueur avait disparu: Le Roux était déjà au bas des escaliers, et l'heure du réveil allait sonner bientôt dans le Château Noir.

XVIII

Le Navarrot n'avait pas perdu de temps.

Une fois libre après sa périlleuse mission au Château Noir, il se hâta de regagner Sauveterre avant la onzième heure du soir.

Il fallait, à un bon marcheur, deux heures pour franchir la distance qui sépare le thoron du Mû de la vieille cité de Béarn.

Le Navarrot arriva, comme il le désirait, à la porte de Saint-Marc, après avoir longé les sentiers du Gave, depuis le village brûlé d'Athos, jusqu'au faubourg occidental de Sauveterre.

Il donna le mot d'ordre convenu, et les troupes de garde à la porte le laissèrent pénétrer. Un chef des arbalétriers de rempart avait ordre d'accompagner « un pèlerin messager » jusqu'à l'arsenal. Ce pèlerin était le Navarrot.

Déjà les chaînes étaient tendues ; il y avait deux heures qu'on avait sonné le couvre-feu. Il fallut franchir plusieurs obstacles avant d'arriver au centre de la cité.

Le commandant de Sauveterre était au milieu des barons et des officiers, tous prêts à entrer en campagne. Les cours de l'arsenal étaient pleines de chevaux de guerre. On semblait n'attendre qu'un dernier ordre.

Brasc reçut le Navarrot.

— Eh bien ! pèlerin, as-tu réussi ?

Le pèlerin s'inclina ; puis, il se signa dévotement, comme pour remercier le ciel de lui avoir fait la grâce d'un si heureux voyage.

Il tendit ensuite au commandant Brasc la missive Gratian.

Brasc avait à ses côtés un clerc de l'évêque d'Oloron qui lut à haute voix le billet du traître d'Oràas.

A peine la lecture était-elle achevée :

— Capitaines ! cria le gouverneur sans dissimuler sa joie, la bataille est à nous !

Et précédant les barons armés de pied en cap dans la salle du conseil, Brasc se fit rendre un compte sommaire de ce que le Navarrot avait vu et entendu au Château Noir.

L'évêque d'Oloron ne se trouvait pas présent à cette heure avancée de la nuit.

Le gouverneur ordonna au clerc de l'évêque de consigner par écrit les révélations du pèlerin.

Puis il fit compter à celui-ci la récompense promise par le prélat.

Le boute-selle fut ensuite sonné par les fanfares du gouverneur.

Une troupe de cavaliers enfermée dans le château-fort de Sauveterre sortit bientôt de la ville, pour couper les communications entre Belloc et le pays basque.

L'armée de campagne, fantassins et cavaliers, qui campait au centre de la ville, fut également dirigée sur la plaine de Saint-Gladie pour arrêter l'avant-garde anglaise.

On attendait d'heure en heure, pendant la nuit, par la porte de Sunharte, les premières colonnes d'archers et les chevauchées demandées en toute hâte aux garnisons d'Orthez et de Pau.

Ces renforts devaient être dirigés sur Belloc avec les forces dont disposait déjà le baron Manault de Navailles, pour livrer bataille au traître du Château Noir, sous les murs de la ville assiégée par Gratian de Castetner.

Le gouverneur de Sauveterre voulait écraser, avant l'arrivée des Anglais, l'auxiliaire félon que nos ennemis avaient soudoyé au milieu du Béarn.

On partit par Salies. La jonction des détachements de Pau et d'Orthez se fit au pied du Martinat, colline assez élevée qui domine Salies-de-Béarn.

Quand l'armée béarnaise, forte de deux mille cinq cents hommes, dont deux cents lances, parut sur les cimes boisées qui entourent la ville de Belloc et commandent la vallée du Gave d'Aspe, les assiégeants d'Oràas épuisaient leurs premiers efforts contre les approches de la ville et, las d'une tentative qui avait avorté déjà, celle d'une surprise de la ville, ils préparaient un investissement en règle.

Gratian et les officiers étrangers furent plus que surpris de l'apparition inattendue de l'armée fidèle. Sans perdre une minute, ils prirent leurs dispositions pour livrer bataille; mais le mot d'ordre avait été envoyé pendant la nuit à Cruel Giberet, commandant de Belloc, et Giberet n'attendait plus que l'arrivée de l'armée de Sauveterre et le signal de la bataille pour faire contre les assiégeants une sortie furieuse avec les 800 hommes dont il disposait à Belloc.

La sonnerie concertée des trompes de Béarn avertit la ville de Belloc qu'elle eût à préparer la sortie de ses troupes de combat.

Cette sortie s'opéra, en effet, et le camp de Gratian de Castetner fut attaqué d'une manière furieuse par les assiégés. En même temps les troupes de Sauveterre prenaient les traîtres par derrière, et la bataille commencée à dix heures du matin se terminait avant midi par la déroute complète de l'armée de Gratian.

Celui-ci eut le bonheur d'échapper à ses vainqueurs, et il put s'enfuir à travers bois avec quelques cavaliers blessés.

Le massacre fut terrible; le Gave roula longtemps les cadavres de ceux qui s'étaient battus sur ses bords. Manault de Navailles et Giberet firent un grand nombre de prisonniers, les officiers anglais furent tués ou pris; Madoz resta sur le sol avec le crâne à demi-fendu par la large épée d'un chevalier béarnais.

Belloc était délivré, et le Béarn n'avait pas d'autre ennemi à combattre que l'Anglais, dont les forces avançaient peu à peu.

Les combattants victorieux se reposèrent à Belloc jusqu'au soir.

Les prisonniers (ils étaient nombreux, car les dernières troupes réquisitionnées par Gratian avaient lâché pied pendant le combat et avaient crié: Merci!), les prisonniers, les charriots, les machines et quelque butin pris sur l'ennemi furent dirigés vers Sauveterre avant la fin du jour, par les soldats béarnais fidèles à la cause de la France et du Béarn.

Cette victoire sur un traître audacieux, dont les forces étaient un moment redoutables, permit aux barons vassaux de Gaston-Phœbus de disposer de toutes les troupes présentes dans cette partie du Béarn pour arrêter l'invasion anglaise.

Cette invasion pouvait être menaçante par le nombre; mais il faut se rappeler que les Grandes-Compagnies de Chandos et du prince Noir, battues en Castille par Duguesclin et chassées par Henri de Transtamarre, se jetaient en désespérées et par escouades irrégulières et indisciplinées sur le Béarn, dont Charles le Mauvais leur avait livré le passage par ses terres de Navarre.

Il suffisait à un petit corps d'armée bien organisé de profiter d'une favorable circonstance pour arrêter le flot envahisseur et pour faire subir à nos perpétuels ennemis une rude défaite à la sortie des gorges du pays basque, sur les bords du Saison ou du Gave, à Guinarthe ou à Araujuzon.

C'est ce que pensaient et ce que calculaient les habiles lieutenants de Gaston-Phœbus restés à Sauveterre, et devenus vainqueurs de la faction ennemie qui s'était dressée en plein Béarn et dont Gratian était l'âme et le bras.

Aussi, à la nouvelle de la victoire de Belloc, sans perdre de temps et sans attendre l'arrivée du comte de Foix, la plaine qui s'étend entre Sauveterre et les collines de Dommezain fut-elle couverte de troupes pour rejeter dans l'une ou dans l'autre rivière (le Gave ou le Saison) l'avant-garde ennemie signalée depuis deux jours.

Cependant l'armée anglaise n'avançait pas. Elle campait dans les villages basques, pillant et brûlant tout sur son passage, mais ne s'aventurant point au delà d'une certaine ligne.

Elle attendait l'arrivée de Gratian de Castetner, et elle comptait livrer bataille au-dessus de Sauveterre et faire sa jonction sur la plaine de Saint-Gladie avec le traître d'Oraas.

On supposait que celui-ci tournerait Sauveterre et passerait au gué d'Anthivielle pour combiner ensuite ses efforts avec ceux de l'envahisseur.

Tel était le plan primitif conseillé par Charles le Mauvais, qui connaissait le pays, approuvé par Gratian de Castetner, qui se faisait fort d'exécuter la partie à lui dévolue, et expliqué maintes fois aux chefs de l'armée anglaise, qui, décidément, prenaient au sérieux le plan concerté. Mais l'évêque d'Oloron, avec une sorte d'intuition merveilleuse, avait réduit à néant cette conception stratégique.

En rejetant Gratian sur Belloc, il avait fait battre le traître, et l'avait rendu impuissant pour toujours.

Il forçait Chandos à se découvrir en Béarn, à accepter une bataille désastreuse pour lui et pour le prince de Galles, ou bien il le forçait à traiter avec le suzerain de Béarn.

Meurtre de William Knox, par le Roux.

XIX

La fuite de Gratian vers son manoir du Mû avait quelque chose de lamentable.

A travers les forêts et les bruyères qui séparaient Belloc de la châtellenie d'Oràas, le vaincu s'échappait honteux, se confiant à la vitesse relative de son cheval, qui avait pourtant reçu une blessure pendant la bataille.

Sur vingt officiers étrangers, ses alliés, trois à peine le suivaient ; quelques soudards revenaient en arrière, à pied ; les écuyers étaient restés sur le carreau.

La sortie de Giberet avait été si impétueuse, que la ligne d'investissement se trouva forcée au premier choc, et l'irruption des troupes de Sauveterre ne se produisit que pour précipiter la débâcle et le massacre.

Gratian, qui avait presque l'avantage du nombre, celui des positions et l'espérance du secours attendu des Anglais, ne résista pas au double choc. Sa défaite fut complète.

Il arriva en piteux équipage sur les terres d'Oràas, après avoir parcouru trois lieues de forêts et de collines.

Il était harassé et son cheval tomba aux approches du thoron du Mù.

Un des cavaliers suivants lui céda sa monture et il put, du haut d'un destrier, sonner de l'olifant pour demander le pont-levis de son manoir.

Quoiqu'il ne fût pas bien tard, la nuit, en ces derniers jours de novembre, arrivait vite, et on était aux heures crépusculaires d'automne, quand le baron vaincu franchit la porte de sa forteresse.

Le Roux, qui vint recevoir Gratian, comprit toute l'étendue du désastre.

Sans mot dire, il servit d'écuyer au baron, tint la bride du cheval et l'étrier du maître, puis celui-ci ayant mis pied à terre, se dirigea toujours muet vers le donjon et ensuite monta à son appartement.

Gratian n'avait pas proféré une parole.

Le Roux et deux pages demeurés au manoir entrèrent seuls à la suite du baron, dans la chambre où Gratian se fit désarmer en toute hâte.

Son front ruisselait de sueur. Des jets de sang avaient jailli sur son armure ; son épée, qui avait frappé à droite et à gauche pendant le combat, demeurait prise dans le fourreau par la coagulation du sang.

Il s'était battu vaillamment, mais il n'avait reçu aucune blessure.

Le Roux, sans attendre aucun ordre, présenta au baron une large coupe d'eau fraîche. Celui-ci but avec avidité.

Il redemanda de l'eau pour en inonder sa tête et pour rafraîchir ses mains.

Un tremblement nerveux s'empara de sa personne. Ce n'était pas l'effet de cette étrange hygiène : c'était le délire de la rage muette concentrée.

— Roux, dit-il, restons seuls.

Les pages sortirent.

— Nous sommes vaincus ! continua-t-il. Tout est perdu en plaine. Il n'y a plus que ce château. Si l'Anglais ne vient pas, je serai assiégé. Pourrons-nous résister ?

— Monseigneur, nous ferons tous notre devoir, et nous pourrons alors défier du haut de ces murailles et de ces tours les forces du Béarn tout entières.

Gratian, abattu pour la première fois dans son audace, se laissa tomber dans un fauteuil à haut dossier, et cachant sa tête dans ses mains, parut réfléchir longuement.

De bruyants soupirs s'échappaient de sa poitrine.

Le Roux respecta ce silence. Il se tint debout devant le baron.

Celui-ci relevant la tête :

— Penses-tu, lui dit-il, qu'il y ait dans tout ceci une infâme trahison ?

— De la part de qui, monseigneur ?

— De la part de qui ? dit Gratian, se levant brusquement et éclatant tout à coup, de la part de qui ? de la part de tout le monde !

Les Anglais, les Espagnols, mes soldats ! Tous ! tous !...

Et il arpentait, en vociférant toujours, la vaste chambre dans laquelle il avait voulu rester seul avec le Roux.

Le compère se garda bien de répliquer à ces accès du baron. Il attendit un peu de calme.

Gratian s'assit de nouveau et demanda des lumières.

Le Roux se hâta de sortir pour aller quérir des flambeaux, car la nuit était tombée intense.

Il n'y avait dans tout le manoir qu'une sorte d'animation morne. Les serviteurs et les soldats se rendaient compte du résultat de la bataille.

Chacun attendait désormais une issue fatale des événements.

Les cavaliers survivants, qui avaient suivi le baron jusqu'au castel, montèrent sur les tours et, sonnant du cor, ils appelaient au manoir les fuyards valides ou blessés qui avaient pu échapper au massacre de Belloc et aux fers des vainqueurs.

Dans les vallées, à droite et à gauche du thoron du Mû, aucun olifant ne répondait à la corne d'appel.

Tous étaient donc restés là-bas, sur le champ de bataille ou dans les rangs des prisonniers !

Et peu s'en était fallu que Gratian, avec sa suite décimée, ne devînt la première capture du baron de Navailles et du capitaine Gibéret. —

Le Roux n'ordonna aucun préparatif de fête ou de repas du soir. Les liesses étaient finies pour le Château-Noir.

Il rentra dans la chambre du baron, portant deux flambeaux à bec double. Le baron, pendant la courte absence du Roux, s'était jeté tout habillé sur sa couche habituelle de peau d'ours.

Il se leva aussitôt que le Roux entra dans la chambre.

— Je ne trouverai pas un moment de calme et de sommeil, se dit-il.

Il reprit sa marche machinale et saccadée à travers la chambre.

— On m'a trahi ! on m'a trahi ! répétait-il sans cesse. Je cherche à deviner les traîtres. Les Anglais ne sont pas venus, ne viennent même pas !

Vois, Roux ! j'avais une armée, des munitions, un campement, des vivres... je pouvais faire diversion au fort d'une bataille, empêcher la victoire... On me jette dans un guet-apens, Belloc et Sauveterre se ruent sur moi. Nous perdons tout. Ces manants du camp d'Escos lâchent pied. Madoz et ses Navarrais se font assommer par des masses d'armes de Sauveterre... Je reste seul, sans voix, sans armes, sans mot d'ordre, sans nouvelles. Je suis isolé, et demain nous serons assiégés si ces maudits Anglais ne passent pas le Gave.

Le Roux, qui ne raisonnait bien que pendant les exécutions sommaires, restait muet à ses paroles du baron. Il se contenta de répondre :

— Avant qu'ils ne montent à l'assaut du castel du Mus, y demeura beaucoup de vos ennemis couchés dans les bois et dans les fossés !

Gratian ouvrit l'une des croisées de sa chambre et regarda dans la campagne déjà couverte de ténèbres :

— La Bastide a ses feux allumés.— Pas d'Anglais de ce côté. Le martinat de Salies a son fanal, et les lumières de Sauveterre apparaissent comme en pleine sécurité du Béarn... Où sont donc les Anglais ?... Ah ! je suis bien trahi !

Et dans un ricanement féroce et continu, il s'écria en se rejetant dans l'intérieur de l'appartement :

— Certes, oui, on m'a bien trahi. Par le Dieu vivant ! le pèlerin d'hier au soir était un envoyé du diable. Et au fait, c'est toi, scélérat, qui l'as introduit comme messager loyal !

Il se campait droit devant le Roux, les yeux dans les yeux du compère, l'interrogeant de son regard de flamme et le faisant sourciller d'une terreur non dissimulée.

— Ah! monseigneur, répondit le Roux, je vous jure par mon dévouement absolu, que je n'ai ajouté de foi aux paroles du Navarrot que celle que vous y avez ajoutée vous-même...

J'ai introduit l'homme qui disait venir des Anglais campés à Aranjuzon. Vous avez vu et entendu le pèlerin; vous avez discuté avec vos nobles alliés, et mon rôle a été complétement nul en cette circonstance.

Gratian, touché des paroles sincères de son serviteur, se calma vis-à-vis de celui-ci.

— C'est égal, Roux, tu reconnaîtras que celui-là était le traître!

— C'est possible, monseigneur. En attendant, vous devriez vous réconforter pour pouvoir aviser bientôt avec calme.

— Tu as raison, Roux. Je veux souper!

Mais réponds-moi auparavant, ce maudit Navarrot était-il accompagné en venant en ce castel?

— Non, monseigneur. Personne n'aurait été admis en plus à la porte du manoir. Le pèlerin semblait parler avec sincérité. Puis il a juré...

— Il a juré! il a juré! s'écria Gratian. Tu crois donc à l'Évangile de ces frocards de grands chemins?

— Je crois à ce que vous croyez, et je ne crois pas à ce que vous ne croyez pas.

— Bien répondu, compère; mais j'aurais voulu te voir méfiant, plus méfiant à l'endroit de ce messager de malheur, car, je le jure, moi, celui-là a été le traître, l'espion et la cause de mon désastre.

— Je le saurai plus tard. Mais, tu l'as dit : faisons trêve à cette situation horrible. A table!

— La Bastide a son épée démise... Tu es blessé de côté. Le maytinat de Salies a son fusil, et les lumières de Sauveterre apparaissent comme en pleine sécurité du Béarn... Ils sont donc les Anglais?... Ah! je suis bien traité.

Et dans un emportement frénétique continu, il s'évertua en se rejetant dans l'intérieur de l'appartement.

XX

Le Roux venait de quitter le baron Gratian pour donner les ordres nécessaires aux officiers de bouche du Château Noir.

Bientôt le souper fut prêt, et Gratian, qui avait fait inviter les officiers qui l'avaient suivi dans sa fuite, descendit sans cérémonial dans le réfectoire du manoir où les convives se saluèrent en silence.

La salle du festin n'avait point l'éclat et l'animation de la veille. Peu de lumières, peu de monde autour de la table ; pas de jongleurs ou de musiciens.

La figure qui, la veille, resplendissait à coté du baron, Goïta, en un mot, était absente, et Gratian ne l'avait pas réclamée une seule fois depuis son retour.

Il semblait qu'il l'eût totalement oubliée.

Et le Roux n'avait pas sollicité les souvenirs du baron à propos de la bohémienne.

La première partie du repas se passa silencieuse et triste comme une collation funèbre. On semblait ne s'acquitter que du seul devoir commandé par la nature.

Au lieu de pages et d'échansons versant à boire aux seigneurs, un seul serviteur prenait soin des hanaps vides, et Gratian n'avait qu'un seul homme debout derrière son fauteuil : le compère.

Les convives étaient William Knox, lieutenant de Chandos, envoyé en Béarn par le connétable de Guyenne pour s'assurer des dispositions du baron détaché de la cause de Gaston-Phœbus ; le capitaine Roger Rogers, autre émissaire anglais, et le vidame de Nexons, gentilhomme limousin, passé depuis longtemps au service des ennemis de la France. Il servait d'interprète aux officiers anglais qui avaient en quelque sorte pris possession du thoron du Mû, et qui ne jargonnaient guère que le français anglo-normand.

Les autres gentilshommes étrangers étaient morts ou faits prisonniers à la bataille de Belloc.

Gratian, taciturne et rêveur, mangeait et buvait sans faire attention à ses hôtes.

William Knox prit enfin la parole :

— Baron, dit-il en mauvais français, vous ne pouvez vouloir vous résigner à une figure aussi piteuse avec ceux qui ont partagé aujourd'hui vos dangers et qui partageront désormais votre sort!

Gratian se réveilla comme d'une torpeur profonde, et regardant longuement son interlocuteur, il lui répondit d'un ton maussade et brutal :

— Et après ?

— Après! ripostèrent à la fois William et Rogers, comme piqués subitement par cette attitude du châtelain... Baron ! dit Knox, vous parlez à des gentilshommes et à des alliés. Si nous ne sommes plus des alliés, nous restons des officiers dignes de votre respect !

Gratian, que la folie gagnait décidément, s'accouda sur la table et, le menton dans ses mains, il regarda d'un ton férocement narquois ses convives en répondant ces seuls mots :

— Eh bien ?

Pour le coup, les trois officiers se levèrent, rejetant de leurs pieds les escabeaux en arrière, et Knox, parlant pour les offensés, s'écria :

— Baron, tu nous défies? — Nous acceptons ton défi !

Gratian se leva furieux, et repoussant le Roux qui faisait mine de s'interposer :

Qui me défie est mort ! hurla-t-il.

Ici le vidame de Nexons devint conciliateur.

Il parla en béarnais au baron d'Oràas et proposa une explication, non sur des malentendus, mais sur la situation véritable qui plongeait tout le monde dans la douleur et qui commandait à chacun les plus promptes résolutions pour le salut de la cause engagée.

Les Anglais apaisés peu à peu, et Gratian calmé à son tour par les paroles du vidame, chacun reprit sa place au banquet, et ce fut Nexons qui posa la question dans ces termes :

— Nous sommes battus : que faisons-nous?

— Nous restons ici, et nous attendons, dit Gratian. Plus moyen d'affronter la campagne. Si les alliés approchent, nous leur ouvrirons le manoir. Avec nos lances et nos soldats, nous ne pouvons plus nous battre en plaine. — Nous n'avons rien, plus rien : tout est perdu !

Knox assura qu'en effet les abords du thoron du Mû étaient déserts; aucun de leurs compagnons d'armes échappés du combat, valide ou blessé, n'avait paru à l'appel répété des cors du beffroi. Le désastre était donc complet; en attendant les Anglais, il n'y avait qu'un parti à prendre : celui de rester enfermés au Château-Noir et d'y soutenir le siége en cas d'attaque.

— Mais qui nous a fourrés dans cet infernal guet-apens? continua William.

— Ah ! malheur ! s'exclama Gratian en frappant violemment de son poing fermé la table du festin... Qui nous y a fourrés ? Mais vous le savez, c'est un message anglais porté par un pèlerin de Satan... Oui, un message anglais !

— Que voulez-vous dire ? dit froidement Knox.

Et la scène, apaisée une minute auparavant, menaçait de se renouveler, cette fois terrible, par le fait de la surexcitation commune, des récriminations réciproques, de la défiance et de la haine désormais déchaînées entre le châtelain et les officiers étrangers.

— Je veux dire, s'écria Gratian d'une voix forte et d'un ton courroucé, que le malheur me vient de vous.

Les étrangers se levèrent à la fois.

— Baron ! répondit Knox, vous avez forfait à l'honneur de la chevalerie, si vous ne nous rendez raison sur l'heure des outrages que vous nous adressez !

Gratian s'était levé à son tour, et les quatre hommes se trouvaient en présence, la main sur la garde de leurs épées ou de leurs poignards.

— Malédiction ! vociféra le baron du Mû au paroxysme de la furie; toutes mes misères viennent de vous et du jour où j'écoutai celui qui m'abandonne aujourd'hui, Charles de Navarre !

Et se ruant sur les seigneurs, sa dague dans la main, il frappa comme au hasard la poitrine du chevalier Rogers.

La scène devint alors horrible.

Le Roux avait sauté sur son maître; les Anglais se précipitèrent sur Gratian; Nexons se trouva jeté à terre par les combattants enlacés...

Les cris et les jurons étaient horribles... On se précipita du dehors; les soudards, les archers accoururent avec les serviteurs et les pages... Ce fut une épouvantable mêlée; le sang rougissait la table du festin et les dalles du réfectoire; ces seuls mots dominaient :

« Traîtres ! assassins ! félons !

Le compère, dont la force musculaire était prodigieuse, réussit à séparer les combattants. De sa *langue de bœuf,* sorte de large coutelas à deux

LE CHATEAU NOIR

Bénédict, porte-clef des tours, s'avança au bruit de la bagarre.

tranchants, il étendit sans vie Nexons, qui s'était relevé, et, prenant à bras le corps William Knox, tout ensanglanté, il le porta au dehors, et alla le jeter dans la fosse — une oubliette du castel — dans l'une des tours d'angle de la cour d'honneur.

10 CENTIMES.

Gratian avait la poitrine labourée d'un coup de dague, et du pommeau de son poignet brisé, Rogers, avant de tomber mortellement blessé, avait écrasé la mâchoire du traître d'Oràas.

La lutte et la vue du sang avaient donné le délire à tous ceux qui intervinrent pendant ce combat épouvantable.

De sa grosse et tonnante voix, le Roux, armé de son coutelas et d'une pique enlevée à un de ses soudards, chassa les importuns qui envahissaient la salle de ce festin sanglant.

Il fit tirer les cadavres hors du réfectoire, et on les jeta momentanément dans la cour du donjon.

C'étaient les corps de deux chevaliers assassinés : Rogers et Nexons.

Le baron Gratian tomba perdant son sang sur les dalles rougies, et il fallut le relever et le porter dans son appartement. Il paraissait presque anéanti.

Le Roux prit de nouveau le commandement du castel.

Sans autre ménagement pour la qualité des personnages, il fit jeter définitivement dans les fossés les cadavres des officiers étrangers assassinés.

La tourbe des soudards ne s'émut nullement de ce qui n'était pour elle qu'un incident. On déshabilla les chevaliers, et les bandits se partagèrent leurs dépouilles, non sans l'échange de coups de poignards.

Celui des serviteurs du manoir qui pratiquait un peu de chirurgie rudimentaire, fut introduit auprès du châtelain, et quelques lotions sommaires avec un pansement plus primitif encore, eurent raison de la figure meurtrie et du corps lardé de Gratian.

Celui-ci resta étendu immobile sur son grand lit de parade.

— Il est guéri ! dit simplement le Roux.

Laissons reposer notre maître.

Puis il descendit dans la salle du festin ; il fit inonder d'eau cette pièce qui, une heure après, avait perdu toute trace de sang ; les épées tordues, les poignards brisés, les meubles renversés disparurent, ou furent rangés avec ordre.

Quelqu'un qui fût venu s'asseoir dans ce réfectoire ne se serait pas douté que le tragique épilogue de la bataille de Belloc avait eu pour théâtre cette salle des festins.

William Knox poussait des cris horribles dans la fosse profonde où le compère l'avait précipité.

Comme il troublait le silence de la nuit, le meilleur moyen de débarrasser le castel de cet hôte bruyant et incommode fut adopté par le sanguinaire lieutenant de Gratian de Castetner.

— Prends le fallot, dit le compère à un de ses valets.

Il s'arma lui-même d'une longue pertuisane.

Par l'orifice grillagé de cette oubliette humide et infecte, il cria à l'envoyé de Chandos.

— Ennemi du baron, tu vas périr! Il te faudrait du pain et de l'eau: voilà du fer!

Et il plongea la longue hallebarde jusque dans la profondeur de la fosse.

— Trahison! trahison! criait le malheureux William. Donnez-moi le champ clos! que je meure sous le ciel! — Rogers, à moi! — A moi, Nexons! A moi, Angleterre!

— Voilà du fer! répétait le Roux, qui descendit dans le cachot et qui acheva l'Anglais d'un coup de poignard.

— Et maintenant, bois ton sang! lui dit-il. — Ça vaut le pain et l'eau!

— Au revoir dans l'autre monde!

Puis, avec un croc, il ramena le corps, palpitant encore, de l'envoyé du connétable Chandos, et après avoir abandonné les armes et les vêtements de celui qui expirait au porte-fallot, l'aide immonde de cette exécution atroce, le Roux s'éloigna non sans crier à son complice :

— Au fossé, celui-là aussi!

Il n'y a plus d'embaucheurs au Château Noir!

XXI

Pendant ces effroyables scènes, le lecteur se demandera ce qu'était devenue la captive du Château Noir.

Elle était dans le castel.

On se rappelle la confession étrange du Roux et les accès de remords du compère de Gratian, lorsqu'il alla retrouver Goïta dans la chambre des pages où il l'avait mise en sûreté.

En rapprochant les paroles du Roux des actes que celui-ci venait de commettre dans la lutte entre le baron et les officiers étrangers ses alliés, on ne manquera pas de trouver la contradiction plus qu'extraordinaire.

Mais il faut, pour s'expliquer le caractère du Roux, tenir compte de la nature sauvage de cet homme qui n'avait qu'un seul point sensible : le remords filial.

Il se savait honni, damné, impossible dans ce monde et réprouvé dans l'autre.

Sa conscience — s'il en avait une — ne lui parlait qu'un langage : « Tu es un misérable, parce que tu as outragé et tué ta mère ! »

Voilà ce qu'il entendait perpétuellement au fond de lui-même.

Quand certaines circonstances se produisaient, comme le rapt ou le viol d'une femme, alors le remords se réveillait en lui, et il agissait sous l'inspiration de ce remords ; il redevenait un homme et il pouvait empêcher un crime.

Hors de ces circonstances, c'était la bête féroce ; et pour lui, donner la mort, c'était un acte simple, sans importance, et qu'il remplissait avec une sorte d'impassibilité stupide.

Goïta lui avait paru être une victime prédestinée des lascives convoitises du baron Gratian.

Il la protégea parce que Goïta protestait contre les violences possibles.

Si Goïta se fût donnée en courtisane, le Roux n'aurait pas fait attention à cette fille.

Précisément parce qu'elle était victime ou qu'elle paraissait victime, le compère de Gratian se fit le protecteur et le défenseur de la captive.

Il obéissait à un serment intime imposé par ses remords.

De plus, son rôle de protecteur lui inspira un intérêt presque paternel pour la Gitana.

Pendant l'absence du sire de Castetner, qui se faisait battre sous les murs de Belloc, le Roux étudia les moyens de faire sortir Goïta de sa prison seigneuriale.

Les moyens n'étaient pas aussi faciles qu'on pourrait le supposer, et le libérateur jouait sa tête dans une entreprise également périlleuse pour la bohémienne.

Tout le plat pays était en guerre. Dans l'esprit du Roux, aucune ville fermée n'aurait ouvert ses portes à une gitana, et surtout à une gitana venant du thoron du Mû.

Dans la pensée du Roux, le pays basque était en ce moment envahi et occupé par l'Anglais.

Envoyer Goïta chez les siens, réfugiés dans les inaccessibles profondeurs du bois de Mixte, c'était s'exposer à livrer cette jeune fille comme une proie à la soldatesque étrangère, ou bien risquer de voir enlever la bohémienne par les alliés du baron d'Oràas et de la voir ramener au Château Noir comme une esclave fugitive.

Le compère de Gratian redoutait en pareil cas les indiscrétions du Navarrot, qu'il supposait être l'espion en titre du commandant des forces anglaises.

Enfin, le Roux n'avait personne autour de lui dans le Château Noir. Dans le nombre des serviteurs ou des soldats qui vivaient au Mû, il n'en voyait aucun d'assez sûr pour lui confier la mission de conduire, à l'abri des violences du dedans et des vexations du dehors, celle qu'il avait juré de sauver quand même.

Il prit donc le parti de se faire le geôlier de la Gitana et de la garder encore dans le castel du Mû.

Avant le misérable retour du baron vaincu, il avait été dire à Goïla qu'elle n'avait pas à compter sur une évasion prochaine.

— Si je vous livre aux aventures du dehors, je ne vous protège pas, et vous êtes moins en sûreté sur les grands chemins que dans ce château et dans les bras du baron.

— Horreur! s'écria-t-elle. Laissez-moi fuir, et je saurai m'abriter, je vous le jure. On m'ouvrira les portes à Sauveterre ou à Orthez.

Le Roux essaya de faire partager ses doutes et ses perplexités à la bohémienne.

Celle-ci était plus audacieuse; elle ne redoutait rien sur les grands chemins; elle appréhendait tout derrière les murailles du Château Noir.

— Si le baron est vainqueur, comme il le sera, disait le compère, il aura assez de puissance pour vous retrouver même au palais de Moncade, et alors, après avoir abusé de vous, il vous tuera, et je ne serai plus présent pour vous défendre de la mort ou de l'outrage, car il m'aura fait empaler...

S'il est vaincu, tout ce qui sortira du Château Noir n'aura plus de merci, et le premier soudard pourra vous molester.

Restez ici et ayez confiance en ce bras qui, pour vous défendre, sans vous demander amitié ou reconnaissance — luttera contre les plus puissants dans ce castel.

Je n'obéis qu'au baron; moi, maître du baron, qui pourrait ici s'opposer à ma volonté?

Goïla versa des larmes de cruelle déception. Elle se croyait libre pour le soir. Elle bénissait dans son for intérieur l'homme repoussant et redoutable qui se faisait son libérateur. Elle avait revêtu des vêtements plus sombres, plus commodes pour la fuite, moins compromettants pour implorer asile et protection au dehors... Elle pensait à Enrique, et dans tous les cas, elle se croyait sûre de la protection de Gaston-Phœbus, le noble suzerain du Béarn... Elle était heureuse.

Maintenant, les sombres pronostics, les doutes du Roux, la détermination prise par ce dernier de ne pas rendre à la Gitana la liberté promise, tout cela venait interrompre les rêves, arrêter les préparatifs du départ, ajourner la délivrance et le bonheur. Elle fondit en larmes.

— Goïta ! dit le Roux presque ému, écoutez celui qui vous protége... Ne pleurez pas, surtout. Le Roux veut vous sauver véritablement, et non point vous exposer à la mort, loin d'ici, après vous avoir fait éviter les dangers de céans.

Goïta leva ses beaux yeux inondés de pleurs vers le Roux :

— Eh bien ! laissez-moi aller mourir loin d'ici. Je ne veux plus vivre au manoir... ou le désespoir sera maître de moi !

— Roux, dit-elle, joignant ses mains et s'avançant suppliante vers le compère, Roux, encore une fois, pitié !

Le Roux demeura muet.

Mais il étendit sa main vers la Gitana toujours suppliante. Il cherchait ainsi à la rassurer, à la calmer. Puis il se disposa à sortir.

— Roux, mon protecteur... mon ami !... s'écria Goïta.

— Ton ami !... ton ami !... dit le Roux, s'arrêtant subitement. Ah ! quelle douce parole pour moi, qui jamais n'ai été appelé l'ami de personne sur cette terre...

Le baron lui-même, qui m'a donné sa confiance, ne m'a appelé que son compère ; et toi... tu m'appelles ton ami !... Ecoute : quoi qu'il arrive, le Roux non-seulement te sauvera, mais te vengera. Au baron, mon bras, mon couteau, pour le défaire de ses ennemis ; à toi... ma volonté, mon dévouement, ma reconnaissance, pour te remercier de n'avoir pas méprisé le maudit qui te parle...

Attends ici et ne tremble plus !

Le Roux s'était éloigné. Il avait donné des ordres pour que la Gitana fût servie dans un autre appartement du castel.

Cet appartement avait été occupé autrefois par Gratian alors qu'il n'était qu'un jeune page et que son père Renauld d'Oràas vivait encore.

Le Roux vint chercher la prisonnière ; il l'installa dans sa nouvelle retraite ; il lui recommanda de ne point se montrer aux fenêtres donnant sur la cour du donjon, et quoi qu'il arrivât, quoi qu'elle entendît, de ne point se montrer.

— Il est probable, Goïta, qu'il y aura bientôt des fanfares de victoire. Ne le veuilles point savoir. Je t'apprendrai le résultat de la guerre, et pour le reste fie-toi à moi. Quand le moment me paraîtra sûr, tu sortiras.

Encore une fois bercée par l'espérance, la jeune fille s'était résignée. Quelque chose en elle lui disait d'avoir confiance en cet homme, et elle le voyait souvent auprès d'elle sans redouter ni sa brutalité ni sa fourberie.

Et de fait, le Roux se transfigurait auprès de la captive.

Il était, loin de Goïta, l'exécuteur farouche des colères de Gratian. Auprès de Goïta, il était mieux qu'un serviteur dévoué de la bohémienne : il était un ami dans l'expression haute de ce mot, c'est-à-dire un ami désintéressé.

Quel contraste !

Ces contrastes cependant se rencontrent chez les hommes, à quelque degré de l'échelle qu'ils se trouvent placés.

Ceux qui n'ont de l'homme que le nom, comme le Roux, ne raisonnent pas leurs sympathies d'instinct quand une de ces sympathies se produit tout à coup dans leur âme.

Ils calculent moins encore leurs accès de violence et de sauvagerie. Ils obéissent stupidement à la férocité.

Le Roux, dont l'existence n'est qu'une suite d'horreurs, le Roux est bon sans le savoir, et aux yeux de Goïta, il est une nature généreuse et compatissante.

Pour nous, qui le jugeons sur des actes, nous le tenons pour un être infâme, mais nous ne pouvons pas nous empêcher de faire ressortir certaines contradictions qui atténuent l'infamie d'un tel caractère.

Le tigre n'en est pas moins le tigre quand il admet et protège dans sa cage le jeune chien qu'on lui a abandonné ; mais en restant à nos yeux la bête féroce, ce tigre désarme notre colère quand nous le voyons défendre son faible compagnon, et partager avec celui-ci la pâture de la captivité.

Mais reprenons notre récit.

C'est après avoir pris toutes les mesures de précaution dans l'intérêt de Goïta, que le Roux fut appelé par le cor lointain du baron vaincu.

Nous avons vu ce qui s'est passé au château depuis l'arrivée de Gratian jusqu'au meurtre des hôtes du Château Noir.

Goïta avait entendu dans le castel les cris de fureur, les appels d'alarme du baron et des officiers étrangers dans la salle du festin.

Le tumulte de cet abominable combat était arrivé jusqu'à elle.

Elle n'avait point bougé.

Elle avait obéi aux recommandations du Roux.

Elle attendit, anxieuse, la venue du compère.

XXII

Le compère venait d'accomplir le meurtre de William Knox, dont les cris de souffrance l'incommodaient, lorsqu'il se présenta de nouveau devant Goïta.

Celle-ci, nous l'avons dit, attendait, anxieuse, la visite du Roux auquel elle voulait demander la cause du vacarme effroyable qui venait de remplir tout le manoir.

Le Roux ne se sentit pas le courage de dire la vérité à la jeune fille.

Il lui avoua que le baron était revenu, que les forces de Gratian avaient éprouvé un premier échec à Belloc et que les alliés du baron, reprochant à celui-ci son plan de campagne, avaient provoqué une rixe, un duel entre les seigneurs.

Les hôtes du manoir avaient disparu et Gratian blessé était étendu sur son lit.

— Eh bien ! dit vivement Goïta, c'est le moment pour vous d'exécuter votre promesse... Faites-moi partir cette nuit même !

— Non, pas cette nuit, Goïta ! Tu me rends malheureux par ton impatience, car je te livre aux hasards les plus périlleux pour toi et pour moi si je t'ouvre les portes de ce castel avant le moment propice. Attends le jour.

— Mais au jour on pourra me voir du haut de ce castel, et un destrier peut galoper après moi et m'enlever encore et pour toujours !...

LE CHÂTEAU NOIR

Elle s'élança.. mais le Roux...

Roux ! vous qui êtes mon ami, laissez-moi partir tandis qu'il fait nuit encore ; loin d'ici j'aurai toute la force et tout le courage nécessaires pour m'enfuir et me mettre à l'abri.

Elle se traînait littéralement aux pieds du bourreau du Château Noir...

Le Roux lui dit :

— Tu le veux enfin ? — Soit ! Je vais t'accompagner jusqu'à la poterne basse du thoron. Va à l'aventure ; tu auras voulu tout ce qui pourra t'arriver.

Goïta, tressaillant de joie, pressait les mains encore tachées de sang du compère, lorsque, dans l'encadrement de la haute porte d'entrée laissée à demi-ouverte, une stature élevée, rendue à demi-colossale par l'effet des ténèbres à peine dissipées par les lumières de l'appartement, se montra au Roux et à la bohémienne, clouant, muet sur place, le compère et glaçant dans ses veines le sang de Goïta.

C'était Gratian de Castetner qui apparaissait seul, sans bruit, la figure enveloppée de bandelettes et la main sur la garde d'un poignard.

Il avait le gorgerin et la longue cotte de mailles. Il apparaissait fantastique, et il s'était rendu invulnérable.

Gratian s'avança, muet, et regarda les deux êtres.

Goïta poussa un cri et tomba évanouie.

Elle se serait peut-être brisée la tête dans sa chute, si le Roux, qui ne perdait pas son sang-froid, n'eût reçu la bohémienne dans ses bras robustes. Il la déposa sur les coussins.

— Tu es donc traître ! dit Gratian aussi fort que le lui permettait l'appareil placé sur son visage.

— Monseigneur ! dit le Roux en s'humiliant.

Gratian fit ce geste rapide et absolu de l'homme qui chasse un autre homme ; il lui montra la porte en lui criant dans son bégayement enroué :

— Sors ! mais je vais te retrouver...

Le Roux resta impassible ; il ne bougea pas.

Gratian, que la furie transportait, voulut remplacer la parole par le geste ; il sortit son poignard...

— Vous ne frapperez pas ! dit le Roux.

Gratian se précipitait sur le compère.

Mais celui-ci, sautant sur son maître, lui tenait les deux bras élevés, et, sous la pression de son poignet d'acier, lui faisait lâcher prise à la dague.

Les deux hommes se tinrent un instant en échec, immobiles. Mais le Roux terrassa Gratian.

Tout cela s'était passé en quelques secondes, et la scène, dans les circonstances où elle se produisait, dans cette partie retirée du manoir, à cette heure de la nuit, avec ces deux hommes de rage et de sang auprès d'une femme à terre évanouie, avait quelque chose de tragique qui échappe à la science du narrateur.

Gratian se releva, échappant avec l'élasticité du reptile aux étreintes du Roux. Mais celui-ci, baissé, avait ramassé le poignard. Il en présenta la pointe à Gratian, qui resta tout interdit devant tant de froide audace.

— Monseigneur, dit le compère, si vous êtes fou, je deviendrai fou ; si vous m'écoutez, vous ne vous plaindrez pas du Roux !

Gratian frémissait de colère ; tout son corps tremblait, et un sifflement aigu sortait de sa gorge.

Il ne parlait plus.

Le Roux, se tenant à distance et sur la défensive, bien que le châtelain fût désarmé par le fait, le Roux parla ainsi :

— J'ai mis en sûreté cette cagote. Elle est violentée ici, et je demande comme récompense de mes services le droit de la protéger envers et contre tous.

Elle ne se donne à personne ; elle demande aide et assistance : je veux l'aider et l'assister.

Nul ne touchera à cette cagote qui ne m'est et ne me sera jamais rien, mais que je vengerais s'il lui était fait du mal.

Je tue les ennemis de mon baron qui m'a protégé, moi honni, moi misérable.

Je tuerai les persécuteurs de cette fille qui a eu confiance, la première, dans un maudit tel que moi.

Je n'explique pas les sentiments de mon âme, j'y obéis.

Monseigneur, disposez de moi-même, de ma vie, mais respectez cette fille qui ne veut pas être violentée !

Gratian laissa enfin échapper un râlement sinistre :

— Oui, je disposerai de toi, scélérat, traître, assassin. Tu payeras cher ton audace... Sors d'ici.

— Je ne sortirai pas...

XXIII

Remontons vers le récit. Que s'était-il donc passé avant cette dernière scène ?

Gratian, étendu sur son lit et blessé, avait demandé la bohémienne, pendant que le Roux achevait Knox dans l'oubliette du castel.

Les pages et les serviteurs du baron répondirent à Castetner que la cagote avait été conduite dans un autre appartement du manoir par le Roux.

Gratian, étonné d'une semblable initiative et cherchant à deviner le mobile qui avait fait agir son compère, résista à tous les soins qu'on prenait pour le soulager de sa blessure et pour lui procurer du sommeil.

Il se leva, à la grande stupéfaction des serviteurs qui l'entouraient.

Il se fit habiller, comme nous l'avons vu, et revêtir de la cotte de mailles.

Il se rappelait la résistance de Goïta, et il voulut être assuré contre le poignard de la bohémienne.

Voilà pourquoi il se couvrait d'acier et il n'oubliait pas son gorgerin.

Quoiqu'il parut horriblement souffrir du coup qui lui avait en quelque sorte brisé la mâchoire, son visage demeura impassible quand le valet-chirurgien, auquel il s'était confié, renouvela sur sa figure l'appareil de bandelettes.

En vain ce praticien rustique, s'inspirant plutôt du bon sens que de la science dont il ne savait rien, en vain suppliait-il le baron de demeurer en repos et de laisser au temps, ce médecin le plus habile parfois, le soin de guérir son visage. Gratian ne voulut rien entendre.

Alors d'autres serviteurs se mirent aux ordres du baron pour aller quérir dans le castel, morte ou vive, la femme qui payait d'ingratitude les égards inouïs dont l'avait comblée le châtelain.

Gratian ordonna que personne ne se mît en pareille recherche.

Il fit mander le Roux.

Mais se ravisant, il rappela le serviteur qui allait exécuter les ordres de son maître.

Il l'interrogea.

— Où vas-tu chercher le compère ?

— Il est dans l'appartement de votre seigneurie, à la tour du donjon.

— Depuis quand a-t-il enfermé la gitana dans cet appartement ?

— Quelques heures avant votre retour de Belloc, monseigneur.

— Les autres serviteurs présents semblaient approuver de la tête les réponses du page, ce qui prouvait au baron qu'on lui disait la vérité.

— Et pendant notre absence, le Roux a-t-il vu souvent la cagote ?

— Il ne paraît pas que le Roux ait longuement conversé avec la cagote, Monseigneur ; mais enfin, le Roux a eu quelques entretiens avec cette femme ?

— A-t-il pris quelques mesures intérieures ou extérieures pour faire partir Goïta et pour partir lui-même ? car je vois bien que le scélérat veut m'échapper et m'enlever ma capture.

Et sur ces mots il monta, comme nous l'avons vu, vers les appartements du beffroi.

Cependant la brusque et sauvage rixe entre le baron et son compère n'avait pas été sans faire retentir les échos du manoir.

Bénédict, le porte-clefs des tours, arriva, son fallot à la main, en suivant avec précaution les longs corridors et cherchant d'où pouvait provenir le bruit de la bagarre, et surtout quelle pouvait être la cause de cette bagarre.

En ce moment, le Roux, maître de Gratian qu'il venait de terrasser au moment où Gratian s'élançait de nouveau sur lui, aperçut la lumière qui s'approchait.

Avec une rare et adroite présence d'esprit, le compère, voulant devancer les ordres du baron courroucé jusqu'à la rage, cria d'une voix forte :

A moi ! à moi ! secours au baron que ses blessures rendent fou !...

Bénédict entra et, prenant à la lettre les paroles du Roux, il posa vivement son falot à terre et se mit en devoir de contenir le seigneur du manoir. Son manteau, que le Roux, avec une précipitation incroyable, avait enlevé de ses épaules, fut jeté sur Gratian, et celui-ci se trouva en un clin d'œil roulé dans la lourde cape du porte-clefs.

Tout cela s'était fait avant le temps que nous avons mis à écrire ces dernières lignes, et Gratian, malgré ses hurlements, ses imprécations, ses soubresauts formidables, se trouva réduit à un état d'impuissance complet, et il fut décidément un fou pour Bénédict, qui s'empressa d'offrir son aide au compère pour transporter dans ses appartements seigneuriaux le maître naguère redoutable du château Noir.

Il en fut ainsi fait. Les archers et les varlets, accourus à leur tour aux rauques commandements qu'ils avaient entendus retentir dans la nuit, firent cortége au Roux et à Bénédict portant, celui-ci par les pieds l'autre par la tête, le baron Gratian fortement roulé dans le manteau protecteur. Personne n'eut garde de contredire l'opinion du Roux et du porte-clefs ; bien au contraire, aux cris étouffés du baron qu'on descendait en ce moment par la spirale du beffroi pour le porter dans les grands appartements, à ses cris étouffés et à ses formidables jurements contre le Roux, à ses ordres incohérents d'arrestation et de massacre du compère, chacun répondit mentalement par la pitié, car le baron paraissait à tout le monde frappé d'irrémédiable folie.

Le Roux comprit qu'il lui fallait tirer parti de cette première disposition d'esprit des gens. Il jouait sa tête ; il le savait, et les jaloux, au castel, ceux qui enviaient sa place d'honneur auprès du baron, ceux qui lui conservaient rancune pour des châtiments distribués avec libéralité, les envieux, les méchants, les rancuniers, pouvaient, au premier mot de la vérité et sur un signe de Gratian, faire un cadavre de celui qui avait tant de fois envoyé de vie à trépas ceux que le caprice du maître désignait à la hache, au coutelas ou à la corde du compère.

Arrière, ribaudaille ! cria-t-il avec autorité en continuant à porter seul avec Bénédict le baron. Monseigneur, notre sire, ne permet qu'à nous deux l'entrée de son giron.

Le cortège s'arrêta. Les ordres du Roux étaient acceptés avec une aveugle soumission.

Je ferai appeler ceux d'entre vous qui pourront nous aider à maintenir notre cher sire en état de tranquillité. Allez quérir le ronflard de barbier dans sa couche, près de la fauconnerie ; il faut qu'il exerce en ce moment son adresse de chirurgien.

Tous coururent au milieu de la nuit, à travers les longs corridors et les escaliers tortueux ; et, sans doute, le sommeil présumé épais du barbier du manoir dut résister difficilement à l'irruption des quémandeurs.

Gratian avait été déposé sur son lit de parade ; il avait entendu les ordres du Roux, et, malgré sa furie, il pressentait clairement qu'il était à la merci du compère.

Lola Machinant et Pierrès ! cria le Roux.

Deux nouveaux soudards répondant à ces noms, et restés dans la galerie, entrèrent dans la grande chambre seigneuriale.

Liez les pieds avec précaution, sans léser la chair, dit le Roux ; de son côté, avec Bénédict, il liait les bras du baron autour du torse, et il formait avec le manteau comme une large sangle au-dessus de la poitrine et du ventre de Gratian, et avec des ligatures rapidement et adroitement faites, il rattachait les deux extrémités de cette sangle aux boiseries du cadre inférieur de ce lit de parade, devenu, pour le seigneur du Château Noir, un véritable lit de torture.

Etouffé par la colère, par la souffrance de ses précédentes blessures, par l'effet de la crise qu'il subissait depuis sa lutte dans l'appartement du beffroi, Gratian ne pouvait plus articuler un mot. Les paroles s'arrêtaient à sa gorge brûlante, et les sons ne sortaient plus que comme un râle entrecoupé de sifflements gutturaux. Ses yeux sortaient de leur orbite, le sang affluait violemment à la face, l'état de prostration quasi-apoplectique se manifestait évident, et le barbier chirurgien, faisant son entrée en ce moment-là, ne dit que ces mots à la vue du baron :

— Vite ! vite ! il faut le saigner.

Alors la pièce seigneuriale fut bientôt envahie, et les torches éclairèrent cette étrange scène. Il fallut d'énergiques efforts des aides requis par le Roux pour maintenir le baron en état. Gratian résistait, et ses violentes et brusques contorsions étaient de nature à faire gonfler ses veines, éclater les vaisseaux et rompre les muscles les plus flexibles.

Le barbier attendit que la crise fût apaisée. Le malade, car il était réellement malade, celui auquel le Roux venait de faire un sort aussi piteux, le malade s'affaissa tout à coup, et profitant de cette minute d'abattement, le barbier enfonça le froid acier dans le bras, et le sang jaillit avec force, emplissant un large plat de cuivre repoussé, de style mauresque.

Quelques instants après, le baron Gratian de Castetner reposait exténué et presque sans vie sur sa couche, veillé par les principaux serviteurs du castel.

Goïta, écrasée, anéantie par cette succession d'événements tragiques, était demeurée seule dans l'appartement où la rixe entre le baron et le Roux s'était dénouée par l'enlèvement du châtelain par son compère rebelle et vainqueur. Elle reprit néanmoins rapidement ses sens, se rendit compte de la situation désespérée où elle se trouvait, et ne voulant plus se confier qu'à Dieu et à elle-même, elle partit, ramassant instinctivement le falot de Bénédict et le trousseau de clefs que le portier des tours avait laissé tomber.

La gitana entendit le bruit de tout le mouvement qui bouleversait en ce moment le castel dans les appartements du baron. Elle se hâta de descendre un long colimaçon de pierre, qui la conduisait, pensait-elle, dans la cour d'honneur.

Là, elle croyait pouvoir se dissimuler à la faveur de la nuit, tromper la surveillance des sentinelles, dont l'attention pouvait être détournée par le bruit répandu et répété bruyamment de la folie furieuse du baron. Elle se voyait déjà en sûreté hors des poternes et des murs du Château Noir. Aussi descendit-elle rapidement; mais au moment où elle se croyait dans la cour, elle se trouva devant une porte épaisse en chêne verrouillée et cadenassée. Aucune des clefs dont s'était emparé Goïta n'allait à cette porte.

Au lieu de remonter, la reine des Gitanos continua, éperdue, sa descente vertigineuse.

Le *Figaro* publie depuis quelque temps une étude des journaux « inconnus » de la Commune. Dans son numéro du 6 septembre 1873, M. Paul Bernier, l'auteur de cette étude, a rappelé qu'un abbé Guénot, auteur de « libelles immondes », avait signé ses ouvrages ou ses publications périodiques du pseudonyme de Vindex.

Nous avons cru devoir réclamer auprès du *Figaro*, et celui-ci nous a très-loyalement ouvert ses colonnes.

Voici ce qu'on lit dans le *Figaro* du 8 septembre :

« Nous recevons la lettre suivante, à laquelle nous nous empressons de donner la publicité que réclame son auteur :

» Paris, 6 septembre 1873.

» Monsieur,

» Dans sa très-intéressante étude des *Souvenirs de la Commune*, M. Paul Bernier mentionne dans le numéro d'aujourd'hui le pseudonyme de *Vindex* comme étant l'auteur des *Chefs révolutionnaires*, des *Révélations d'un curé démissionnaire*, et « d'autres libelles immondes ».

» Je désire ne pas être confondu, ni avec un tel pseudonyme, ni avec le nom qu'il couvre.

» Je publie des romans nationaux historiques de notre première revanche nationale, au quatorzième siècle, le *Sang farouche* et le *Château Noir*, sous la signature : Jacques Vindex.

» J'ai le plus grand intérêt, pour mes principes d'ordre et pour la sauvegarde de mon œuvre, à déclarer qu'il n'y a rien de commun entre le *Vindex* de la Commune et celui qui vous demande l'hospitalité pour cette lettre.

» Votre dévoué confrère,

« JACQUES VINDEX. »

Gaston-Phœbus et son nécromacien

Elle se trouva bientôt à l'entrée d'un souterrain, véritable labyrinthe en plusieurs couloirs et qui était la secrète voie de défense du castel.

Goïta ne se rendit aucun compte du nouveau danger qu'elle allait affronter aveuglément, en s'engageant à l'aventure dans les souterrains du manoir.

Elle ne voyait rien devant elle, sinon la longue route sombre qui, de dessous terre, devait la conduire à quelque poterne isolée.

Par le plus providentiel hasard, elle se trouva en effet devant une porte basse en gros chêne, blindée de fer, et grâce à son falot elle put choisir, dans son trousseau de clefs, celle qui, ô bonheur ! lui donna l'ouverture de cette porte.

Elle était sauvée !...

L'aube était à peine naissante. Goïta courut à travers la pente abrupte sur laquelle avait débouché l'une des sorties du souterrain. Ni les aspérités du terrain, ni les ronces séchées de ce talus presque inaccessible qui formait le revers occidental du Château Noir ne l'arrêtèrent dans sa course.

Mais, sans se rendre compte de la position topographique du manoir, elle suivit les terrains creux formant fossé, et elle se retrouva devant l'entrée principale du castel au moment où l'alerte était donnée, à l'intérieur, par le Roux. Le pont-levis se baissait pour laisser libre passage à ceux que le compère envoyait à la recherche de l'évadée.

Le Roux, en effet, après avoir conjuré d'une manière aussi habilement brutale la colère du baron et après avoir réduit celui-ci à l'impuissance, se hâta de monter vers la tour où se trouvait Goïta pendant la terrible scène que nous avons décrite.

La stupéfaction du compère fut profonde à la vue de l'appartement désert ; il chercha, il appela : aucune voix de femme ne répondit.

Alors instinctivement il descendit les degrés inférieurs de la spirale de pierre et se trouva machinalement dans les souterrains du manoir.

Une faible lueur vacillante brillait au fond d'un corridor sombre, et une bouffée d'air extérieur vint frapper son visage au moment où il se portait en courant vers cette lumière.

La poterne était ouverte ; le trousseau de clefs était resté à la grosse serrure de l'huis épais ; le falot renversé et brûlant encore, activé par l'air froid de l'aube, tout lui disait qu'une évasion avait eu lieu et que cette évasion était celle de la bohémienne...

Comment avait-elle pu s'échapper ? qui lui avait indiqué cette issue ? qui pouvait lui avoir remis les clefs pour ouvrir cette porte souterraine ?

Le Roux cherchait dans son esprit, incapable de trouver à première réflexion le secret des moyens employés par Goïta.

A son tour, la pensée de la fuite s'empara de lui. Il pouvait, à l'insu de tout le monde, fuir une forteresse, véritable repaire de bandits, et où, si le baron Gratian se relevait de sa situation navrée, lui, le Roux, serait la suprême victime expiatoire d'une formidable, mais trop légitime colère du maître.

Mais, au moment où il allait s'élancer à l'aventure, il songea au sort qui l'attendait dans la principauté de Béarn, où sa légende sanglante était connue, surtout après l'acte de félonie du Château Noir ; il réfléchit avec raison que mourir pour mourir, autant valait prolonger son existence auprès de Gratian, qui ne pourrait pas être en état de sévir sitôt, plutôt que de risquer la corde à Sauveterre ou à Orthez, éventualité à laquelle il se savait irrémédiablement destiné s'il sortait du Château Noir.

Après avoir exploré en vain les alentours sauvages de la sortie du souterrain, le Roux rentra précipitamment dans le couloir sombre, et il alla donner l'alerte, que la Goïta entendit au moment où, sans le vouloir assurément, elle se retrouvait conduite, par les chemins creux, auprès de la barbacane et du pont-levis.

Les grincements de la herse qui se levait avec fracas, le bruit des chaînes du pont-levis qui se baissait pour donner passage aux poursuivants affolèrent la jeune fille, et, décidément, éperdue, elle voulut en finir avec une existence atroce pleine de périls, d'angoisses et de malheurs.

Au moment où le Roux surgissait hors de la porte, la Goïta escaladait le parapet des fossés du levant pour se précipiter et se tuer dans le gouffre...

Le Roux poussa un cri de terreur, et d'un bond il enlaça la gitana, au moment où celle-ci s'élançait.

. . . .

XXIV

La victoire remportée à Belloc par les barons béarnais contre le félon du Château Noir, occupait en ce moment tout le plat pays, et des messagers et des estafettes étaient envoyés de toutes parts pour annoncer l'heureuse issue de la lutte.

Gaston-Phœbus arrivait à marches forcées du pays de Bigorre.

Il apprit à Orion le résultat du combat de Belloc, la ruse de l'évêque d'Oloron et l'énergique valeur des barons ses vassaux.

Mais il n'y avait pas de temps à perdre : l'Anglais était là.

Toute la partie orientale du grand plateau qui domine le gave d'Oloron, en face de Sauveterre jusqu'à Navarrenx, était en ce moment occupée par les restes de l'armée anglaise, battue à Montiel et opérant sa retraite à travers le pays basque et le Béarn.

Le comte de Foix, qui arrivait avec de nombreux renforts et qui trouvait réuni à Sauveterre le corps d'armée vainqueur de Gratian de Castetner, se disposa à résister par la force aux Anglais de Chandos, si ce dernier n'entrait pas aussitôt en accommodement.

En conséquence, Gaston-Phœbus transporta ses forces sur la rive septentrionale du Gave, et le siége de son commandement à Sauveterre. Ses dispositions admirablement prises étaient de nature à faire réfléchir les Anglais.

Après un rapide conseil de guerre, le suzerain de Béarn dépêcha vers les chefs de l'armée anglaise son fidèle messager de cour institué hérault d'armes, le basque Enrique Sünhart.

Celui-ci était chargé de remettre un parchemin aux Anglais, sur lequel, Gaston Phœbus rappelant de précédentes conventions conclues entre lui et le Prince-Noir, le libre passage avait été accordé aux troupes anglaises, moyennant le respect par celles-ci de la neutralité du Béarn, et le paiement intégral des provisions réquisitionnées par les troupes en marche.

L'écrit du comte de Foix ne dissimulait nullement que ces conditions étaient seules acceptables encore aujourd'hui. En cas de refus, c'était la guerre, et le suzerain de Béarn se déclarait résolu à lutter.

Enrique Sünhart partit avec ce message comminatoire qui avait toutes les allures d'un ultimatum.

Il trouva à Munein le connétable de Guienne, Jean Chandos, chef de l'armée anglaise, dont le courroux était en ce moment à son suprême degré d'exaltation. Chandos venait, en effet, d'apprendre l'issue du stratagème de Belloc et la défaite totale de l'allié rebelle d'Oràas. Cet événement déconcertait tous les plans du chef de l'armée ennemie : aussi se laissait-il aller au premier mouvement de son caractère qui était la colère extravagante.

Chandos reçut néanmoins le messager du comte de Foix. Il écouta la lecture qui lui fut faite, par un clerc anglais, du parchemin béarnais, langue que Chandos, enfant de la Gascogne, connaissait très-bien.

Il réfléchit un instant, puis, abandonnant le ton bourru avec lequel il avait accueilli Sünhart, il répondit que les nécessités nouvelles de la guerre l'obligeaient à accepter les conditions du comte de Foix, et que d'ailleurs, il ne demandait pas mieux personnellement que de se dire l'ami d'un puissant et magnifique seigneur tel que Gaston-Phœbus.

La marche des troupes anglaises fut désormais réglée en étapes de paix, et seuls les villes fermées et les châteaux forts leur furent interdits. Les Anglais, en apprenant cette décision, crièrent hurrah ! en l'honneur de Chandos, car l'heure des revers sonnait pour eux, et ils n'étaient nullement décidés à affronter les chances du combat avec un homme brave et résolu comme le comte de Foix.

Enrique Sünhart reprit le chemin de Sauveterre avec le parchemin au bas duquel, en guise de ratification, Chandos avait fait écrire *amen*, en y ajoutant lui-même une simple croix pour toute signature.

On sait que les grands barons et les plus illustres capitaines du moyen âge n'avaient d'autre savoir que celui de leurs clercs et secrétaires. Gaston-Phœbus forme une belle exception dans cette époque d'ignorance et de brutalité.

Les choses se passèrent donc pacifiquement. Quatre jours après, Chandos, après avoir été reçu avec magnificence au château de Moncade, à Orthez, faisait route, par les Landes, dans la direction de Dax et de Mont-de-Marsan.

Gaston-Phœbus pouvait donc s'occuper maintenant de son vassal traître et rebelle, le baron Gratian de Castetner.

Gaston Phœbus délibéra avec les barons béarnais réunis à Sauveterre de Béarn sur les moyens de tirer une éclatante vengeance de la conduite du baron d'Oràas.

Il se fit raconter avec détails tout ce qu'on avait pu apprendre des projets mis en circulation par le rebelle : son alliance secrète avec Charles le Mauvais, ses intelligences avec l'armée anglaise, ses crimes particuliers, ses forfaits, dont le Château Noir était le théâtre, ses exactions contre les gitanos tolérés au campement d'Athos, et enfin son enlèvement de la Goïta.

Le comte de Foix écouta tout le monde; son enquête fut longue et minutieuse. Dans son cabinet seigneurial du château de Sauveterre, tous ceux qui purent déposer sur une circonstance même secondaire défilèrent successivement, depuis le Navarrot et les barons, jusqu'aux paysans d'Athos et d'Oràas réfugiés dans la cité de Sauveterre.

La colère de Gaston-Phœbus était redoutable, et autant sa magnanimité était grande envers les malheureux et les vaincus ordinaires, autant sa vengeance s'exerçait terrible quand il avait affaire à des fourbes, à des assassins quasi-privilégiés et en sûreté derrière leurs forteresses.

Pour tous ceux qui entouraient en ce moment le suzerain, le silence et la froideur de Gaston-Phœbus étaient l'indice de sentiments dont Gratian de Castetner devait, au plus tôt, ressentir l'implacable sévérité.

Avant d'agir, ou bien avant d'arrêter un plan d'attaque du castel du Mû, Gaston rechercha encore les secrets mobiles de son vassal...

Il savait que la comtesse de Foix entretenait, malgré lui, Gaston-Phœbus de constants et secrets rapports avec son frère à elle, Charles le Mauvais, roi de Navarre.

La félonie s'était-elle produite par la secrète entremise de la comtesse de Foix ?

Cette question perplexe s'empara de l'esprit du comte et l'agita violemment. Il pouvait tout redouter de son beau-frère, l'infernal Charles le Mauvais et il pouvait tout craindre de la part de sa femme, qui donnait sa confiance beaucoup plus au frère qu'à l'époux. Gaston avait dû plusieurs fois faire sentir son autorité et, finalement, la comtesse de Foix avait gagné Pampelune, se réfugiant à la cour du roi de Navarre pour fuir l'imaginaire tyrannie de Gaston-Phœbus.

D'un autre côté, les Anglais avaient-ils seuls agi sur la conscience des barons béarnais, et, par l'exemple de Gratian de Castetner, le suzerain pouvait-il redouter quelque ébranlement dans la proverbiale fidélité de ses vassaux ?

Enfin, le rapt de la reine des gitanos était-il un acte de sauvage brutalité inspiré par un désir excessif d'assouvissement, ou bien Gratian n'avait-il pas pensé se poser en rival heureux de Gaston-Phœbus ? car le lecteur doit se rappeler la protection toute spéciale que le suzerain de Béarn avait promise à Goïta.

Le comte de Foix, comme tous les hommes de son époque, était assez superstitieux. Il voulut confier ses perplexités et ses doutes à un nécromancien célèbre qui, précisément, avait un logis dans l'une des tours du château de Sauveterre. Ce logis était riche et confortable. Le nécromancien quelque peu alchimiste avait une charge de cour, payée sur la cassette du comte de Foix.

Il était chargé d'expliquer le passé et de prédire l'avenir à la réquisition de Gaston-Phœbus. Il analysait surtout les poisons subtils que Charles le Mauvais, sous prétexte de cadeaux à son beau-frère, faisait pénétrer en Béarn, et jusque dans les offices du manoir de Moncade, sous la forme de flacons de vins fins, de liqueurs d'Espagne, d'elixirs et de baumes.

Le comte de Foix alla trouver son nécromancien. Celui-ci, qui se tenait au courant de tous les événements, n'eut pas de peine à tirer, des cas que lui soumettait Gaston-Phœbus, des conjectures qui avaient pour elles toute la valeur de la vraisemblance.

— Vous avez affaire à un traître, monseigneur. Je lis dans cette eau agitée, — et l'alchimiste lisait à travers un flacon qu'il agitait violemment, que Gratian de Castetner n'est un vassal que par contrainte, et qu'il préfère la suzeraineté éloignée de Charles de Navarre, à la suzeraineté proche de notre gracieux souverain de Béarn.

Pour cela, il a compris que les troubles de ce pays, jusqu'à présent si tranquille et si prospère, grâce à vous, monseigneur, favoriseraient ses projets. Il vous a cru vaincu par l'Anglais, et voulant être favorisé par l'étranger, il aura comploté une alliance avec les ennemis de la France et du Béarn...

Quant à Madame la comtesse de Foix, monseigneur, notre haute et puissante suzeraine me paraît absolument étrangère à ces indignes intrigues.

Gaston-Phœbus n'insista pas.

— En ce qui concerne le rapt de la bohémienne, poursuivit le nécromancien, il me semble parfaitement évident que le baron d'Oràas voulant se soustraire à votre suzeraineté, aura désiré commencer son acte de rébellion par les persécutions contre les gitanos que votre magnanimité tolère à Athos.

De plus, il savait que vous aviez pour la reine des Gitanos, devenue chrétienne, des procédés de bienveillance toute particulière, et il a voulu se substituer à vous, dans la pratique de cette bienveillance, ou bien soustraire à jamais cette malheureuse à vos faveurs en la violant, en la séquestrant, en la tuant.

— Traître! scélérat! s'écria Gaston-Phœbus, frappant violemment du pied les dalles du parquet.

— C'est bien! maître Solus, dit-il au nécromancien. Le comte de Foix se disposa à sortir.

Le vieil alchimiste se leva, et reconduisit jusqu'au seuil de son cabinet le suzerain qui avait trouvé ce qu'il désirait : la confirmation — moins le cas de complicité de la comtesse de Foix — de ses pensées à l'endroit des actes et des mobiles de la conduite de Gratian de Castetner.

Gaston-Phœbus laissa une bourse de florins à son nécromancien, et il rentra dans ses appartements seigneuriaux ; il ordonna qu'on le laissât seul quelques instants avant le repas du soir.

Les barons furent convoqués en un conseil pour délibérer avant ce repas.

XXV

Celui dont la perplexité était aussi grande en ce moment, s'appelle Enrique Sünhart.

Le fiancé de la Goïta n'ignorait rien de tous les événements qui venaient de s'accomplir.

Seulement il ignorait comment le rapt de sa fiancée avait pu s'accomplir : y avait-il eu complicité, complaisance de la part de la bohémienne ?

Le jeune homme avait senti bondir son cœur dans sa poitrine au récit des atrocités de Gratian de Castetner, et il rêvait vengeance terrible comme Gaston-Phœbus rêvait justice impitoyable.

Il avait osé interroger son maître sur les mesures que celui-ci croyait pouvoir prendre afin d'humilier, d'écraser, d'anéantir le traître et le ravisseur.

Gaston-Phœbus, qui avait une réelle sympathie pour le courageux et fidèle basque, avait pardonné la liberté de la question.

— Ne crains rien, Sünhart, dit-il, je te rendrai ta fiancée si elle est vive encore, et si par malheur le félon l'avait mise à trépas, je te livrerai le corps vivant de Gratian !...

Enrique, pendant que le comte était allé consulter le nécromancien, courait affolé de la ville au château, interrogeant les barons, questionnant les habitants et les paysans enfermés dans la cité. Personne ne pouvait le renseigner, mais tous le confirmaient dans ce fait que la reine des Gitanos avait été surprise et enlevée par la violence.

Type de messager seigneurial à la cour de Béarn jusqu'à Jeanne d'Albret.

Alors le Basque, qui pour tous devenait un objet de curiosité ou de pitié, car on le disait fou, se prenait la tête dans ses mains et se demandait s'il ne sauterait pas par-dessus les remparts de Sauveterre pour courir seul au manoir du Mù, planter sa dague de défi à la poterne du pont-levis et demander le combat au baron.

Mais il n'était pas homme noble, et le baron Gratian pouvait dédaigneusement mépriser le défi d'un tel rival. Au contraire, il pouvait faire brancher Sünhart avec une solide corde au cou.

Cette réflexion arrêta le Basque dans ses rêves de désespoir et de folie. Alors il attendit.

Pour lui, l'heure du conseil de guerre n'arrivait jamais assez vite. Les barons étaient assurés d'avoir en Sünhart un volontaire dévoué jusqu'à la mort.

Quand le conseil s'assembla, en effet, quelques instants avant le souper de minuit (Gaston-Phœbus soupait toujours à cette heure et donnait à ce moment ses meilleurs festins), Sünhart releva l'une des sentinelles de garde à la porte de la salle du conseil, afin de pouvoir saisir tout ce qui allait être discuté entre le suzerain et les vassaux ses lieutenants.

Mais comme les seigneurs s'assemblèrent autour de la haute cheminée de la salle, dans laquelle flambaient les quatre quartiers séparés d'un tronc d'arbre, il fut difficile au garde improvisé de saisir le moindre mot de la délibération.

En soulevant les portières extérieures et celles de l'intérieur, il put à peine remarquer le visage impassible des capitaines et celui non moins froid et impassible de Gaston-Phœbus.

Alors cela impatientait Enrique Sünhart. Son sang bouillonnait dans tout son corps, et un soupir s'échappa de sa poitrine avec cette exclamation :

— Ah! si monseigneur l'aimait, ce soir elle serait ici, ou bien elle serait vengée !

Puis, se ravisant :

— Non, non, il ne faut pas qu'il l'aime; je la reprendrai, moi, au ravisseur, et je me vengerai comme un miquelet sait se venger !

Et en même temps, il ricanait d'une manière sinistre, en faisant sur lui-même le geste d'un coup de navaja parti du ventre et ne s'arrêtant qu'au menton.

Comme les véritables gardes n'étaient pas loin, il fit signe à l'un d'eux de venir reprendre sa place et sa hallebarde à la portière de la salle de délibération, qui était aussi le réfectoire, car le couvert s'y trouvait dressé, et le repas devait être servi après le conseil des capitaines.

Enrique courut aux cuisines où il était sûr de rencontrer le pèlerin.

Celui-ci, que le hasard des grands chemins et de son pieux vagabondage avait fait presque un personnage dans tous ces événements, était hébergé au château de Sauveterre, et il n'avait garde de quitter les cuisines, où son ventre trouvait des délices et peu de causes de mortification.

Le Navarrot reçut la visite du messager de Gaston-Phœbus. Il s'inclina devant le jeune Basque qu'il prenait assurément pour le bras droit du seigneur de Béarn.

Mais Sünhart ne le laissa pas longtemps dans cette attitude de basses révérences, et il questionna vivement le pèlerin sur tout ce qu'il avait vu au Château Noir.

Celui-ci voulait commencer le récit en prenant les choses de fort loin ; mais Enrique savait comment le rapt avait été commis. Il interrompit brusquement le Navarrot, lui disant que ce qu'il lui importait de savoir c'était le rôle et les allures de la bohémienne au manoir d'Oràas.

Le Navarrot interloqué ne comprenait pas bien le sens des questions de Sünhart ; il parlait du baron Gratian, de son redoutable compère, des chefs anglais et navarrais, d'une belle dame toute étoffée d'or, et ornée de perles au cou, aux cheveux.

Sünhart impatienté de la béate simplicité du Navarrot qu'il appelait intérieurement âne, grand âne, âne gris, etc., prit décidément le parti d'entraîner le pèlerin dans une pièce où il pourrait l'interroger seul et mot à mot.

Sans le prier autrement, il le prit, non sans quelque brutalité, et, cette fois, le Navarrot résista, voyant que celui qui l'entraînait était un fou.

Malgré tout le respect que lui inspirait le messager du seigneur de Béarn, il se débattit, offrant de répondre sur place, mais ne voulant pas se risquer dans un tête-à-tête avec un personnage qui lui paraissait avoir totalement rompu avec le bon sens et le sang-froid.

Un page intervint, et cria en riant au pèlerin :

— Ne craignez rien, saint homme, vous souperez, n'ayez peur !

— Vous souperez, répéta Sünhart, et cet argument décisif persuada l'homme de Dieu.

A cette rassurante parole, le pèlerin se laissa convaincre et entraîner sans effort vers le réduit où le jeune et impatient Sünhart voulait causer de la Goïta.

Puis, de même qu'il avait été brusque avec le pauvre Navarrot, il redevint tout à coup aimable et caressant. Il le fit asseoir sur un escabeau, et il se fût volontiers assis à ses genoux, tant il avait hâte d'approcher ses oreilles de la bouche de celui qui allait lui parler de sa fiancée.

Ils parlèrent dans l'ombre épaisse, car nul ne s'avisa de prendre une torche pour éclairer la conversation.

— Vous l'avez donc vue, elle ? demanda fiévreusement Enrique.

— Qui, elle ? répondait le pèlerin.

— La belle dame du manoir du Mù.

— Mais, Jésus-Dieu ! dit-il, en se signant dévotement, c'est une créature du diable que j'ai vue, assise à la table des traîtres. Et je ne sais pas, messire, si la bonne sainte vierge de Sarrance (*ora pro nobis !* ajouta-t-il, en manière d'aparté) me permettra d'avoir ce soir une conversation sur un pareil sujet.

Dites toujours, saint homme, je fais un vœu à Notre-Dame-de-Sarrance : celui de lui sacrifier les traîtres et les impies du thoron du Mù.

Le pèlerin approuva ce pieux serment.

— Oui, continua-t-il alors, j'ai vu à la grande table du réfectoire de ce castel terrible, le baron d'Oràas, ses alliés de Navarre et d'Angleterre, et, à ses côtés, une belle gitana en magnifique parure et en superbe beauté à faire des victimes pour l'enfer.

Quand j'ai pénétré dans le manoir, les chants des ménestrels faisaient accompagnement aux mille bruits de la salle du festin. C'était magnifique comme costumes, comme chère lie, comme vaisselle d'or et d'argent, comme lumières. La gitana trônait comme une vraie baronne de Béarn, et ses superbes atours valaient ceux d'une reine...

Sünhar técoutait la description imagée du Navarrot, sa poitrine éclatait presque sous le poids que chacune des paroles du Navarrot amassait sur le cœur du jeune homme.

— Quoi ! saint homme, cette gitana faisait fête au baron d'Oràas, et elle prêtait sa beauté, son sourire à un tel traître, son ravisseur, oubliant son serment de chrétienne et de fiancée ?

— Ce n'était certes pas une chrétienne, la dame de céans, avec ses oripeaux du sabbat de Satan, sa tête nue chargée de perles aux cheveux !

— Taisez-vous, Navarrot ! c'est une chrétienne ; je le sais, moi ! Mais répétez encore, rappelez vos souvenirs : paraissait-elle contrainte et forcée à ce banquet ? avez-vous lu cela dans ses yeux, sur son front ?

— Jésus Maria ! messire, il n'y avait nul chagrin dans les cœurs de tous ceux qui étaient là, et le baron faisait fête à sa dame, et celle-ci animait joyeusement ce grand repas.

— Assez, Navarrot, assez ! dit sévèrement Sünhart, congédiant le pèlerin qui se hâta de rentrer dans la lumière des offices éclairés et chargés des appétissantes odeurs de la cuisine, et de finir un interrogatoire dont il ne comprenait pas absolument la portée.

Il y avait répondu d'ailleurs assez gauchement, et si Enrique avait pu avoir en ce moment son bon sens et son sang-froid, il se serait aperçu qu'au fond il avait fait bavarder inutilement un pauvre diable, ou plutôt un âne revêtu de la bure du pèlerin.

Mais Enrique ne raisonnait pas ainsi : il était tout entier à l'idée d'une complicité probable de la Goïta.

— Eh ! quoi, se disait-il, en pressant sa tête dans ses mains, n'avait-elle pas un poignard pour se percer mille fois la gorge, plutôt que de trahir ses serments et de se donner en courtisane perdue à l'abominable félon d'Oràas?

O Goïta ! Goïta ! que me disais-tu de réconfortant pour mon àme, de doux à mon cœur, quand je te quittai pour accomplir le message du seigneur de Béarn !...

Je te tenais dans mes bras, tu m'enlaçais à ton tour, et il n'y avait pas de félicité pour nous deux égale à ce mutuel abandon de nous-mêmes, entrecoupé de soupirs et de baisers...

Tu me montrais ta dague et tu me menaçais de la plonger dans ma poitrine au cas où je te serais infidèle, et tu me demandais de ne pas te faire grâce de ma navaja si jamais ton regard se portait seulement des yeux d'Enrique aux yeux d'un autre... fût-il le tout puissant Gaston-Phœbus !

Et il a suffi, ô Goïta ! que violence te fût faite pour oublier ces serments solennels, pour te donner à ton ravisseur, pour faire fête à sa demeure maudite, pour changer ta vertu de chrétienne, ton rang de femme libre de Béarn et de fiancée contre les vils atours d'une courtisane de castel !

Ah ! s'il en est ainsi, Goïta, je n'oublierai pas mes serments : j'ai ma navaja, et si je ne puis comme soldat à l'escalade franchir les murs de ta forteresse, si je ne puis, comme le tenace tisonnier, enfumer la tannière de ton ravisseur et vous faire sortir tous les deux à travers champs, je ramperai comme la couleuvre, je me glisserai, j'arriverai jusqu'à toi : tu t'en souviens, tu m'as demandé le coup de navaja, je te dois la fidélité de mon poignard !

Ces imprécations, ces serments étouffaient le jeune homme ; il sortit pour errer seul sur les hautes terrasses du château de Sauveterre qui dominent le cours du Gave, et là, il but, à longues aspirations, l'air qui pouvait seul soulager sa poitrine et calmer le bouillonnement de ses tempes.

La réaction se produisit : le jeune Basque pleura. Il pleura silencieusement, et ses longues et chaudes larmes de sincère amour étaient données à celle qu'il avait tant aimée et qu'il lui fallait désormais maudire ; elles étaient données à ses illusions d'amant fidèle, de soldat et d'officier qui ne cherchait à grandir à la cour du suzerain de Béarn que pour faire honneur davantage à celle qu'un jour il avait appelée sa fiancée !

En ce moment, des cours du castel, des donjons et du beffroi, le cor de minuit sonna l'appel pour le souper du suzerain et de tous les hôtes ; tous les officiers du castel devaient se trouver réunis, les uns dans la salle du souper, les autres, suivant leur rang, dans les diverses pièces gothiques du vestibule et de la salle des gardes, sur le passage, éclairé de hautes torchères, de monseigneur le comte de Foix.

Les cloches des offices s'ajoutèrent au son du cor. Enrique fut donc vivement distrait par cet appel et surtout par son devoir. Il essuya ses larmes et se hâta de descendre vers le manoir, et il marcha d'autant plus vite qu'il devait revêtir sa casaque coupée et fendue en courte dalmatique droite, qui était sa livrée de hérault d'armes du suzerain.

Bientôt après, revêtu de son riche costume brodé, à la poitrine, aux épaules et au dos, des armes et des insignes de Gaston-Phœbus, il se trouva à sa place dans le brillant cortége du seigneur.

XXVI

L'évêque d'Oloron occupait la place d'honneur à ce festin d'où furent bannis, pour ce soir, les ménestrels et les poëtes de *gay sç'avoir*.

A vrai dire, le repas seigneurial était la continuation du conseil de guerre entre Gaston-Phœbus et ses lieutenants.

Les autres invités du comte de Foix étaient tous des personnages et des sujets de Béarn venus des diverses villes pour rendre hommage au suzerain ou pour soumettre quelques cas à sa haute justice.

Gaston-Phœbus pouvait donc reprendre le sujet qui occupait tout ce monde, et ce fut l'évêque d'Oloron qui fut prié de donner un avis.

L'évêque, on l'a vu lors du message du Navarrot, était expert en ruses de guerre. Son conseil avait pour tous les capitaines une haute valeur, tirée autant de la réputation de grande habileté du prélat que de sa position éminente dans l'Église.

Pierre III d'Esquiron occupait l'antique siége d'Oloron pendant que Eudes II, autre prélat béarnais, occupait le siége de Lescar. Ces deux évêques ont laissé un grand renom de savoir et de finesse diplomatique.

Celui dont nous parlons devait mourir en l'année même de notre récit (1369, selon l'ancien calendrier, puisque l'année allait du 25 mars au 25 mars) (1).

Tout en faisant honneur au repas, l'évêque méditait.

Il n'était pas d'avis qu'on se ruât à grandes forces jusqu'au Theron du Mù, parce que, d'abord, le siége de la forteresse n'était pas facile et ensuite il suffisait que le traître fût approvisionné derrière les murailles pour faire traîner en longueur le blocus projeté.

L'évêque conseillait de publier un ban dans toute la principauté de Béarn pour annoncer que le baron d'Oràas avait fait acte de félonie, qu'il était, en conséquence, déclaré déchu de ses qualités et privilèges, cité à comparaître, dans les cinq jours, devant les pairs réunis, au lieu qu'il plairait à Monseigneur le comte de Foix de désigner; faute de ce, Gratian de Castetner était mis hors la loi, déchu de la noblesse, la personne, vive ou morte, destinée à la voirie, et son castel rasé jusque dans ses fondements.

Ce conseil de l'évêque d'Oloron ne paraissait pas correspondre aux intentions beaucoup plus radicales des barons de Béarn. Avant tout chacun rêvait la guerre. On voulait le siége immédiat du Château Noir, et quelques-uns objectaient que les formes juridiques proposées par monseigneur Pierre III d'Esquiron, auraient pour effet plus que probable la fuite du baron Gratian.

Gaston-Phœbus coupa court aux objections de ses vassaux fidèles en proposant un blocus rigoureux de toute la chancellerie d'Oràas. A la faveur du blocus on pourrait, disait-il, publier le ban seigneurial de comparution, et Gratian de Castetner n'avait plus qu'une issue : celle d'obtempérer à la citation du suzerain à peine de se voir « *fumé, ardé ou pendu en sa tannière.* »

---

(1) L'année du Languedoc et de plusieurs États commençait le 25 mars. L'édit de Charles IX fait dater l'année du 1ᵉʳ janvier à partir de 1565.

La conversation, car enfin c'était à table que cette délibération se poursuivait, la conversation se porta sur la manière de convoquer les barons béarnais.

On ne connaissait pas jusqu'alors dans les fastes du Béarn un incident de cette nature. Rarement la cour des pairs avait dû s'assembler pour juger un délit, et c'était la première fois qu'on allait juger un acte de félonie.

Alors le comte de Foix délégua à l'évêque d'Oloron, présent à sa table, de pourvoir à l'organisation de la cour de justice. Il lui adjoignit l'évêque de Lescar et son autre « haut sujet » l'évêque de Pamiers, prélat du comté de Foix.

Les évêques furent chargés de convoquer la *cour majeure* composée des jurats du Béarn, c'est-à-dire des nobles hommes des villes et des communes, des barons, chevaliers, écuyers et bayles, des abbés mitrés, enfin de tous ceux qui, au titre de bénéficiers, de propriétaires terriers, d'officiers, de nobles, et de délégués des villes et des syndicats des villes, des villages et des montagnes, avaient en Béarn le droit de siège en justice extraordinaire pour les cas de lèse-majesté et de lèse-patrie.

L'évêque d'Oloron prit acte de la proposition du comte de Foix, et il promit de faire rédiger le lendemain même les lettres de convocation pour toutes les villes et communautés du Béarn.

Et comme le repas finissait, Gaston-Phœbus fit mander ses scribes et clercs pour rédiger les ordonnances de ban et de convocation.

Ce fut l'évêque d'Oloron qui dicta les cédules nécessaires. Le sénéchal de Sauveterre se mit à la disposition du prélat pour prendre les formules de la convocation de la cour majeure.

Le comte de Foix donna à Brasc, gouverneur de Sauveterre, les pleins pouvoirs nécessaires pour organiser le blocus de la châtellenie d'Oràas, se réservant lui-même le commandement de toutes les opérations militaires qui pourraient être nécessitées par les circonstances.

Alors la soirée se termina par la distribution des commandements entre les capitaines et barons présents.

Le Château Noir était, en réalité, décrété de félonie, d'attaque et de démolition.

FIN DE LA DEUXIÈME PARTIE

TROISIÈME PARTIE

LE SIÉGE

Deux moines chevauchaient côte à côte.

I

Deux moines chevauchant côte à côte, et bénissant les passants et les estropiés, venaient d'arriver en Béarn, et le soir même où les barons de

Gaston-Phœbus allaient décider de faire le siège du Château Noir, ces deux voyageurs étranges gravissaient les pentes abruptes du Mû et demandaient, au nom du Dieu des chrétiens et des voyageurs, l'hospitalité de la forteresse.

Le Roux, qui commandait seul en ce moment, en l'absence du baron Gratian de Castetner, devenu réellement malade, vint examiner lui-même, de la *gaite* du pont-levis (1), la figure des nouveaux venus. C'était à la vesprée, et il était tard déjà, car à quatre heures le ciel, à cette saison, se hâtait de céder la place à la nuit.

Le Roux avait doublé, avec ce qui lui restait de garnison, tous les postes d'observation et de sentinelle. Il avait maintenu une inflexible discipline de fer et il marchait suivi de quatre ou cinq écorcheurs, séides féroces, et du porte-clefs des tours, Bénédict, dont il était imprudent d'affronter la colère ou la rancune, car seul il possédait le secret de certains cachots « d'où l'on ne remontait plus. »

Avec sa grossière intelligence, le compère établit un principe : celui d'ouvrir désormais à tout visiteur du castel.

— S'ils sont isolés, ou par groupes de trois ou quatre, nous pouvons ouvrir sans crainte, disait-il, nous serons toujours plus forts qu'eux, puisque nous nous tiendrons perpétuellement sur nos gardes ; s'ils sont traîtres, nous les confierons aux basses-fosses d'angoisse de maître Bénédict ; s'ils sont amis, nous les utiliserons pour la défense de ce manoir, car il faut, compagnons, nous attendre à un siège et à de rudes assauts !

Quand le Roux eut examiné le singulier équipage des moines, il ordonna de baisser le pont-levis et de donner passage.

Ce sont des frocards à cheval et, pour la première fois que j'en vois marcher les sandales à l'étrier, il nous plaît de les recevoir. Ouvrons l'œil, amis, car ceci est du nouveau !

Les chaînes grincèrent, le pont-levis abaissé laissa entrer les deux voyageurs.

Tout, depuis la barbacane jusqu'à la cour d'honneur, décelait les préparatifs de combat. Les soudards étaient aux tours, aux créneaux, sur les terrasses, dans les couloirs, dans les cours, et partout ils paraissaient armés : les piquiers avaient leurs piques ; les archers, l'arbalette avec la trousse garnie de viretons.

Dans les chemins de ronde, entre les doubles rangs de murailles inté-

---

(1) Une lucarne dans la tour.

rieures, les *fossés secs*, d'énormes molosses allaient et venaient envoyant de temps en temps quelques aboiements rauques. C'étaient des volontaires féroces, et, dans un assaut, le Roux et Gratian les considéraient d'avance comme les plus sûrs défenseurs du manoir.

Par les cours, on montait, à l'aide de longues cordes, des fascines de vignes vierges, véritables lianes coupées court et enduites de poix et de résine. Ces munitions, amoncelées au haut des remparts et des tours, étaient lancées en flammes sur les assaillants à la brèche.

Au haut de la tour du pont levis et sur d'autres points élevés, les réchauds de siège étaient également hissés pour la fonte des huiles et résines, qu'on jetait bouillantes par les trous des machicoulis sur les ennemis pénétrant dans la place.

Tels étaient les préparatifs, qu'avec une hâte extraordinaire le Roux faisait en ce moment. Aussi la première pensée des deux moines, descendant de bidet, fut celle-ci : nous sommes dans une forteresse en état de guerre.

Ce fut le Roux qui reçut les deux voyageurs.

— Notre puissant seigneur et maître le baron d'Oràas est malade, dit-il. Je vous reçois comme amis et comme serviteurs de la religion dont vous portez l'habit. Vous serez ici en sûreté jusqu'à ce qu'il vous plaise de partir.

Le plus âgé des deux moines avait attentivement considéré la figure du compère. L'autre regardait à la dérobée tout ce qui se passait dans la cour. Aussi le premier moment de silence de l'un et l'examen furtif de l'autre religieux parurent-ils suspects aux soldats et varlets qui entourèrent le Roux et les arrivants.

Le compère parut comprendre cette indiscrétion inquiète des serviteurs et des chefs d'escouade de sa garnison. Il traduisit ainsi le sentiment de tout le monde :

— Mes révérends pères, nous vous recevons en amis, et l'on nous trouve toujours tels quand on ne trahit pas l'hospitalité de céans. Lorsqu'on nous trahit ou qu'on cherche à nous trahir, alors nous ne regardons plus à la couleur, à l'armure ou au froc : nous nous défendons et nous savons nous défendre !

— Ces paroles, dit le premier moine, qui laissa retomber son capuchon et qui découvrit une tête de vieillard ascète, ces paroles nous surprennent à cause de votre erreur, car vous nous confondez avec de vils espions. Cependant je ne puis pas vous en blâmer, si la fidélité à votre maître vous dicte un pareil langage.

Pouvez-vous nous conduire auprès du seigneur, nous lui ferons hommage, et nous le rassurerons sur les deux humbles serviteurs de Dieu qui viennent demander l'hospitalité de son château ?

— Notre maître, dit le Roux, est gravement malade, et nul, hormis son barbier chirurgien et son fidèle serviteur, qui vous parle et vous reçoit, ne pénètre jusqu'à son chevet.

— Il en sera comme vous le voudrez, capitaine. Le moine crut devoir donner ce titre au Roux. — En attendant, écoutez, vous et vos soldats :

— Nous sommes des amis. A notre langue vous voyez que nous venons de loin ; nous arrivons des pays de la Bourgogne, et nous sommes enfants l'un du Berry, l'autre de l'Ile-de-France.

Nous avons des sauf-conduits anglais et français, car nous allons remplir divers vœux au sanctuaire de saint Jacques de Compostelle pour des chevaliers français empêchés ou blessés. En même temps, nous cherchons, par ordre de monseigneur le Duc Philippe de Bourgogne, un soldat errant, de grande taille, de front noble et de visage balafré. Il répond au nom de Morbecque ; il est fou — fou de patriotisme, amis, car l'amour de la France en eût fait un héros si la fatalité n'en avait pas fait un insensé. Avez-vous eu connaissance de cet homme ? l'avez-vous vu ? en avez-vous entendu parler, compagnons ?

Tous les assistants s'interrogèrent du regard, et il y eut comme une muette mais unanime dénégation.

Ces paroles parurent cependant une explication plausible, et le but sacré du pèlerinage de Compostelle fit tomber la méfiance générale.

Le Roux donna ordre à quelques serviteurs de faire donner aux religieux deux pièces des appartements opposés à ceux du baron.

— Vous serez servis en logement, en varlets et en vivres, leur dit-il, comme il vous plaira d'être servis.

Les religieux s'inclinèrent :

— Y a-t-il un chapelain et un oratoire ?

Le Roux, à cette question, ne sut quoi répondre.

— C'est une forteresse avant tout, dit-il, on ne dit pas chez nous la messe !

II

Pour tous ceux qui ont lu le *Sang farouche*, le nom de Morbecque, qui vient d'être prononcé par les moines voyageurs, aura rappelé le héros d'un grand et mystérieux drame interrompu.

Nous allons retrouver, en effet, un à un les personnages du *Sang farouche*, car le livre qui porte ce titre est, en quelque sorte, la genèse d'un monde de patriotes, de martyrs et de bandits qui ont rempli le cycle à jamais mémorable de la guerre de cent ans.

C'est donc par le *Sang farouche* (1) que commence la sombre et grandiose épopée des malheurs et de la revanche de la patrie. Et nous avons dramatisé à dessein les scènes historiques du xive siècle, pour que la France de nos jours apprît, grâce au roman, son histoire ignorée du plus grand nombre et se fortifiât, par l'exemple du passé, dans l'idée de notre réhabilitation nationale.

Ah! certes, si les Français connaissaient tous leurs annales, qui sont les annales les plus merveilleuses de l'humanité, il ne serait pas venu à la pensée d'un obscur écrivain, tel que nous, de tenter ce labeur ingrat qui consiste, au milieu de l'indifférence profonde de notre temps, à rajeunir une société vieille de cinq cents ans, à faire revivre et parler les héros des chroniques et des légendes chevaleresques, à préparer la revanche contre la Prusse, en parlant de la glorieuse revanche prise par nos pères contre les Anglais, ces pires Prussiens de Duguesclin et de Jeanne d'Arc.

Mais nous ignorons, la masse ignore et, pour son malheur, elle ne lit pas. C'est alors au roman qu'il faut recourir. En parlant d'amour, de crimes et de traits audacieux, de vertu ou de patriotisme, nous trouverons peut-être l'universalité des lecteurs : les uns, attirés par le fond même de l'œuvre, qu'ils dégageront de ses côtés frivoles ; les autres,

---

(1) Chez les éditeurs du *Château Noir*, MM. Périnet, et Cie 10, rue du Croissant, à Paris. — Le *Sang farouche* complet, 40 c. illustré, 24 livraisons pour 2 francs.

alléchés par l'intrigue et par tout ce qui parle aux sens et aux passions. Alors ceci restera, non pour la satisfaction de l'auteur qui, on le reconnait aisément, dérobe son vrai nom à la publicité, mais pour l'enseignement des générations qui nous suivent ; car il faut que la revanche vienne un jour, et que la France du xix° siècle retrouve sa grande place et sa grande influence en Europe, comme la France du xiv° siècle, après des malheurs dix fois supérieurs aux nôtres, retrouva ses frontières, son unité, sa richesse et sa gloire.

Qu'on nous permette toutefois, puisque nous avons parlé de la fiction du roman, de faire remarquer à nos lecteurs combien nous suivons, dans cette œuvre, la vérité historique et les actes des personnages connus qui ont joué un rôle dans la guerre dont nous parlons. Nous ajouterons également que nous avons même, à l'égard de quelques noms et de quelques événements, restés inconnus dans l'histoire, fait œuvre de restitution en faisant vivre et agir ce qui a vécu et agi dans nos anciennes chroniques manuscrites, autres que les chroniques fantaisistes de ce reporter contemporain de nos héros, et gagé par les anglais, c'est-à-dire de Froissard.

. . . .

Morbecque était donc le soldat géant et errant que cherchaient les moines. Leur mission, en apparence, paraissait noble et digne. Elle était de nature à leur concilier, dès l'abord, les bonnes grâces des soudards, qui sont enchantés de voir qu'on prend quelquefois intérêt à leur existence, à leurs gestes, à leur prospérité ou à leurs malheurs.

Aussi plus d'un soldat de la garnison du Château Noir chercha-t-il à savoir qu'elle pouvait être la légende de ce frère d'armes inconnu qu'un grand prince, tel que le duc de Bourgogne, faisait chercher par une chevauchée monacale à travers les villes, châteaux et garnisons de France, dans les pays amis ou dans les camps ennemis.

Les moines ne paraissaient pas autrement disposés à parler et à prolonger leur séjour. La légende de Morbecque paraissait destinée à rester à l'état d'énigme et de mystère pour les curieux du Château Noir.

Rentrés dans leurs chambres, les moines ne tardèrent pas à se concerter. Un varlet, par ordre du Roux, leur porta des fruits et de la viande de venaison. Les religieux se contentèrent d'un peu de vin, de fromage et de fruits d'automne. Ils demandèrent un pain de cire pour leur luminaire de nuit, et annoncèrent qu'ils resteraient seuls.

Le plus âgé des deux moines avait alors bien près de soixante ans.

Morbecque, l'homme loup, errant..

L'autre en paraissait quarante, s'il est possible d'assigner l'âge exact de physionomies rasées et déguisées par le froc.

Le plus jeune portait à l'autre un respect et une vénération sans bornes.

— Avez-vous remarqué, mon père, dit-il à son doyen, combien cette forteresse est en état de défense, et combien ont eu raison ceux qui nous ont dit que le sire du Château Noir voulait lutter jusqu'au bout avec son suzerain?

— J'ai remarqué tout cela mon frère, et ce qui me préoccupe, c'est la facilité avec laquelle nous sommes entrés ici et l'accueil qui nous a été fait par ce soudard qui est bien, ainsi qu'on nous le disait, l'âme damnée du baron. Espérons que demain nous verrons celui-ci et que nous pourrons éclaircir le mystère. Quant à supposer que Morbecque soit ici, nous n'avons pas à y songer. Peut-être dans l'armée de Gaston-Phœbus le trouverons-nous. S'il n'y est pas, c'est que cet homme a pour jamais disparu, et notre mission sera terminée.

— Pas tout à fait, mon père.

— Pas tout à fait, sans doute ; mais croyez-vous que nous puissions gagner le maître de céans à la noble cause de la guerre contre l'Anglais, puisqu'on l'accuse en Béarn d'avoir traité avec l'envahisseur ? Et puis, c'est le suzerain qu'il faut voir : Gaston-Phœbus. Celui-ci, j'essaierai de lui faire part de la proposition secrète du roi de France et de celle de Monseigneur Philippe le Hardi et des autres grands barons de France.

— Vous réussirez certainement, mon père.

— J'en doute. D'après ce que j'ai appris, d'après ce que je vois et ce qu'on nous a dit en Armagnac, et, déjà, dans ce pays de Béarn, le seigneur aime la tranquilité et le repos de ses peuples. Voyez comme il a traité l'armée anglaise qui se retire «*pennons ventilans* (1) » et vivres changés. Il ne fera donc pas la guerre au prince de Galles. Cependant ce sera beaucoup si nous avons une neutralité un peu partiale, et si nous lui faisons promettre de ne pas livrer passage aux Anglais, et de bien accueillir les troupes françaises qui pourraient avoir besoin de manœuvrer jusqu'en Bigorre et en Armagnac.

— Dans tous les cas, je suis sûr d'avance que vous remplirez la mission secrète du roi et des grands seigneurs.

— Vous m'attribuez de trop grands pouvoirs, frère Amaury. Hélas ! vous le savez pourtant, j'ai bien lutté et souvent j'ai sombré. Ma tâche pénible, qui consiste à travailler pour le redressement de notre patrie, un autre la remplira, et il n'aura pas eu mes déboires. Mais c'est la juste punition de mes péchés ! Comme Moïse, je verrai peut être la terre promise, l'avenir de notre indépendance nationale ; mais je serai enseveli dans ma bure et sous un peu de terre quand on se battra, quand on souffrira, quand le sol sacré des Francs sera encore piétiné par les armées

---

(1) Vieille expression du XIVe siècle qui signifie : bannières déployées.

anglaises; car celui qui pourrait nous faire réussir tout d'abord mourra bientôt, trop tôt pour notre pays : Charles V, notre roi. Il est empoisonné !

— Empoisonné ? Que dites-vous, mon père ?

— Il est empoisonné ! Charles de Navarre, que ses contemporains appellent le Mauvais, et qui se verra confirmé dans ce titre odieux par la postérité, Charles de Navarre, le fatal génie de la France, le compagnon funeste de Marcel et de Lecoq, qui a fait avorter la révolution politique et sociale d'il y a douze ans, Charles le Mauvais a versé au roi, alors qu'il était dauphin, un poison qui doit abréger les jours du monarque. Si le roi vit dix ans encore, je serai émerveillé de la miséricorde de Dieu; car en dix ans l'œuvre de revanche sera entreprise mais non achevée. Et pourtant, dans dix ans, le roi Charles n'aura que 46 ans, et sans le poison, il pouvait vivre vingt ans au delà de cet âge, et vingt ans de plus, avec un tel politique, un tel génie, la France était l'empire de l'Europe, et l'Angleterre une vassale, comme elle aurait toujours dû rester vassale !

Celui que le vieux moine avait appelé frère Amaury écoutait avec une attention à peine interrompue par son souffle. C'est que le vieux moine avait retrouvé un instant de lucidité prophétique et des accents d'éloquence qui font battre les cœurs et qui fascinent les intelligences.

Le vieux moine ne continua pas. Il se leva, au contraire, et manifesta le désir d'accomplir ses exercices religieux avant de se livrer au repos.

Tous les deux s'agenouillèrent alors sur les dalles de pierre, et récitèrent à haute voix, se faisant mutuellement les *répons*, l'office des bénédictins (1), puis les prières pour les vivants et pour les morts.

Ils se recueillirent ensuite un long moment, ayant chacun la tête penchée sur sa poitrine, les yeux fermés et les mains enfoncées dans les larges manches du froc.

Puis, comme les solitaires du désert et selon les prescriptions de saint Jérôme, ils s'accusèrent à haute voix de leurs fautes et de leur faiblesse : c'était la confession au temps de la primitive Église. Ils demandèrent pardon à Dieu, aux hommes et à eux-mêmes du mal ou des scandales qu'ils avaient commis; et ici écoutons-les :

— Frère Amaury, je m'accuse, comme chaque soir et jusqu'à l'heure de ma mort, de vous avoir fourni l'occasion d'un crime abominable, de vous avoir poussé à la turpitude des sens, à l'enlèvement d'une femme

---

(1) Selon la règle de saint Benoît (vi⁰ siècle), au Mont-Cassin.

et à toutes les folies sataniques d'un homme livré à ses passions et au démon.

— Frère Roger, dit l'autre, qui avait écouté, le front courbé, les paroles de son doyen, — frère Roger et mon révérend maître, je m'accuse de tout ce que vous dites, et je m'accuse de vous avoir provoqué au crime, au vice, à la lutte des passions, en me faisant démon de la concupiscence, en vous forçant à devenir le défenseur d'une femme pour laquelle, à votre tour, vous avez succombé !

Ils se turent encore, mais ils priaient mentalement en se frappant la poitrine.

Ensuite, comme si l'acte de contrition était maintenant complet, ils se levèrent après cette longue prière, et debout l'un en face de l'autre, ils récitèrent, ne pouvant et ne voulant point le chanter en ce lieu, ils récitèrent le *Magnificat*, ce chant dédié à la Vierge, et composé par saint Bernard, le réformateur de leur ordre (1).

Ils se signèrent, et les exercices furent terminés. Après s'être donné le baiser de paix, les deux moines se séparèrent. Celui qui avait été appelé frère Roger resta dans la chambre où les prières avaient été dites, et frère Amaury se retira et se coucha dans la pièce contiguë.

III

Le moine Roger est l'ancien chef des Jacques (1). On se souvient que les paysans révoltés dans le centre de la France s'arrêtèrent à Sancerre, après avoir enlevé Vierzon et quelques places et châteaux du Berri. Les événements ne permirent pas à la révolte du centre de prendre, en se reliant à la Jacquerie de la Champagne et de la Picardie, les proportions

---

(1) L'ordre des Bénédictins, le plus illustre et le plus savant, fut réformé par saint Bernard, abbé de Cîteaux et de Clairvaux, en 1126.

(1) Voir le *Sang farouche*.

d'une grande et universelle révolution. Etienne Marcel et Lecoq furent débordés à Paris, et le meurtre des maréchaux de Champagne et de Normandie, dans la chambre du Régent de France, par le Prévôt des marchands, poussa Charles V à la résistance, et la révolution parlementaire de 1357, si bien préparée, avorta, rendue odieuse qu'elle fut par les excès des chefs de la Commune du moyen âge. Un parlement national, des Etats généraux s'assemblèrent autour du Dauphin, à Compiègne; le siége de Paris fut fait par le fils du roi de France, prisonnier à Londres ; Étienne Marcel fut massacré par l'échevin Maillard au moment où le Prévôt se disposait à livrer Paris à Charles le Mauvais, et finalement la capitale rentra au pouvoir de la monarchie légitime des Valois.

La Jacquerie avait été écrasée à Meaux par le comte de Foix revenant de guerroyer en Prusse. En même temps que la révolution parlementaire était enrayée à Paris et que la première Commune était noyée dans le sang de Marcel et de ses partisans, la révolution sociale en province était anéantie par le massacre des Jacques, à Meaux.

Les organisateurs de la révolte furent tués ou dispersés. Le moine Roger avait dû à la protection du comte de Sancerre de ne pas être sur le théâtre de ces luttes fratricides, car ce fut cet excellent comte qui protégea les paysans égarés, qui les fit rentrer dans leurs bourgades, et qui les engagea à relever leurs chaumières en les aidant de ses deniers.

Pris de compassion et d'admiration pour l'archer géant qui accompagnait le moine chef des Jacques, le comte de Sancerre voulut s'attacher le soldat rendu fou par douleur patriotique, et qui avait défendu, de son corps, le roi de France à la bataille de Poitiers (1). Mais l'homme-loup voulait absolument demeurer avec la femme qu'il avait enlevée dans la forêt de Maupertuis....

Or, ce fut en ce moment que le chef des Jacques conçut pour la Simonnette d'Eauze une passion si vive et si violente qu'il en devint fou.

Un autre moine, le chapelain des otages de Vierzon, avait à son tour nourri le projet d'enlever la ribaude, et celle-ci, qui trouvait l'occasion de gagner Paris dans la compagnie du Clerc au Châtelet, messager de Etienne Marcel, fournit au moine chapelain l'occasion d'enlever en route celle qui fuyait l'homme-loup et les compagnons qui, jusque-là, l'avaient accueillie et protégée. Ce ravisseur était le moine Amaury.

Alors l'homme-loup s'échappa de Sancerre. Il s'en allait, errant de

---

(1) Lire le récit de la bataille de Poitiers dans le *Sang farouche* et le rôle du Géant.

forêts en plaines, cherchant, tout armé, son épée nue en main, la ribaude à laquelle il avait donné son amour inconscient et, par conséquent, profond et absolu.

Recueilli par des bandes de bataillards, l'homme-loup, par une réaction bien naturelle, recouvra sa lucidité, et le fou de la forêt de Maupertuis devint un être sensé. La douleur, les déceptions les plus amères, les souffrances physiques rendirent Morbecque à la plénitude de la raison, et le soldat géant s'engagea dans les compagnies qui parcouraient en ce moment la France.

C'est ce soldat, un moment frère d'armes de Philippe le Hardi et de Jean le Bon au massacre de la bataille de Poitiers, que le duc de Bourgogne faisait rechercher en ce moment, précisément par les deux religieux qui lui avaient enlevé celle à laquelle, disait-il lui-même, il avait inoculé un sang farouche, et qui devait, — si elle n'était point morte, — avoir mis au monde un rejeton du grand insensé.

Cette rapide énumération des faits qui relient le récit du *Sang farouche* au récit du *Château noir* seront complétés, pour le lecteur, d'après les révélations que ne manqueront pas de faire les deux moines et d'après les événements qui vont suivre.

Les révélations sont commencées. On a vu, par la confession des deux religieux, que l'un et l'autre se reprochaient un grand crime à l'égard d'une femme enlevée.

Lorsque la Simonnette, qui partait en croupe avec le messager parisien, s'arrêta avec son compagnon à la première halte après Sancerre, un homme, qui n'avait pas pris la peine de changer son costume monacal, sauta à la bride du bidet et désarçonna violemment le clerc, tremblant de peur.

Garroter celui-ci, sans même le bâillonner; l'abandonner sur le grand chemin, s'emparer de la ribaude qui, anéantie par la terreur et par l'impétuosité autant que par la soudaineté de l'attaque, n'avait plus la force de résister; s'enfuir avec son fardeau féminin sur l'épaule, ce fut pour ce moine ravisseur l'affaire d'un instant.

En même temps, le moine chef des Jacques, affolé par sa passion étrange pour la même femme, quittait Sancerre et se mettait à sa poursuite, abandonnant le comte de Sancerre et l'homme-loup, à l'insu duquel la fuite de sa compagne et la poursuite insensée par les deux moines se produisaient en même temps.

Alors les deux moines se rencontrèrent, et ce fut une lutte étrange que celle de ces deux hommes, égarés par la passion et la folie, s'acharnant sur une proie qui difficilement devait leur résister.

Deux fois Amaury et Roger, ne pouvant, ne voulant pas être en commun les posesseurs de cette femme affolée à son tour et qui criait grâce! à ses deux ravisseurs bourreaux, en vinrent, dans une plaine déserte, à se défier au coutelas...

Le chef des Jacques devenu si subitement bête lasive et féroce, hurlait à l'autre moine des paroles insensées, des mots incohérents, et le plus jeune aiguisait la passion et la jalousie de son rival en se prétendant aimé de la femme qu'il avait enlevée.

Or celle-ci se traînait à genoux de l'un à l'autre, comme si elle implorait deux démons ; enfin le moine Roger sauta à la gorge d'Amaury, et il le laissa presque étouffé sur la terre nue, tant ses poings crispés avaient formé un formidable étau autour du col de son ennemi.

Alors à son tour il emporte la ribaude à demi morte, et on ne sait ce qui fût arrivé si au même instant n'eût débouché, au sorti d'un chemin creux, une bande de paysans, des paysans qui avaient été à la Jacquerie du centre et qui allaient regagner leurs anciens villages après les vives insistances et les généreux secours du comte de Sancerre.

L'arrivée de leur ancien chef, qu'ils croyaient disparu, provoqua l'enthousiasme de ces pauvres paysans. La Simonnette qu'il portait sur ses épaules fut saluée comme la bienvenue, et l'on bivouaqua dans un bocage rapproché.

Tout le monde crut que le bon religieux avait sauvé la compagne de l'archer géant de quelque piége affreux, et la Simonnette, devant la muette attitude du moine, crut que celui-ci l'avait en effet arrachée aux griffes de l'autre ravisseur.

Mais le lendemain, quand on passa par Vierzon, la folie du moine se déclara. Il intima à la Simonnette l'ordre de le suivre et d'être à lui en tout et partout. La ribaude se réfugia auprès des seigneurs d'Yèvre, qui avaient recouvré une partie de leurs domaines. Le moine la poursuivit l'accusant d'hérésie et de magie, afin de se faire livrer la fugitive. Il voulait la faire brûler vivante sur un bûcher à Vierzon, ou bien la tuer à coups de poignard devant la populace...

Alors on s'aperçut que le moine était fou. On allait s'emparer de lui, quand il disparut. Cette fois il s'était bien enfui.

Dix ans après ces événements douloureux et terribles, deux religieux se rencontraient en Bourgogne au seuil du même monastère... Ils venaient l'un et l'autre, humiliés et repentants, demander à Dieu pardon d'une faute qui avait peut-être entraîné la mort de deux êtres malheureux : l'homme-loup, réduit au désespoir, et la Simonnette, tombée dans la misère et l'abandon.

Ils se reconnurent... C'étaient le moine Roger, ancien chef des Jacques, et le moine Amaury, l'ancien chapelain des otages de Vierzon.

Ils se demandèrent mutuellement pardon et promirent à Dieu de rechercher ceux dont ils avaient ou précipité la ruine ou hâté la mort, et dans ce dernier cas ils s'imposèrent pour devoir de rechercher la tombe obscure où reposeraient les cendres de ceux qu'ils avaient outragé.

Mais, en même temps, le moine Roger, toujours enflammé de patriotisme, demanda à Amaury d'être son compagnon à travers toute la France pour prêcher la guerre sainte de Châteaux en Châteaux, de cités en cités, de campements en campements.

Vers cette époque, la Bourgogne appartenait à Philippe le Hardi, le fils bien-aimé de Jean le Bon, et que celui-ci avait investi de tout l'héritage du dernier duc de Bourgogne, Philippe de Rouvre, mort en pleine jeunesse.

Le nouveau duc fit accueil au moine Roger, et le combla de ses faveurs en entendant la fière et patriotique parole de ce religieux qui haïssait si complétement l'envahisseur de la France. Il le chargea de prêcher en son nom la guerre contre l'Anglais, de distribuer ses aumônes aux soldats malheureux ou blessés, et de porter des offrandes au pèlerinage de Saint-Jacques-de-Compostelle.

Le moine parla de l'archer géant. Au récit qu'on lui fit de la vie de cet homme, Philippe se souvint tout à coup du fidèle archer de la bataille de Poitiers. Il demanda qu'on recherchât partout, qu'on rachetât, s'il était captif, un tel homme d'armes. Il voulait en faire son officier de parade du palais des ducs de Bourgogne à Dijon, et récompenser ce fidèle serviteur, qui avait été un sublime héros à la journée du 19 septembre 1356.

Quant à la Simonnette, elle avait quitté ses compagnons de Vierzon. N'ayant qu'un but, qu'un seul rêve, Paris ; elle avait suivi une caravane de marchands qui se rendait vers l'Ile-de-France. Tous les malheurs, toutes les misères d'un cruel voyage lui furent prodigués. La guerre, les courses des grandes compagnies l'interrompirent, et un jour que, prise des douleurs de l'enfantement, elle allait demander un gîte à des paysans du Gâtinais, car elle s'était trouvée rejetée vers Gien, on l'ac-

La Simonnette fuyant sous le givre et la neige. (Page 154)

cueillit comme une ribaude damnée, et ce fut dans une étable abandonnée qu'elle enfanta deux jumeaux, les enfants de l'homme-loup.

La pitié des paysans alla cependant la trouver dans son cloaque de misère et de souffrances; on lui donna des galettes de blé noir, c'est-à-dire de ce mauvais pain que les pauvres paysans, les « ahaniers » mangeaient alors, et que les animaux domestiques mépriseraient aujourd'hui. La Simonnette put, sinon se rendre utile, du moins partager quelque temps les plus dures corvées de ce monde misérable. Puis un jour arriva où la guerre s'étendant de nouveau, les villages et les chaumières furent brûlés par une troisième invasion d'Anglais ; c'était en 1360, quelque temps avant la signature du traité de Brétigny.

Alors la pauvre femme dut fuir, sous le givre et la neige, la hutte hospitalière sous laquelle elle avait passé trois ans, emportant ses enfants, véritables fruits de la fatalité, et dans les veines desquels ne pouvait décidément couler qu'un sang âpre et farouche.

Elle avait disparu, et, dans la suite de cet ouvrage, nous la retrouverons sans doute, car les deux moines vont la rechercher morte ou vivante, comme ils recherchent l'archer Morbecque, par ordre du puissant suzerain de Bourgogne.

Et maintenant reprenons notre récit au Château Noir.

IV

Le lendemain de l'arrivée des deux religieux, le Roux monta vers leurs chambres de bonne heure, et pria les voyageurs de considérer comme limitée à l'heure de midi l'hospitalité qu'on pouvait leur donner au Château Noir.

Le moine Roger ne fit pas d'objection à cette injonction. Il demanda auparavant s'il ne lui serait pas possible d'être admis auprès du châtelain.

— Il est malade ; il ne vous recevra pas, dit d'un ton assez bourru le compère de Gratian. Et il ajouta :

— Nous sommes en guerre. Nous ne refusons jamais l'hospitalité d'une nuit aux voyageurs religieux ou aux pèlerins, bien que nous ayons eu à nous plaindre souvent de notre excès de confiance. Mais quand bien même vous viendriez de la part de nos ennemis aucun mal ne vous sera fait et il nous importe peu que vous leur fassiez part de ce que vous avez vu ; au contraire, annoncez bien haut que nous sommes armés jusqu'aux dents et que nous nous défendrons jusqu'au rasement complet de ce manoir.

— Vous vous méprenez trop sur notre caractère, répondit le vieux moine, et il me semble, capitaine, qu'après vous avoir dit hier au soir l'objet de notre mission, vous auriez dû nous épargner ces soupçons injustes, qu'à aucun prix, notre parole de religieux en fait foi, nous ne méritons aucunement.

Le Roux, à ces paroles calmes, froides et sévères, ne trouva rien à dire ; mais comme il ne voulait pas avoir le dessous avec ses hôtes, il leur répéta que les nécessités de la défense du castel l'obligeaient à persister dans le délai qu'il venait de leur donner pour décamper.

— Nous ferons comme il vous plaira, répondit le moine. Nous avons seulement un grand regret, celui de n'avoir pas pu rendre hommage au châtelain.

Le compère se garda bien d'obtempérer au désir des religieux. Il avait ses raisons, Caril était le geôlier du baron, et nous saurons bientôt quel est l'état de ceux qui dépendent en ce moment de la seule volonté du Roux, dans ce manoir sinistre.

Roger dit alors à Amaury qu'il n'y avait plus qu'à partir. Le Roux offrit aux moines de se réconforter avant le départ, chose qu'acceptèrent d'ailleurs les religieux, et une heure après, les moines enfourchaient leurs bidets et descendaient, se dirigeant sur Sauveterre, les pentes du Mû.

Amaury interrompit le premier le silence, car son doyen demeurait pensif depuis la sortie du Chateau Noir.

— Cette hospitalité a été si étrange, dit-il, que je me demande si ce n'est pas une faveur particulière de Dieu que nous soyons sortis de ce repaire.

— C'est toujours une faveur insigne de la providence, que de pouvoir ajouter un lendemain de plus aux jours incertains et agités que nous passons sur cette terre, mais comme vous, Amaury, je considère comme excessivement inexplicable notre séjour au Chateau Noir, où nous n'avons rien vu, hormis de sérieux et formidables préparatifs de guerre.

Or, selon moi, le châtelain était là, il devait se préparer à quelque coup terrible et le mystère qui nous a surpris décèle, dans ce nid de vautours, quelque chose que je n'ose sonder et que ma raison se refuse à expliquer. A part ce soudard brutal que nous avons vu, à part la garnison de ce lieu maudit, il doit y avoir une population, qui peut-être vit sous terre, dans les salles souterraines ou dans des cachots, mais enfin il y a quelque chose d'inattendu là haut....

Cependant nous avons bien fait de ne pas insister. Ce compère brutal aurait laissé là toutes formes courtoises pour nous faire un mauvais parti. Décidément, puisque le seigneur de Béarn déclare la guerre à son vassal rebelle, le pays gagnera à la disparition de ce manoir de perdition.

D'ailleurs, c'est Gaston-Phœbus que nous allons voir qui sera la meilleure recrue pour notre cause, si je puis le décider à une neutralité bienveillante pour le roi de France et le duc de Bourgogne. Ne pensons plus au Château Noir. Faisons des vœux pour les armes du bon droit qui me paraît être du côté du comte de Foix, et chevauchons vers Sauveterre.

En ce moment, arrivant du coté d'Athos, un parti de cavaliers s'arrêta court devant les moines à cheval.

Les cavaliers qui composaient cette chevauchée se déployèrent de manière à cerner les deux arrivants.

Ils étaient armés et il était facile de voir que leur expédition était hostile. L'un d'eux interpella en béarnais les deux moines et leur demanda qui ils étaient et d'où ils venaient.

Roger répondit en latin : — nous sommes des amis !

Cette réponse peu comprise tout d'abord, augmenta les soupçons des cavaliers qui, formant le cercle, déclarèrent provisoirement de bonne prise les deux moines que leur langage et leur façon de voyager à cheval rendaient suspects.

Alors le moine Roger dit en français :

— Nous ne connaissons pas, nous ne parlons pas votre langue; mais nous sommes français et amis de votre puissant seigneur; nous allons à Sauveterre, en ambassade auprès de Monseigneur le comte de Foix suzerain de Béarn.

Manaut de Navailles (1), l'un des cavaliers, répliqua en bon français :

— Par le Dieu vivant ! mes pères, si vous venez en ambassade de la part du traître d'Oràas, il ne faut pas vous mettre en peine de harangue, et vous ne serez pas reçus par le suzerain. Pour nous, vous resterez de bonne prise, car je vous soupçonne d'être des partisans déguisés ou

---

(1) Tige de la maison de Noailles.

des espions de Castetner. Nous verrons cela ! Prenez le milieu de la chevauchée et faites bride avec nous.

D'un même mouvement, les deux religieux ôtèrent leur capuchon et découvrirent leurs têtes qui n'étaient pas rasées de frais, preuve évidente qu'ils n'avaient pas fait, selon leur expression, « livrée de traîtrise » de plus, l'austère et intelligente expression de ces deux physionomies, de celle du moine Roger surtout, frappa les cavaliers béarnais, aussi Foucault d'Orteri qui parlait également français prit la parole.

— Mais, révérends pères, vous trouverez naturel qu'un parti de vingt cavaliers du comte de Foix s'inquiète de trouver à travers champs des religieux qui n'ont pas coutume de monter à cheval, et surtout deux moines descendant du Château du Mù, déclaré félon et en état de blocus à l'heure présente.

— Je comprends vos scrupules, et je ne blâme pas vos soupçons, messires, répliqua Roger. Nous n'entendons pas nous soustraire à toutes les investigations que la guerre autorise, et nous ne refusons pas de marcher comme prisonniers, au milieu de votre chevauchée, pourvu que nous rentrions aujourd'hui même à Sauveterre où nous avons une mission à remplir.

Et pour ce qui est du Château Noir, ce n'est pas de là que nous avons ambassade. Venant de Dax et de Belloc, que nous avons trouvées en état de guerre, puisque les traces d'un récent combat victorieux pour vos bannières ont surgi à chaque pas, sous nos yeux, nous avons demandé l'hospitalité d'une nuit au Château Noir, voulant, si nous avions pu voir le baron rebelle, amener un accord aujourd'hui nécessaire entre tous les seigneurs de France et leurs vassaux et lieutenants, pour pouvoir affronter la guerre nationale contre l'Anglais.

— Tout beau ! risposta Navailles, le discours est trop long pour nous, et nous vous prions de nous suivre. Avant midi, vous vous expliquerez devant l'évêque d'Oloron, à Sauveterre. Là nous saurons si vous avez abusé de vrais chevaliers. En route !

Personne ne répliqua plus et la chevauchée partit. Les moines s'étaient parfaitement résignés à demeurer sous la garde des cavaliers béarnais.

La troupe avait pour mission de parcourir la campagne et de prévenir les paysans d'avoir à mettre en sûreté leurs bestiaux et leurs blés, en cas de sortie du baron de Castetner, car le blocus était déjà déclaré en fait, en attendant les publications à son de trompe et la citation du baron rebelle devant la *Cour majeure* de Béarn.

Pendant que les cavaliers étaient sur les champs, la cour du suzerain libellait, au château de Sauveterre, sous la dictée de l'évêque d'Oloron, la citation dont il s'agit, et le sénéchal de Moncade fut chargé d'aller signifier ce document au baron Gratian de Castetner.

Deux hommes d'armes furent donnés pour escorte à l'officier de justice seigneuriale, et le hérault de Gaston-Phœbus fut chargé de précéder le sénéchal.

En cas de refus par le Château Noir, d'ouvrir les portes du manoir aux envoyés du suzerain, le hérault Enrique Sünhart fut chargé de planter la citation et le cartel du seigneur à la poterne du Mû.

Ces diverses chevauchées étaient remarquées par les gens du Mû. Le Roux examinait et faisait examiner la campagne. Ces allées et venues d'escouades armées, la première patrouille de Manaut de Navailles, la seconde expédition du sénéchal précédé d'un hérault d'armes, sonnant du cor de temps en temps, tout cela n'échappait pas à l'œil investigateur du compère et de ses séides placés au haut du donjon de Castetner.

Le compère comprit bien vite la signification de ces événements, qui n'étaient autres que les préparatifs d'une déclaration de guerre et d'une expédition judiciaire ou militaire en règle contre le baron d'Oràas.

Mais on n'avait pas pris le Roux au dépourvu : s'attendant, comme les moines l'avaient déjà remarqué, à un blocus et à un assaut, il avait fait rentrer dans les vastes dépendances fortifiées du Château Noir les provisions de blé, de vin et les bestiaux qui se trouvaient dans les fermes du manoir, sur le revers septentrional du Mû et dans ces parages qui sont occupés aujourd'hui par les châtaigneraies d'Escos et de Carresse (1). Avant l'arrivée de l'escouade de Navailles, provisions, animaux et serfs de la glèbe étaient précipitemment introduits dans le château, et si les préparatifs du suzerain de Béarn promettaient une attaque sérieuse, les précautions de la défense étaient telles, qu'une armée risquait fort de rester une année et plus au pied du mamelon qui portait le Château Noir.

Aussi, du haut de son observatoire, le Roux ricanait volontiers avec les soudards, ses séides.

— Qu'ils y viennent! disait-il, ils gèleront sur pied, cet hiver, sur les champs d'Oràas, et l'été ils sécheront comme maïs, s'il en reste encore

(1) Aujourd'hui le hameau de Castagnède.

de ces combattants. Ah! nous aurons ici notre revanche de Belloc.

— Et le baron ?... demandaient les soudards.

— Le baron! le baron s'en rapporte à moi. Il est navré de maladie et de furie folle. Laissons-le guérir en paix. C'est à nous de défendre l'honneur de son castel. Le Roux coupa court ainsi aux questions indiscrètes de ses hommes.

Puis, indiquant du doigt la chevauchée du sénéchal de Sauveterre :

— Voyez-vous, compagnons, ce robin qui chevauche là-bas sur sa mule, que le hérault à livrée de Moncade précède et que deux hommes, la lance au poing, suivent comme porte-cierges de couvent ; c'est du grimoire pour nous : un défi et un cartel. Nous les laisserons frapper à l'aise au pont-levis. Point ne répondrons à la sommation de la basoche ni au cornet du hérault.

Le Roux attendit que cette chevauchée arrivât jusqu'au pied du Mû. Une demi-heure après l'expédition du sénéchal se trouvait à la barbacane : le cor du messager retentit et personne ne répondit du château Noir.

Alors le Roux descendit à la lucarne du pont-levis, et, passant sa tête par l'ouverture, il regarda en ricanant le sénéchal et son escorte.

L'officier de justice de Gaston-Phœbus demanda l'entrée du manoir. Le Roux refusa, mais sans mot dire, en secouant sa tête carrée.

Le hérault cria alors en béarnais et en basque :

— Au nom du seigneur suzerain de Foix et de Béarn, je somme le baron Gratian de Castetner ou son portier, d'ouvrir à la justice de Béarn la porte du castel !

Le Roux ne répondit que par un ricanement.

Le sénéchal modéra l'indignation de son escorte et il dit à Enrique Sünhart :

— Hérault, faites votre office.

Celui-ci prit le parchemin des mains du sénéchal. Il descendit de sa monture, et, perçant de son poignard la citation et le défi, il planta l'arme à l'un des piquets du pont-levis, de ce côté-ci du fossé, et il s'écria à haute voix :

— Baron Gratian de Castetner, tu es félon et cité devant la *cour majeure.* Au nom du seigneur suzerain, je te déclare guerre sans merci et châtiment sans rémission !

Ces paroles dites, il ôta son gantelet et le jeta dans les fossés du pont-levis en guise de défi et il remonta à cheval pour reprendre, avec le sénéchal et son escorte, le chemin de Sauveterre.

Le Roux avait disparu de la lucarne ; mais il se trouvait sur une terrasse du rempart extérieur avec un seul archer.

Enrique Sünhart lui cria alors en basque :

— Traîtres et mécréants ! vous rendrez raison au seigneur... et à moi, ravisseurs de vierges, massacreurs d'innocents et d'orphelins !

Encore une fois le sénéchal imposa silence au hérault d'armes, ne voulant point, disait-il, compromettre la dignité de sa mission par des paroles et des imprécations violentes et injurieuses.

Enrique se rendit difficilement aux observations du sénéchal. Il était ulcéré dans l'âme par la pensée des horreurs que renfermait l'antre mis en interdit. La Goïta sa fiancée n'avait-elle pas été violée et tuée peut-être par les bandits du château Noir ? Aussi n'avait-il qu'une seule ambition, celle de porter le fer et la torche dans ce repaire et de se venger comme un miquelet savait le faire contre ceux qui lui avaient enlevé son amour et son bonheur.

Il chevaucha enfin avec le sénéchal, et celui-ci, pour calmer le jeune messager seigneurial, entamait une conversation étrangère à l'objet de leur mission, lorsque Sünhart poussa un cri perçant.

Sur l'indication du doigt du Roux, un archer du rempart venait d'envoyer un trait d'arbalète et le coup avait porté.

Sünhart tomba renversé sur son cheval, une flèche meurtrière venait de l'atteindre par le dos.

Le sénéchal épouvanté put à peine retenir le jeune homme qui allait choir à terre. Les hommes d'armes descendirent Sünhart.

Il paraissait mortellement frappé : les yeux se fermaient, les joues étaient livides, le sang coulait abondamment.

Tant bien que mal on porta le blessé jusqu'au pied de la montagne ! et, à Oràas, des paysans firent une litière et Sünhart fut transporté à Sauveterre.

Le Roux avait, en effet, visé ou fait viser le hérault d'armes de Gaston-Phœbus. Il avait répondu au cartel juridique de l'envoyé du suzerain de Béarn, par un meurtre abominable et, d'ailleurs, condamné par les mœurs et les lois du moyen âge qui protégeaient, par dessus tout, au nom du principe sacré du droit des gens, les ambassadeurs, les porteurs d'ordres royaux, de papiers de chancellerie, de convocations suzeraines, de citations judiciaires, de cartels et de défis de suzerains et de chevaliers.

Après le coup d'arbalète, le compère et son archer se retirèrent des remparts, enchantés d'avoir frappé juste.

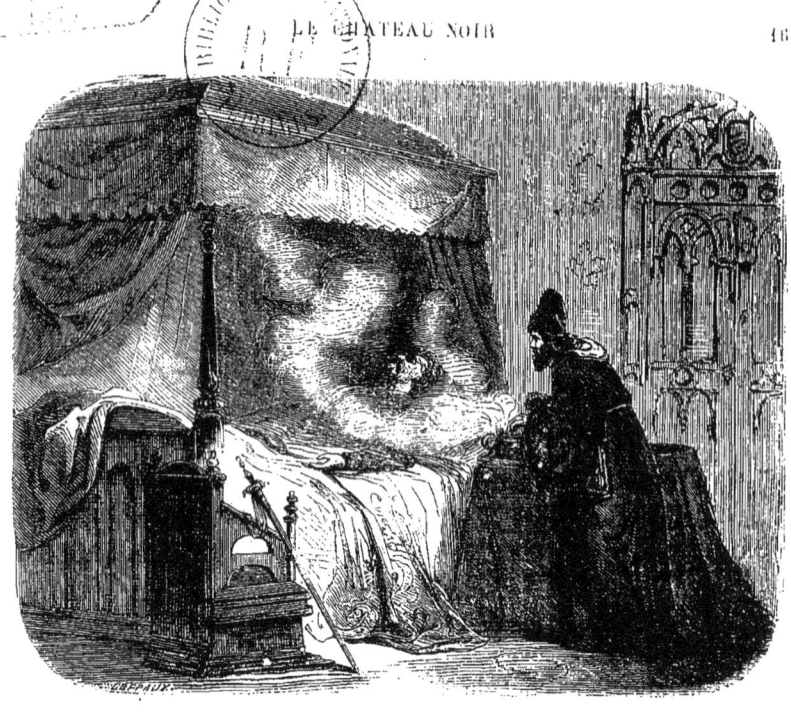

Le baron Gratian traité comme fou et par des fumigations. (Page 162)

— Maintenant il y aura guerre, dit le Roux.

Puis il congédia l'archer.

Il descendit au pont-levis, fit ouvrir une poterne donnant sur les fossés de la barbacane et, par cette voie, il sortit au dehors, grimpa par le talus jusqu'à la culée extérieure du pont-levis, et alla arracher du piquet, où Sünhart l'avait planté avec son poignard, l'acte de citation apporté par le sénéchal de Moncade.

Il ramassa également le gantelet jeté en guise de défi dans les fossés de la barbacane et il rentra, verrouillant derrière lui la porte de fer de la poterne.

Le Roux donna de nouveau quelques ordres précis aux hommes d'armes réunis dans l'une des cours du manoir, puis il monta vers les appartements du baron Gratian.

V

Nous allons savoir qu'elle était la situation faite au châtelain, depuis l'acte d'audace du Roux contre son maître.

Gratian, on le sait, avait été porté sur son lit enveloppé et garrotté comme un fou furieux et le barbier du Château, sur l'ordre du compère, qui réussit à tromper tout le monde, avait pratiqué une forte saignée au baron Gratian.

Il lui faisait subir l'effet de fumigations obtenues avec des plantes narcotiques, sous prétexte de calmer, en l'alourdissant, l'effervescence du baron, rendu malade et fou malgré lui.

Le baron que la colère et la rage étouffaient, et que l'incroyable subterfuge de son compère empêchait de parler et de protester autrement que par des contorsions et des cris inarticulés, devint positivement malade après l'opération du chirurgien. Etendu sans mouvement sur son lit de parade, affaibli par la lutte, par la perte du sang, brisé, malgré lui, par des émotions sans exemple, le baron Gratian de Castetner, ne fut plus qu'un corps inerte et il n'y eut, en réalité, qu'un seul maître tout puissant dans le manoir, le Roux.

Sûr d'être pendu, s'il ne se mettait en garde contre l'exaspération de son maître, le compère avait terrassé le baron par l'effroyable procédé que connaissent nos lecteurs.

Il ne désespérait pas de se faire pardonner si le triomphe couronnait les efforts de la défense. Il comptait prouver plus tard au baron que mieux valait, en cas de défaite, livrer le châtelain mort dans son propre lit plutôt qu'un rebelle vivant et vaincu destiné à l'inévitable échafaud d'Orthez ou de Sauveterre.

En attendant, la volonté légitime qui jusque là dominait au Château Noir, était remplacée par l'audace et la volonté usurpée du compère auxquels tous obéissaient dans l'ignorance où chacun était du véritable état des choses.

Et, périr pour périr, le Roux avait caressé avec une certaine ivresse l'idée d'une résistance à outrance dans ce château où, pour lui, la défaite était plus certaine que le triomphe; mais il se disait qu'il aurait, au moins, les honneurs du commandement et la mort honorable des vaincus, au lieu de finir comme un misérable, pendu, sacrifié au courroux d'un maître, le dernier et véritable baron du Chateau Noir.

S'ensevelir sous les décombres d'un manoir maudit après avoir traversé une existence plus maudite encore, cela paraissait au Roux une solution digne de sa vie aventureuse, chargée de crimes et souillée de sang.

Le baron Gratian était donc plus qu'un malade impuissant. Le Roux se présenta à lui et, debout à son chevet, il s'informa hypocritement de la santé de son maître. Et quand celui-ci par un effort d'indignation et de lucidité voulait répondre par une imprécation bien naturelle, le Roux, d'un geste, ordonnait aux gardiens du malade de contenir avec respect, mais avec toute l'énergie possible, les mouvements du malade, qu'il fallait, disait-il, calmer et soigner avec toute la sollicitude possible; Gratian ne résistait plus à de tels égards. Déjà brisé, il retombait plus anéanti encore sur sa couche de torture.

Le compère le considéra avec une certaine pitié, mais il se borna à quelques salutations de déférence fourbe. Il voulait surtout s'assurer que le baron était bien tenu en geôle par ceux qui le gardaient et le soignaient.

Cette formalité remplie, le Roux se rendit auprès d'une autre victime de sa sollicitude sauvage : il alla trouver la Goïta.

Au moment où la Goïta, dans sa résolution désespérée, allait se précipiter dans les fossés profonds et rocailleux du Château Noir, en voyant que sa fuite était découverte et que les gens du castel se mettaient à sa poursuite, le Roux, survenant à propos, enleva la jeune fille au moment où celle-ci escaladait le parapet pour se lancer dans le vide.

Sans la rapide intervention du soudard, Goïta se brisait en morceaux. Le Roux lui sauva la vie, mais ne lui rendit pas la liberté.

Sans mot dire, il emporta, comme une évadée vulgaire, la jeune bohémienne dans l'intérieur du manoir, et, à voix haute, il cria aux gardes de la porte et des postes intérieurs :

— C'est ainsi que je fais rentrer ceux qui fuient la demeure du baron !

Goïta ne résista pas quand le Roux, la déposant dans le vestibule des grands appartements, lui dit qu'il fallait remonter dans le logis qu'elle venait de quitter pour tenter son évasion.

Mais, laissant alors couler ses larmes, elle demanda, en joignant les mains, si elle ne verrait pas enfin un terme à ses angoisses et à sa captivité.

Le Roux se borna à lui dire :

— Vous n'avez pas eu confiance en moi ; vous attendrez...

— Ne me livrez pas au baron !

— Vous resterez seule.

— Mais qui me protégera contre le seigneur et contre tous les soldats, car me voilà seule femme ici et à votre merci à tous ?

— Ne redoutez rien de personne, je suis là ; mais ne songez plus à fuir.

Et obéissant à un signe impérieux de ce geôlier étrange et redoutable, la gitana gravit les degrés du colimaçon de pierre qui la conduisait à la chambre du beffroi où le Roux lui assignait son logis solitaire, une vraie prison.

Dans cette demeure, dont le compère se réservait la surveillance directe, Goïta laissa épancher son âme. Elle pleura longtemps, agenouillée sur des tapis en peau de loup, garnissant cette chambre carrée qu'on eût dite taillée dans le roc, depuis les parois jusqu'au plafond et au plancher. Une simple couchette était dans l'un des angles, un escabeau servait de siége. Aux murs, de vieilles panoplies, des armes d'essai, ayant appartenu à Gratian de Castetner, décoraient l'ancien logis du baron adolescent.

Le Roux faisait l'office de varlet pour la gitana qu'il ne voulait pas livrer aux soins de la domesticité du château. Du reste, il n'y avait plus de femmes de service dans ce manoir. Les duègnes avaient été étouffées dans une oubliette par les soins du compère.

Celui-ci apporta donc à la bohémienne un flacon de vin, un autre d'hydromel, quelques fruits, du pain blanc comme on en faisait de toute antiquité dans le Béarn, au château comme à la chaumière. Des fruits d'automne complétaient ce menu que le Roux déposa sur l'escabeau de la pièce, offrant à la jeune fille de lui servir de la venaison ou de la volaille, à son gré.

Goïta profita des soins attentifs du Roux pour se traîner encore une fois à ses pieds :

— Pourquoi me voulez-vous garder? lui demandait-elle. Pourquoi ne voulez-vous pas que je m'échappe de céans ou que je meure? car vous le voyez, je ne résisterai pas à l'existence qui m'est faite, et puisque vous vous êtes fait mon défenseur généreux, je vous demande de mettre un terme à mon malheur !

— Goïta, lui dit le Roux lentement et froidement, vous n'avez pas eu confiance en moi et vous vous êtes traitreusement enfuie alors que je cherchais les moyens de vous rendre à la liberté, mais avec des moyens sûrs et sans périls pour vous dans l'avenir. Au lieu d'attendre et de m'écouter, moi qui sur vous n'avais d'autre but que de chercher l'occasion de faire du bien sans intérêt et sans arrière-pensée, moi qui suis le mal et le crime par nécessité, par fatalité ! vous vous enfuyez, risquant votre vie dans toutes les aventures désormais terribles autour de ce manoir, car nous sommes en guerre avec toute la principauté de Béarn. Et qu'aurait-on dit, en vous saisissant, vous, une évadée du Château Noir ? On aurait dit, d'abord, que nous ne faisions pas bonne garde chez nous, ce qui aurait donné bon espoir à nos ennemis; puis on vous aurait prise pour une ribaude et vous auriez été traitée comme telle. Or, il m'a plu, il m'a semblé doux de prendre une seule fois dans ma vie la défense d'un être vivant, c'était vous. Je ne veux pas, moi le sachant, compromettre ni votre vertu ici, ni votre vie au dehors. Je vous laisserai partir quand je vous saurai en mains sûres et quand votre volonté sera d'accord avec la mienne...

Goïta écoutait, ne comprenant pas absolument la nature de la protection dont la comblait cet homme terrifiant dans sa sollicitude. De ses beaux et grands yeux, où se peignait l'anxiété, la jeune fille interrogeait encore le Roux, semblant lui demander d'autres explications.

— Oui, continua le compère, je vous laisserai partir quand je pourrai vous remettre entre les mains de parlementaires sérieux et qu'on pourra vous conduire au protecteur de votre tribu, Gaston-Phœbus, notre ennemi aujourd'hui. Il ne manquera pas certainement de se produire une occasion prochaine où nos ennemis enverront parlementer avec notre forteresse ; alors je ferai savoir qu'il y a ici un non-combattant, neutre entre les deux partis, une femme, et que nous consentons à la livrer aux siens... quant à nous, nous combattrons jusqu'au dernier; car je veux en finir, et je veux que tous mes complices ici dedans, maître ou subalternes, finissent comme moi leur existence souillée et maudite; il y aura un castel de moins en Béarn, mais il y aura des assasins et des mécréants de moins. Je me dois cette expiation. J'ai commencé par un acte infernal contre celle qui me donna le jour... Je défends la vie d'une femme qui, sans moi, était sacrifiée; c'est une lointaine réparation. C'est la seule bonne chose que j'aurai faite de ma vie, la seule qu'il m'ait été permis de faire ; car, vis à vis des hommes, la pitié m'est impossible et je torture et je tue par instinct, par fièvre, par entrainement fatal, sans réflexion et sans remords.

— Mon Dieu! dit Goïta, je prierai pour vous... il faut vous repentir; Dieu est bon, et je vous jure que si vous me laissiez sortir, je prierais Dieu de vous donner la contrition, et les hommes de vous faire merci.

Le Roux eut comme un sourire d'amertume.

— Non, non, je vais sur cette terre à la fatalité qui m'emporte, à la mort violente et aux excès violents de la lutte... au delà, je vais au châtiment de Dieu, car j'ai été deux fois criminel envers ma mère, et mon double crime vaut l'enfer.

Au revoir Goïta ! réconfortez-vous, mangez, et vous serez libre si vous ne laissez faire que moi, si vous n'écoutez que ma seule volonté.

Le Roux sortit.

Comment pourrions-nous décrire l'impression profonde produite sur la bohémienne par toutes les paroles qu'elle venait d'entendre ? Elle oublia sa propre situation pour songer à celle du Roux qui lui paraissait être un être de plus en plus étrange, et comme frappé de quelque possession du démon.

Entre les actes dont s'accusait cet homme et les paroles de haut repentir qu'il venait de faire entendre, il y avait un contraste formidable et, précisément parce qu'il s'accusait ainsi, la jeune fille le croyait accessible au repentir et au retour vers le bien. Voilà pourquoi, mue par le premier sentiment de la reconnaissance qu'elle lui portait en réalité, elle pria, et elle cria du fond du cœur pitié pour ce grand pécheur.

La foi chrétienne de la jeune néophyte était profonde et sincère. Elle croyait en la miséricorde divine dont, bien des fois, les moines d'Athos qui l'avaient cathéchisée lui avaient parlé, en lui décrivant les mystères d'une religion entourée, à ces époques de dévotion superstitieuse et naïve, de toutes les pratiques qui effraient l'âme et qui paralysent les sens.

Elle comptait bien, si elle était rendue à la liberté, implorer les hommes pour ce soudard terrible, qu'on pouvait, pensait-elle, ramener à la vertu par la toute puissante volonté de maîtres qui n'auraient ni l'instinct du vice, ni l'habitude du crime comme Gratian de Castetner.

Et cependant, le lendemain, l'homme qui s'attirait la sincère commisération de la captive, cet homme visait à mort celui pour lequel la Goïta eût donné sa vie et son âme.

Ah! quand le Roux se présenta de nouveau devant elle, si la gitana eût soupçonné le forfait dont venait de se souiller son geôlier, en frappant du haut des murs le hérault Enrique Sünhart, quel réveil terrible n'aurait-il point provoqué chez la jeune femme, et combien celle-ci n'eût-elle pas bondi, comme la tigresse altérée de vengeance, pour s'emparer d'un poignard ou d'une dague et pour punir jusqu'au sang l'odieux meurtrier de l'envoyé de Gaston-Phœbus.

Mais elle ignorait un pareil crime, et, toujours sous l'impression douce et charitable de la veille, elle accueillit le Roux avec bonté, et lui demanda seulement de hâter le moment de sa délivrance.

Il promit de nouveau à la Gitana qu'il abaisserait pour elle les barrières du manoir, pourvu qu'elle modérât son impatience.

— A quoi cela me servirait-il de vous protéger ici dedans, de vous avoir ravie aux convoitises du baron, si ma protection, en vous rendant la liberté, doit avoir pour conséquence inévitable votre rapt par les soudards qui courent en ce moment les champs, et qui enlèveront comme bonne prise tout ce qui sortira du Mû?

— Détrompez-vous, Roux, disait la Gitana, détrompez-vous! Je saurai me défendre comme je vous l'ai prouvé en résistant aux premières violences du baron. Et puis, je suis sous la protection des moines d'Athos; j'en appellerai à leur pouvoir, et c'est dans leur asile que j'irai me réfugier.

— Asile pour asile, celui-ci vaut le couvent d'Athos, Goïta, et ce qui me fâche c'est que vous n'avez pas confiance en moi.

— Croyez-vous qu'il ne m'eût pas été facile d'abuser de vous, de vous mettre en péril, de corps et d'âme, si j'avais voulu....

— Ne suis-je pas le maître, le seul maître ici; car, voulant périr sous les ruines de ce castel, toutes les existences qui sont derrière nos murailles sont à ma merci?

— Oh! Roux, cessez de vouloir vous détruire et de vouloir tout détruire; revenez à d'autres pensées, revenez à Dieu. C'est mon souhait en reconnaissance de ce que vous ferez de bien pour moi.

Mais ne croyez pas que je n'aie pas confiance en vous. Vous me témoignez, à moi, pauvre fille persécutée et navrée, une bonté que je ne pensais pas rencontrer auprès de mon cruel ravisseur le baron. Aussi, je vous en remercie, et ne pouvant que prier pour m'acquitter, je prierai, croyez-le, et Dieu vous fera miséricorde.

— Bien, Goïta. Vos paroles me touchent, et ce sont les seules douces et bonnes paroles que j'aie jamais entendues; mais, continua-t-il en secouant tristement la tête, toute miséricorde est finie pour moi, et le seul bien que j'éprouve c'est celui que me procure la protection toute désintéressée que je vous témoigne.

Attendez donc le moment propice : je le trouverai prochain et pas dangereux pour vous. Je vous ai promis de ne pas vous livrer au péril ici ou dehors, sachez que je saurai tenir cette promesse. Rassurez-vous et réconfortez-vous.

Ne cherchez pas, cependant, à vouloir quitter cette chambre. Le baron marri et fou est en sûreté dans son appartement, mais les combattants du dehors ne doivent pas vous apercevoir au haut de nos terrasses ni sur la plate-forme des donjons. Dissimulez-vous. Ce sera affaire de quelques jours : patientez, patientez!

Encore une fois la Goïta se rendit aux raisons du Roux et elle se résigna, attendant avec patience le moment bienheureux où elle serait rendue à la liberté et à son fiancé.

Le Roux exhorte la Goïta à la patience.

VI

L'arrivée du messager seigneurial, blessé ou déjà mort, mais étendu dolentement sur un brancard, produisit aux portes de Sauveterre une émotion facile à concevoir.

On avait vu, quelques heures auparavant, Enrique Sünhart, le héraut de Gaston-Phœbus, le Basque favori du suzerain, partir plein de jeunesse et d'ardeur, avec le sénéchal de Béarn, pour ajourner devant les pairs béarnais le traître d'Oràas, ou pour déclarer la guerre à Gratian de Castetner, l'assassin des innocents, le ravisseur de vierges, l'allié des ennemis de France, et maintenant le jeune héraut revenait, première victime de cette lutte de suzerain à vassal qui commençait pour se continuer à présent sans trêve ni merci.

Si les soldats de garde à la porte de Saint-Marc et d'Aspis, par où rentra la petite expédition du sénéchal, se gardèrent respectueusement d'interroger celui-ci, ils ne se firent pas faute de questionner les hommes d'armes et les aides qui avaient été requis à la campagne pour transporter Sünhart. La population de ce quartier apprit bientôt tous les détails de ce qui s'était passé au pied du Château Noir. Et comme l'imagination des bonnes gens d'alors était pour le moins comparable au bavardage et à l'imagination de ce qui reste aujourd'hui d'une population autrefois nombreuse et joyeuse dans ce quartier d'Aspis, un peu la cour des Miracles de cette antique cité, on eut bientôt transformé et colporté dans le reste de la ville le fait meurtrier du Château Noir comme un acte entouré de toutes les exagérations et de toutes les vilenies trop longues à redire.

D'ailleurs, tout ce qu'on rapportait du thoron de Mû était accepté comme *monnaie à la vache* (1). A vingt lieues à la ronde, le nom du Château Noir était cité avec terreur dans les conversations des villes, dans les contes de la veillée à la campagne. Il paraît qu'il y avait toujours eu des bandits pour composer la garnison de cette demeure des barons d'Oràas. Ces derniers n'avaient jamais dépassé le renom sinistre qu'en peu de temps s'était acquis le châtelain actuel, Gratian de Castetner, mais on ne tenait pas pour parfaitement chrétiens les devanciers du baron aujourd'hui déclaré rebelle.

Ce fut au milieu d'un cortége de toutes gens, hommes et femmes, plaignant le héraut d'armes et maudissant le baron d'Oràas, que l'expédition du sénéchal arriva aux portes du château de Sauveterre.

Gaston-Phœbus était en ce moment entouré de ses vassaux et de ses lieutenants ; il attendait le retour de la chevauchée de Navailles et le rapport du sénéchal au sujet de la signification de comparaître adressée au félon, lorsque les officiers de service, à l'arrivée du cortége, s'avancèrent précipitamment à la porte pour savoir ce qui se passait, afin d'en instruire le suzerain.

A la vue de la réalité des choses, ce furent des exclamations d'indignation et de fureur de la part de tous ceux qui connaissaient l'affection de Gaston-

---

(1) Un proverbe du moyen-âge, en Béarn, qui signifiait nouvelle vraie et de bon aloi, comme les sous béarnais de Morlàas, qui portaient la *vache du Béarn* des armes du suzerain.

Phœbus pour le jeune Miquelet de Lecumberry, dont il avait fait un officier de sa maison militaire en récompense de son dévouement, de son patriotisme, de son intelligence remarquable des choses de la guerre. Les courtisans voulaient devancer la légitime colère du seigneur, et c'était à qui ferait retentir la voûte d'entrée et les vastes cours du château de Sauveterre de jurons et de défis à l'adresse du Château Noir.

On ferma, comme bien on pense, les portes du palais à la foule, qui avait suffisamment fait cortége au triste brancard du héraut, et la scène du dehors va faire place à celle de l'intérieur.

Le premier qui fut prévenu, c'est le commandant Brasc, le gouverneur de Sauveterre. Il arriva auprès de la civière de Sünhart, et il écartait la foule des serviteurs pour examiner le blessé ou le mort, lorsque Gaston-Phœbus en personne accourut, suivi de tout son cortége de seigneurs.

On se trouvait alors dans la cour principale du château.

Le manteau qui recouvrait le corps du jeune messager fut relevé, et Gaston-Phœbus aperçut la figure presque livide d'Enrique. Il n'était pas mort, mais la souffrance était telle qu'il y avait prostration de tout le corps. A la hâte, deux ou trois chirurgiens de Gaston-Phœbus tâtèrent le pouls, le cœur et les tempes du blessé.... Gaston-Phœbus suivait avec une sollicitude qui frappa toute l'assistance les auscultations préliminaires des chirurgiens ignorants qui étaient la seule ressource médicale de ce temps-là.

Quand le suzerain fut convaincu que le moribond respirait encore, et après avoir entendu le récit sommaire du sénéchal, il ordonna qu'on transportât, avec toutes les précautions possibles, le blessé dans une bonne chambre étoffée du château. Les chambres dites *étoffées* étaient celles réservées à des châtelains et à des châtelaines de passage ou en visite, à des officiers que l'hôte voulait honorer. Elles étaient tapissées de drap de haute lisse, ornées de larges portières en tapisserie, agrémentées de meubles de choix.

Elles étaient particulièrement chaudes, parce que les étoffes et les tapis de fourrure maintenaient une certaine égalité de température. Aux approches de l'hiver, comparées aux autres chambres d'officiers dans un castel, c'étaient de vrais appartements seigneuriaux.

Le vireton qui avait atteint Sünhart dans la région intercostale du dos avait été arraché par le sénéchal et ses hommes d'armes. Le sang avait été arrêté et étanché extérieurement, mais c'était l'hémorragie interne qu'il fallait examiner maintenant, et on devait redouter surtout les lésions graves qu'en cette partie du corps on doit toujours craindre mortelles. Ce fut le premier soin des hommes de l'art, et, dans ces douloureux préliminaires, Sünhart, par l'effet de souffrances inouïes, retrouva la parole et une animation qui, jusqu'à présent, lui avaient fait défaut depuis Oràas. Comme les chirurgiens ne savaient point s'y prendre autrement, ils s'arrêtèrent à l'idée d'une succion. L'un d'eux, Sünhart étant couché à plat ventre, attira le sang, et c'est cette succion qui fit jeter au Basque d'effroyables cris de douleur, dont l'écho retentit dans les corridors du château de Sauveterre. Précisément, les cris proférés paraissaient être à tous un meilleur signe et un favorable augure de guérison. La précédente atonie du jeune homme avait frappé Gaston-Phœbus ; les nouvelles qu'on lui apportait maintenant de la résistance et des cris du Basque rassurèrent le seigneur, mais ne désarmèrent pas sa furie.

C'est que le prince du Béarn était arrivé au paroxysme du courroux, encore bien qu'il ne manifestât point son indignation par des éclats ou des imprécations bruyantes. Pour Gaston-Phœbus il n'y avait plus de formalités judiciaires à accomplir à l'égard des assassins du Château Noir; « la tannière sera échellée et arse ! » telle fut sa seule parole en frappant du poing la table devant laquelle il était assis. Tous les officiers, debout, le commandant Brasc également présent, n'eurent garde de contredire le suzerain; c'eût été peine inutile, au contraire, c'était la certitude d'une disgrâce; mais ils pensaient, d'ailleurs, comme le seigneur; à leurs yeux, les formes juridiques étaient inutiles. Pour les hommes de guerre, ces procédés paraissaient puérils ou inutiles ; à l'égard du baron d'Oràas, ils étaient absolument illusoires. Il fallait combattre, voilà tout.

Mais pour réaliser la menace de Gaston-Phœbus, « la tannière sera échellée et arse, » c'est-à-dire escaladée, emportée d'assaut et brûlée, il fallait autre chose qu'un coup de poing de colère de la part du suzerain. C'est là qu'apparaissait la force du Château Noir : il défiait par sa position les conceptions stratégiques trop hâtives, et ce n'était pas sans être dix fois sûr de sa force que Gratian de Castetner avait levé l'étendard de la révolte. Qu'on renonçât à faire le procès en règle du vassal félon, c'était bien; mais qu'on décidât d'aller mettre incontinent le siége devant le Château Noir, c'était une grossière faute, une imprudence, à tout le moins, et c'est sur la vraie décision à prendre qu'il importait de faire réfléchir Gaston-Phœbus.

L'hôte principal du château de Sauveterre était, on le sait, l'évêque d'Oloron, monseigneur Pierre III d'Esquiron (1), aux conseils duquel on avait adopté, la première fois, l'idée d'une information et d'une citation en forme contre Gratian de Castetner. Il était dans son oratoire du château lorsqu'on vint lui

---

(1) Nommé en 1347, mort en 1370, ou 1369, ancien style, les années ne commençant qu'en mars. L'évêque mourut quelques mois après les événements dont nous parlons.

annoncer la rentrée du messager du seigneur, mort ou blessé par le fait d'une indigne trahison d'Oràas. Avant toute chose, l'évêque se fit conduire auprès du blessé, que les chirurgiens essayaient en ce moment de guérir, mais qu'ils torturaient au point de le faire crier, au milieu de contorsions suprêmes. Sünhart, évidemment, ne fit pas attention à l'arrivée ni à la présence du prélat, qui, après avoir interrogé l'assistance sur la cause et la gravité du mal, se borna pour le moment à faire une courte prière à voix haute, et à laquelle répondirent les clercs qui avaient accompagné l'évêque. Celui-ci se retira, mais en ordonnant qu'on demeurât près du blessé, en cas de crise dangereuse ; « car, dit-il, il ne faut point laisser partir dans l'autre monde sans nos secours spirituels l'âme de cette victime du dévouement. »

Alors monseigneur Pierre III descendit vers les grandes salles, dans l'une desquelles se trouvait Gaston-Phœbus entouré de ses lieutenants.

Le comte de Foix se leva pour marcher au-devant de l'évêque; il lui offrit un siége à coussins et à haut dossier; il reprit lui-même son siége devant la table chargée de parchemins. Naturellement, les premières paroles échangées entre les deux hauts interlocuteurs furent inspirées par l'événement, et Gaston-Phœbus ne cela rien ni de sa colère, ni de ses résolutions définitives à l'égard du Château Noir.

L'évêque d'Oloron n'avait guère d'objections à faire à ces déterminations du suzerain, du moment que le rebelle s'interdisait lui-même les chances d'une procédure en règle. Il conseilla seulement à Gaston-Phœbus la prudence et la magnanimité à l'égard de ceux des vaincus éventuels qui ne seraient pas directement complices des crimes ou de la rébellion du vassal d'Oràas. En ce qui concernait le héraut si piteusement blessé, l'évêque ajouta :

— J'ai prié pour ce jeune serviteur, et je donne l'ordre aux clercs du manoir de faire pour le blessé, en cas d'agonie et en cas de mort, tout ce que notre religion prescrit pour les bons chrétiens et les bons serviteurs.

— J'espère bien, monseigneur, que le Bascot n'en mourra pas ! (le Bascot était le nom familier que Gaston-Phœbus donnait à son héraut) un vireton sur selle ne mène pas au jugement dernier. Cependant, il est grièvement touché, mais j'espère qu'il sera bientôt guéri.

— Dieu le veuille, cher comte ! En attendant, puisque vous décidez que la *cour majour* ne se réunira pas, je prendrai congé de vous pour une semaine. Je retournerai cette après-midi à Oloron. Je visiterai ce soir Navarreux, où des intérêts spirituels m'appellent; demain je serai rendu à mon siége épiscopal, et, sur mon passage comme à Oloron, je publierai mandement pour vous, noble sire, afin que vos officiers, vos vassaux, vos serviteurs à tous les degrés, se rendent à Sauveterre, pour combattre ou vous assister.

Le comte de Foix, qui était enchanté de n'avoir plus à s'occuper d'un procès à intenter à Gratian de Castetner, et qui ne voulait point être contenu par la présence de l'évêque, s'empressa de donner congé à celui-ci, en lui demandant toutefois d'être de retour à Sauveterre ou à Orthez après la soumission du Château Noir et la capture de Gratian, mort ou vif.

— Je serai présent à votre conseil, cher comte, lorsque les événements seront accomplis à votre souhait.

L'évêque se leva pour donner des ordres particuliers dans les appartements qu'il occupait au château. Gaston-Phœbus ordonna à son lieutenant Brasc, gouverneur de Sauveterre, de faire préparer l'escorte de monseigneur Pierre III.

Tout cela s'exécuta en moins d'une heure. Quand l'évêque fut prêt à partir et à monter sur sa mule, ce fut le comte de Foix — selon l'usage courtois des barons laïques à l'égard des dignitaires de l'Église — qui s'avança pour tenir l'étrier au prélat. Celui-ci donna son anneau à baiser au seigneur de Béarn, mais Gaston répliqua :

— Pas encore, monseigneur; souffrez que je commande votre escorte jusqu'au delà des ponts et jusqu'à la plaine de Saint-Gladie.

L'escorte épiscopale se doubla ainsi du cortége seigneurial, et pendant la chevauchée l'évêque parut approuver le plan que lui développait Gaston-Phœbus.

— Toutes propositions qui me viendraient du Château Noir, je ne dois pas les accepter, c'est bien votre avis, monseigneur ? disait le comte.

— Je pense ainsi, répondait le prélat. — Du reste, continuait-il, l'accueil criminel qui est fait à vos envoyés doit vous commander la circonspection, et vous ne devez accueillir que le coupable lui-même se rendant à merci à son suzerain, pieds nus, la corde au cou et le cierge en main.

— Je suis heureux, monseigneur, d'un avis qui correspond avec mes résolutions, car tout ce qui ira au Château Noir, tout ce qui viendra de ce repaire maudit, je le tiens pour cause ennemie; mais je vous promets de réserver le châtiment suprême, si le félon tombe vivant entre mes mains, jusqu'à la réunion des principaux du Béarn.

La troupe étant arrivée à Saint-Gladie, on se sépara, et alors Gaston-Phœbus baisa respectueusement l'anneau épiscopal de l'évêque. Le cortége du comte de Foix reprit le chemin de Sauveterre par le faubourg d'Oreïte et le magnifique pont romain qui reliait ce faubourg de la plaine avec la ville haute, à travers les deux bras du Gave. Ce pont, qui fut détruit au xvie siècle par le prince d'Orange, lors de la guerre de Charles-Quint contre la Navarre française, ne présente, à l'heure qu'il est, que de faibles vestiges. Telles qu'elles sont, néanmoins, ces belles ruines, sur la rivière qui sert de fossé méridional à la ville de Sauveterre, sont de nature à appeler le touriste et à solliciter l'attention de l'archéologue. Toute la ville de Sauveterre de Béarn est d'ailleurs, à l'heure qu'il est, un véritable livre de pierre, et à chaque pas la science s'y trouve vivement captivée.

VII

Cependant l'état d'Henrique Sünhart, au lieu de s'améliorer, présentait des symptômes alarmants.

On ne put cacher à Gaston-Phœbus, qui s'enquérait, au retour de la conduite faite par lui à l'évêque d'Oloron, de la situation réelle du blessé, combien le jeune messager seigneurial était en triste position. Les chirurgiens ne répondaient de rien. Le comte de Foix monta à la chambre du malade. Celui-ci ne reconnut personne, tant la souffrance avait annihilé ses facultés. Par moments, un rugissement rauque s'échappait de la poitrine du blessé ; c'était l'excès de la souffrance qui faisait violence à l'excès de la jeunesse et de la santé ; puis c'était tout, et l'atonie et la prostration reprenaient le dessus.

Très-vivement affecté, Gaston-Phœbus sentait se réveiller en lui sa colère, et il n'y avait trêve ni repos dans son esprit tant que le Château Noir ne se trouvait pas cerné et vivement attaqué. Il redescendit dans ses appartements, attendant la chevauchée de reconnaissance faite par Manault de Navailles. Elle devait décider des opérations du lendemain.

Navailles approchait cependant, et il était déjà quelque peu tard. Mais le gouverneur de Sauveterre avait pensé que les chevaliers avaient fait le tour du pays par Oràas, Belloc, Salies, Orion et Sauveterre, vaste ellipse de six à sept lieues qui ne pouvait permettre à la chevauchée d'être de retour à Sauveterre que dans la soirée. Gaston-Phœbus attendait avec impatience, lorsque enfin le cor retentit du côté de la porte de Mont-Réjau (1) ou Mont-Royal, par où pénétrait dans la cité l'expédition de Manault de Navailles.

Les moines se trouvaient au milieu des chevaliers. L'expédition avait accompli sa ronde dans les campagnes et à travers les bourgs que nous venons de citer, mais les religieux s'étaient bornés constamment à suivre avec docilité la chevauchée, à réciter leurs chapelets ou leurs prières, enfin à converser de choses banales entre eux, pendant que les chevaliers fouillaient le pays ou s'abouchaient avec les populations.

Pendant la halte de Salies, on cessa de se traiter en ennemis. Le chef de l'expédition, Manault de Navailles, engagea les moines à manger avec tout le monde en une sorte d'hôtellerie qui se trouvait non loin de la *fontaine salée*.

La fontaine salée de Salies de Béarn était alors un cloaque assez profond formé par l'éruption permanente d'un filet d'eau salée. Salies est bâtie sur un sol qui recouvre une vaste couche de sel gemme constamment lavé par les eaux souterraines qui viennent sourdre à chaque pas. Des maisons se sont bâties sur des sources de cette nature. Il y avait autrefois autant de maisons principales que de puits d'eau de sel. Les propriétaires tiraient un fort revenu de la cuisson de ces eaux salées. Au temps de Gaston-Phœbus, un privilége spécial constitua les habitants de Salies propriétaires-bénéficiaires des eaux salées de la ville. Chaque ménage légitime avait droit à une quantité déterminée d'eau puisée à l'étang principal. Il fallait être marié (2). Les veufs et les veuves participaient au même droit. Les habitants cuisaient le sel, et le vendaient ensuite dans les marchés et foires des pays d'alentour.

Cet usage s'est perpétué jusqu'à nos jours. La ville de Salies est propriétaire des eaux salées ; elle exploite la fabrique de sel et les bains qui ont été construits dans l'enclos toléré par la régie des contributions indirectes (3). Lorsque le produit de ces diverses exploitations est supérieur aux dépenses (et ce produit est toujours supérieur), le surplus est partagé en argent entre les familles riches ou pauvres de Salies de Béarn, et la caisse municipale trouve dans ce revenu le plus clair de ses ressources budgétaires.

Il nous a paru intéressant d'intercaler ce détail, tout étranger à notre roman, dans ce livre qui retrace surtout les mœurs d'un autre âge, parce qu'il est

---

(1) Aujourd'hui Montrejeau, colline qui domine la place royale de Sauveterre de Béarn.
(2) Ce qui fait qu'il y avait de très-jeunes ménages et, par conséquent, une nombreuse population.
(3) Ces bains sont assez salutaires pour que les plus faibles y aient retrouvé en leur jeune temps des forces et une santé durables. L'auteur de ce livre peut l'affirmer *de actu*. En ce moment, mademoiselle Deslée, l'éminente artiste du Gymnase de Paris, s'y rétablit à vue d'œil.

Le sénéchal fait transporter Simbart chez les campagnards d'Orsas.

assez original de retrouver en plein exercice, en nos temps, une coutume et des droits « issus d'un privilége féodal. » Ajoutons que les puits particuliers sont fermés depuis 1846. La fontaine salée, bâtie sur l'ancien étang, est sous la surveillance de la régie. Les touristes qui voudront visiter Sauveterre de Béarn, la première *marche noble* de la Navarre française, où Philippe le Bel, Louis XI et Charles-Quint trouvaient qu'il faisait « bel air et gentil séjour, » ne manqueront pas de traverser Salies de Béarn pour trouver en pleine activité l'usage qui a fait l'objet d'une digression dans ce récit.

Après s'être réconfortés à Salies, et la tournée accomplie, on rentra le soir à Sauveterre.

La chevauchée de Manault de Navailles s'arrêta au centre de la cité, en un vaste bâtiment militaire qui confinait aux remparts du nord, au point même qu'on remarque aujourd'hui encore d'après un reste des anciens fossés, sur la route nationale qui conduit à Pampelune. Sauveterre de Béarn présente encore dix ou douze ruines des plus importantes sur lesquelles la ville actuelle a été bâtie et rebâtie. Ces ruines sont toutes des établissements militaires : casernes féodales, arsenaux, écuries des xve et xvie siècles, magasins de toutes sortes, qui entouraient la forteresse principale, le Château (1), dominant au sud la merveilleuse et incomparable vallée du Gave et faisant face à la chaîne des Pyrénées; un panorama dont Lamartine a dit : « C'est la plus belle vue de terre, comme Naples est la plus belle vue de mer (2). »

Le chef de l'expédition donna des ordres pour que les moines furent gardés à vue jusqu'à décision du suzerain. Les chevaliers, après avoir laissé les chevaux à leurs serviteurs, se retirèrent en leur logis, sauf Manault de Navailles et Foucault d'Orteri, qui se rendirent auprès de Gaston-Phœbus pour lui faire le rapport de la journée.

Après la révérence des deux chevaliers, Gaston, brusquant les préliminaires, s'écria :

— Mais, Navailles, vous avez fait une bien longue chevauchée. Pour sûr, vous avez poussé une pointe jusqu'à Orthez. Il nous tarde d'avoir votre rapport, car il y a hâte et il faut agir !

Manault raconta point par point tous les détails, toutes les observations de la chevauchée. Arrivé à l'affaire des moines, et comme il cherchait à s'excuser d'avoir gardé comme prisonniers des hommes revêtus de l'habit religieux :

— Très-bien fait, Navailles ! répondit vivement le comte de Foix. Ce sont des espions, des misérables, des traîtres. Ils ont pris le froc pour mieux leurrer. Nous les brancherons avec du chanvre solide. Tout ce qui vient du Château Noir, tout ce qui y va, est notre ennemi. C'est aussi l'avis de l'évêque d'Oloron, qui nous a quittés pour quelques jours, qui approuve tous mes projets et qui m'a donné absolution d'avance. Où sont les frocards ?

---

(1) Le château de Sauveterre est la propriété de M. le marquis de Nolivos, qui l'habite avec sa famille. L'auteur du *Château Noir* a passé son enfance dans cette ancienne demeure, qui est un des plus magnifiques restes féodaux du Béarn.

(2) C'est du panorama de Pau, vu de la place royale du chef-lieu des Basses-Pyrénées, que Lamartine a dit ces paroles; mais elles ont été appliquées avec raison au panorama de Sauveterre qui a les mêmes lignes, les mêmes échappées, les mêmes plans antérieurs, les mêmes perspectives lointaines, la même vallée du Gave que le panorama de Pau. Sauveterre avec ses ruines jusque dans le torrent frappe davantage, Sauveterre est plus beau.

— Je les ai laissés au logis d'armes sous bonne garde, en attendant votre décision. Mais permettez-nous, monseigneur, de vous déclarer, en loyaux chevaliers, que ces deux moines nous ont paru animés des meilleurs sentiments pour votre nom, pour votre cause et pour la cause de la France.

— Connu! connu! riposta Gaston. C'est bien là le langage des traîtres, et vous vous y laissez prendre, vous, Manault, et toi, d'Orteri!

— Monseigneur, reprit le second chevalier, qui était debout à côté de Navailles, je vous demande la permission d'ajouter à ce que vient de rapporter notre chef de chevauchée que, ayant conversé particulièrement avec les moines, je me suis aperçu que j'avais affaire à des hommes d'un savoir extraordinaire, doctes parmi les doctes. Ils viennent de France, parlent de monseigneur le roi et de Philippe de Bourgogne comme s'ils avaient vécu constamment dans l'entourage de ces puissants personnages. Ils se disent chargés de vœux pour Saint-Jacques de Compostelle et d'une ambassade pour vous, monseigneur, et pour les grands barons du Languedoc.

— Ah çà, mais que diable allaient-ils donc faire au Château Noir? Et ici Gaston se leva impatienté, intrigué par ce qu'il venait d'entendre. Où le démon de la conspiration a-t-il donc saisi Castetner pour qu'aussitôt vendu à la révolte et à l'enfer, ce traître se soit aussitôt trouvé en rapport avec mon satané beau-frère de Navarre, avec les Anglais, et maintenant avec des envoyés du roi et du duc de Bourgogne? Tout ceci est de la magie! Et, en attendant, nous nous laissons berner par un banneret de campagne qui met en ce moment le Béarn en mouvement, qui m'a fait brûler la moitié de Belloc et qui me coûtera le sang et le meilleur de mes sujets. Savez-vous, vous autres qui êtes émerveillés des frocards du Mû, que de ce maudit repaire, dont il ne restera pas avant peu, je le jure par le Dieu vivant, moellon sur moellon, savez-vous que, du Château Noir, un vireton a traîtreusement atteint mon héraut d'armes au moment où il allait signifier ma citation et mon cartel, et que le brave Bascot expire peut-être en ce moment?

Les deux chevaliers, qui n'apprenaient cette nouvelle que de la bouche de Gaston-Phœbus, demeurèrent interdits, et ils n'osèrent plus parler des moines avec des éloges trop prononcés. Ils se bornèrent à ce qu'ils en avaient dit.

Navailles s'inclina et dit alors à Gaston-Phœbus:

— J'ai donc bien fait, monseigneur, de garder comme prisonniers ces deux chevaucheurs de Saint-Bernard?

— Très-bien fait, et j'ordonne qu'en sortant du castel vous alliez les confier aux cellules basses du couvent de Pannecau, en les recommandant comme prisonniers dont ils me répondront, d'ailleurs, aux cordeliers de Sauveterre. Qu'on les mette au pain et à l'eau S'ils sont de vrais moines, ils n'en auront la voix que plus claire pour chanter matines; s'ils sont espions déguisés, ça les préparera à une diète que je rendrai éternelle. Allez ! et au souper de minuit vous vous trouverez ici, tous les chevaliers chefs, pour arrêter l'expédition de demain.

Manault et Foucault se retirèrent, encore impressionnés par ce qu'ils venaient d'entendre, à savoir l'acte de basse traîtrise du Château Noir, dont le jeune messager d'armes de Gaston-Phœbus avait été la victime.

Ils furent bientôt au courant de ce qui s'était passé par ce qu'ils entendirent de la bouche des autres officiers de service au château. Ils plaignirent sincèrement le jeune Miquelet, parce qu'ils avaient, comme le suzerain, apprécié le courage intelligent et généreux de ce Basque, allant et venant, à travers les montagnes et à travers les lignes françaises, anglaises et navarraises, pour porter à Duguesclin, en Castille, les avis et les nouvelles de France et de Gaston-Phœbus. Enrique Sünhart s'était fait aimer des officiers béarnais par sa belle et franche nature, par son mépris de la mort et par sa haine pour tout ce qui était l'ennemi de son pays. Il se savait protégé de Gaston-Phœbus, et jamais il n'abusa de cette faveur exceptionnelle. Il était le serviteur d'armes de l'armée béarnaise, et il avait autant de déférence pour les lieutenants de Gaston-Phœbus qu'il avait de dévouement et de reconnaissance pour le suzerain.

Si l'ordre n'avait pas été donné d'empêcher les visites intempestives à la chambre du blessé, Manault et Foucault d'Orteri auraient, avant de sortir du palais seigneurial, demandé à voir Sünhart, mais devant la consigne sévère ils se retirèrent.

Les moines attendaient toujours dans le logis d'armes la décision du suzerain à leur égard. Navailles et Foucault arrivèrent à la fin, et, sans plus d'explications, signifièrent aux deux religieux de les suivre jusqu'au couvent des cordeliers de Sauveterre.

Roger et Amaury obéirent, persuadés qu'ils seraient traités avec égards par des religieux, et que, sans trop tarder, ils pourraient être admis à l'audience du suzerain de Béarn.

Les cordeliers de Sauveterre occupaient, à l'est de la porte et du chemin de ronde dits de Guinarthe, un vaste emplacement fortifié sur les ruines duquel, au xviie siècle, fut réédifié l'établissement religieux, aujourd'hui belle habitation bourgeoise, qui s'appelait tout court le Couvent. Les ruines de la chapelle des cordeliers sont à deux cents mètres du cloître de nos jours. Ces ruines font remonter la construction à la fin du xiiie siècle (1).

Lorsque les chevaliers se présentèrent à la porte du couvent, le portier ne donna l'entrée que sur l'ordre formel de Gaston-Phœbus répété par les seigneurs. Il fallut attendre au parloir l'arrivée du prieur, qui, précédé de deux fallots, se présenta bientôt devant les chevaliers, et s'excusa d'avoir fait attendre.

Alors Manault de Navailles prit ainsi la parole devant les deux moines immobiles et le prieur attentif. Quelques franciscains étaient en arrière, éclairant la scène avec les fallots dont nous avons parlé.

— Révérend père, par ordre de monseigneur le comte de Foix et de Béarn, nous venons mettre sous votre spéciale garde ces deux hommes qui portent l'habit de religion, qui se disent de l'ordre des bénédictins, mais que nous avons rencontrés à cheval descendant du Château Noir, décrété de félonie et que nous allons incessamment combattre.

Sans nous arrêter, sans vous arrêter aux raisons et explications de ces deux prétendus religieux, la volonté de monseigneur est que ces nouveaux venus, suspects quant à présent, amis ou ennemis selon l'examen ultérieur qui sera fait de leur identité et de leur mission, est, dis-je, que vous leur donniez logis de pénitence avec collation de jeûne. Monseigneur avisera.

A ces paroles, Roger et Amaury se regardèrent, comme pour se consulter afin de voir qui protesterait le premier... Ce traitement, qu'ils considéraient avec raison comme inique, ils n'en prévoyaient pas l'issue, car ils n'ignoraient point qu'en ces temps-là une prison conventuelle était égale, sinon pire que l'oubliette d'un castel. Le logis de pénitence avait pour eux une signification terrible. C'était la cellule nue, froide, étroite, sous terre, sans lit, sans escabeau, sans paille comme dans les cachots vulgaires... Ils demeurèrent pétrifiés.

Le prieur s'inclina, dit qu'il serait fait selon la volonté du suzerain; et, quand Roger voulut enfin parler, le prieur fit un signe qui ordonnait le silence.

Alors se tournant vers Manault et d'Orteri, Roger leur dit :

— Du moins, messeigneurs, ne nous oubliez pas, il y va du salut de la France, et pour la cause de la France nous souffrirons ce procédé de suspicion, en nous souvenant des tortures de notre Seigneur Jésus-Christ.

Les chevaliers ne dirent mot; ils se retirèrent en silence et les moines suivirent deux religieux qui les conduisirent dans les cryptes du cloître, où se trouvaient quelques cellules basses. Une cellule fut donnée à chacun des

---

(1) Les cordeliers ou *frères mineurs* sont des religieux de l'ordre de Saint-François. Ils furent ramenés de Palestine par saint Louis. Ils portaient une ceinture en corde terminée par trois nœuds.

nouveaux venus, et Roger et Amaury se donnèrent un regard de consolation, ne pouvant pas se donner le baiser de paix. Une jarre d'eau et un morceau de pain leur furent donnés.

Roger et Amaury étaient réellement en prison.

VIII

La position des moines était critique. En ce temps-là, un homme en prison y pourrissait très-souvent avant d'avoir vu les instructeurs de son procès, — si procès il y avait. C'était une façon sommaire de se débarrasser des gens que de les mettre au secret, et, lorsque les choses marchaient régulièrement, un geôlier portait le pain et l'eau au patient, avec une gerbe de paille qui lui servait de fumier plutôt que de lit. Dans ce cas, — c'était le tolérable dans le pire, — un prisonnier pouvait espérer revoir la lumière des hommes après quelques années d'angoisses, de souffrances et d'ulcères. Il arrivait qu'on s'était tout à coup souvenu de lui et que le geôlier s'était volontiers intéressé à sa victime. Dans le cas contraire, le patient devançait la justice des hommes, il se cognait la tête contre les murs, et s'en allait dans un monde meilleur.

Telles étaient les prisons particulières des juridictions seigneuriales. Au château comme au couvent, la prison était à redouter. La pitié ne dominait pas à ces époques, où les hommes étaient si durs à eux-mêmes, si implacables à l'égard des autres; le prisonnier ne pouvait sortir vite ou sain et sauf de son cachot que lorsque l'intérêt le commandait ainsi à ses juges ou à ses persécuteurs.

Cependant le cas des religieux mis au secret ne pouvait pas risquer de devenir aussi lamentable. Évidemment, si Gaston-Phœbus ne manifestait pas le désir d'entendre ceux qu'il suspectait ou qu'il considérait comme espions, Roger et Amaury risquaient fort de demeurer longtemps en « logis de pénitence, » et ce n'était certes pas des cordeliers qu'ils devaient attendre un appui ou un acte de fraternelle commisération. Dans les ordres monastiques, il y avait (nous ne voulons pas parler des temps modernes) des jalousies féroces, des haines insensées. Les bénédictins surtout, à cause de leur antique origine, de leur illustration comme travailleurs, savants prédicateurs autorisés, étaient l'objet d'une basse envie de la part des *ordres mineurs*, surtout, où l'ignorance était en honneur, tandis que la science et les vastes connaissances étaient le partage des disciples de Saint-Bernard.

Tenir un bénédictin en chartre privée, c'était une pieuse satisfaction pour les moines de Saint-François. Et, si c'était par ordre supérieur du chef religieux ou laïque, le plaisir en devenait d'autant plus grand que l'on n'était plus responsable de la torture exercée contre la victime.

Les cordeliers de Sauveterre et d'Orthez devaient à Gaston-Phœbus une grande reconnaissance; le comte de Foix les avait dotés de revenus et de métairies sans nombre. Aussi servaient-ils le suzerain en prières et en souhaits autant que celui-ci pouvait le désirer. On était bien plus enchanté encore de lui garder en cachot quelque prisonnier suspect, et surtout des gens surpris sur les grands chemins, à cheval et avec l'habit de Saint-Bernard. Cette satisfaction intime éprouvée par les cordeliers n'échappa point à l'observation rapide et perspicace du moine Roger, car ce dernier savait très-bien que le prieur d'un couvent a toute autorité, dans l'enceinte du monastère, pour exercer à l'égard de qui que ce soit sa charité, sa justice, malgré tous les ordres qu'on pourrait lui transmettre du dehors. Mais il se garda d'en rien dire, puisque, d'ailleurs, le prieur avait défendu d'un signe toute observation, toute protestation.

Quand il fut enfermé dans sa cellule de pénitence, Amaury étant également verrouillé dans une cellule séparée, Roger fit toutes les réflexions que nous venons d'écrire, et il aurait plaint son sort et celui de son compagnon, s'il n'avait eu le ferme espoir que les chevaliers béarnais, Manault de Navailles et Fonçault d'Orteri, rappelleraient à Gaston-Phœbus la situation qui leur était faite sans examen et sans motif sérieux.

Chacun des religieux s'arrangea tant bien que mal dans sa prison nue et froide. Le pain et l'eau formèrent leur seul repas du soir. Ils y firent honneur en silence, et, après leurs prières mentales, ils se couchèrent sur la dalle dure. Ce fut pour eux sans doute une occasion d'offrir ce gage de pénitence au Dieu que, la veille, ils s'accusaient tout haut d'avoir courroucé par leur conduite antérieure.

Comme l'avait prévu le moine Roger, la conversation, pendant la conférence qui eut lieu à minuit au château de Sauveterre, tomba sur ces singuliers émissaires surpris en froc et à cheval le long des pentes du Mû.

Le chevalier de Navailles rendit compte de ce qu'il avait fait, conjointement avec le chevalier d'Orteri, au couvent des cordeliers, où les moines étaient enfermés jusqu'à nouvel ordre.

Gaston-Phœbus ne dit mot, et sembla approuver la mesure de rigueur ordonnée, d'ailleurs, par lui. Il ne parut pas manifester le désir de faire interroger ces émissaires, et il mit la conversation sur la question urgente, c'est-à-dire sur la nécessité d'attaquer dès le lendemain le château fort d'Oràas.

Ici, ses lieutenants objectèrent que le siège en règle allait nécessiter l'emploi de machines, de balistes, de catapultes, pour lancer des pierres et pour rouler des madriers susceptibles de défoncer les poternes, herses et ponts-levis. Depuis le siége de Cazère, contre d'Armagnac, les machines de l'armée de Gaston-Phœbus étaient restées à Morlàas. Il fut décidé que cent paires de bœufs seraient réquisitionnées afin d'aller chercher ces lourds engins de guerre et de les traîner jusqu'au pied du Château Noir.

On traça sur un parchemin la ligne de circonvallation de la forteresse assiégée, et Gaston-Phœbus assigna lui-même les postes d'observation et de combat. Un mandement fut préparé pour appeler, pendant vingt jours, au service de guerre tous les ouvriers terrassiers, les charpentiers, les forgerons, afin de creuser les fossés de la circonvallation et d'élever les palissades d'un blocus complet et rigoureux.

Dès le lendemain, l'armée seigneuriale fut destinée à aller camper partie dans la plaine d'Escos, à l'ouest du Château Noir, partie dans les châtaigneraies de Carresse, au nord, partie à Oràas, à Athos et à Aspis, au sud et au sud-est.

Ces dispositions prises, le suzerain ordonna qu'on servît le repas du soir, qui eut lieu sans apparat et sans ménestrels, puisqu'il y avait un moribond au château. Après le souper, les lieutenants prirent congé du comte de Foix, pour être dès le lendemain sur les champs, à la première heure du jour, 7 heures. On entrait en plein hiver.

L'armée béarnaise était forte en nombre et parfaitement équipée. Elle se composait des contingents nationaux de Béarn, de Bigorre et de Foix, de volontaires de France, d'Armagnac, de Languedoc et de Navarre. Gaston-Phœbus avait donné à ses forces militaires une organisation d'armée permanente, et il est utile de faire remarquer ici que, seul des grands seigneurs du xive siècle, Gaston-Phœbus a le premier organisé et possédé une armée permanente. Charles VII, soixante ans après le comte de Foix, dotait la France d'une semblable institution. Jusqu'à Charles VII, en effet, les armées se recrutaient par l'appel du suzerain au vassal, de celui-ci aux seconds vassaux, et de ces derniers enfin aux serfs. Le premier ban comprenait les chevaliers et

Manault de Navailles, partant en patrouille, quitte Sauveterre de Béarn à la tête de sa chevauchée.

écuyers avec des mercenaires; l'arrière-ban, comprenait les milices des communes, les hommes de la glèbe, etc. Tous les vassaux devaient le service au suzerain immédiat. Quand le roi appelait le ban et l'arrière-ban, tous les chefs de fiefs laïques ou ecclésiastiques convoquaient tous leurs sujets nobles et non nobles. Une fois la guerre terminée, les troupes étaient licenciées, et il ne restait comme forces armées que les mercenaires, originaires de tous les pays, qui battaient la campagne et désolaient, sous le nom de *grandes compagnies*, tous les pays sur lesquels elles s'abattaient.

Gaston-Phœbus préserva son pays de ce fléau.

Il tenait ses hommes sous les armes, ne conservant pendant la paix que les seules troupes indispensables. Mais tenant les autres sous le coup d'un appel. Aussi, quand le comte d'Armagnac, voulant disputer à Gaston-Phœbus ses états de Bigorre, croyait trouver le comte de Foix sans armée, celui-ci arriva le premier sur le champ de bataille de Launac, parce qu'il avait rappelé de leurs foyers des soldats déjà aguerris et prêts au moindre signal. D'Armagnac fut vaincu et fait prisonnier. Au siége de Cazère, Gaston-Phœbus se montra avec de nombreux bataillons, et la ville ne résista pas longtemps à de telles forces. Encore une fois d'Armagnac, précédemment délivré, fut vaincu et pris. Au passage des Anglais, le Béarn dut son salut à la magnifique organisation de l'armée béarnaise, et c'est cette armée qui va maintenant former le siége du Château Noir et battre les forces du baron rebelle, quels que soient les soutiens qu'il cache derrière ses remparts.

Pour compléter ces détails historiques, ajoutons que la fortune de Gaston-Phœbus était évaluée à quatre millions de florins de son temps, qui, aujourd'hui, représenteraient plus de cent vingt millions de notre monnaie. Cette fortune et des revenus larges et réguliers lui permettaient de gouverner avec largesse, comme aucun prince en son temps, roi ou duc, ne gouverna.

Lorsque le trésor de la France avait dû payer le premier terme de la rançon du roi Jean, prisonnier d'Édouard III, soit six cent mille écus d'or sur trois millions d'écus d'or, qui nous étaient imposés par le désastreux traité de Brétigny (1360), on ne trouva pas dans la cassette royale cette somme, qui correspondait, il est vrai, à soixante millions de livres parisis; et lorsqu'on songe qu'un bourgeois de Paris tenait alors bon état de maison avec trente-deux sous parisis par jour, on devine à quelle somme fabuleuse correspond, de nos jours, l'ensemble de la rançon de guerre que nous dûmes payer aux Anglais : trois millions d'écus d'or (1)! Aussi le roi Jean dut-il vendre (c'est le mot) sa fille Isabelle, une fille de France, à Galéas Visconti, duc de Milan, fils et frère d'aventuriers de la pire espèce. Ce fut Galéas qui donna les premiers six cent mille écus, pour que le roi, devenu

(1) Cela représentait trois cents millions de livres parisis. Cette somme au XIVe siècle représentait un milliard et demi de nos jours.

libre, pût débarquer à Calais. Par cet exemple, et par une foule d'autres que nous pourrions citer, nous démontrons que la fortune n'était pas précisément du côté de la couronne et que Gaston-Phœbus était par conséquent le plus riche seigneur de France.

IX

Tandis que le repaire du baron Gratian de Castetner était étroitement bloqué par les travaux de circonvallation établis par l'armée du suzerain, Gaston-Phœbus, en attendant l'achèvement de ces travaux, s'inquiéta de l'état de Sünhart, et, deux jours après le départ des troupes pour le siége du Château Noir, il se trouvait assis au chevet de son messager d'armes.

Enrique était mourant. Il reconnut néanmoins son puissant protecteur, qui lui faisait l'honneur de venir s'enquérir en personne de la gravité de son mal. Le comte de Foix fut vivement affecté de la mort trop tôt inévitable de ce jeune homme naguère plein de vie et de santé. Les ignorants chirurgiens du comte déclaraient ne pouvoir rien faire pour arrêter la fièvre qui s'était ajoutée aux complications de la blessure; car, en arrachant la flèche, une dent de la pointe acérée était restée dans les reins et avait provoqué dans cette partie de l'organisme des ravages mortels. Alors la science chirurgicale était rudimentaire. Une extraction d'éclat de lance n'était pas permise, parce que, jusqu'à André Vésale en 1540 (1), l'attouchement et l'étude

(1) André Vésale, de Bruxelles, premier médecin-chirurgien de Charles-Quint et de Philippe II, qui se l'attachèrent à la suite des brillants succès obtenus par ce grand initiateur de l'art médical. Après avoir enseigné l'anatomie à Paris, à Louvain, à Bologne et à Pise, Vésale fit tomber le préjugé qui consistait à déclarer en état de péché mortel tout praticien opérant sur un cadavre. Luttant contre ce préjugé, bravant tous les dégoûts, tous les dangers, Vésale passait des jours entiers au cimetière des Innocents et sous le gibet de Montfaucon, disputant aux oiseaux de proie les restes des suppliciés afin d'en faire la dissection anatomique. Pour la première fois et grâce à ses efforts, les organes de l'homme se trouvèrent décrits, tandis que jusque-là on s'était contenté d'anatomiser les singes, les porcs et autres animaux dont la conformation interne était réputée semblable à celle de l'homme. C'est ce qu'on appelait opérer *in animâ vili*. La réputation de Vésale devint universelle. Sa faveur auprès du fils de Charles-Quint ne le préserva pas de l'Inquisition.

anatomique du corps humain, mort ou vivant, étaient considérés comme des sacriléges. Lorsqu'un soldat tombait, sur le champ de bataille, blessé aux bras ou aux jambes d'un coup d'estoc ou de taille, l'amputation se faisait sur place, quand on le pouvait, et par les soins des camarades. Un coup de dague ou l'office du coutelas suffisaient.

On arrêtait ensuite l'hémorragie avec des plaques ou des bandes de cuir enduites de poix. Des frictions de vinaigre relevé de piment et d'épices constituaient une sorte de baume de fier-à-bras sous l'action duquel le membre le plus inerte devait nécessairement tressaillir, ne fût-ce qu'une seconde. Et c'était tout. Les blessés sérieux n'avaient qu'une seule chose à souhaiter, la mort. A défaut de la pitié des hommes pour les achever, les loups faisaient la besogne en venant dévorer, encore vivants, ceux qui ne pouvaient plus bouger et qui étaient abandonnés sur un champ de bataille.

On comprend, dès lors, que Sünhart ne pouvait plus guérir. Du moment que les médecins qui l'entouraient n'avaient pas à pratiquer la saignée traditionnelle ou à employer les émollients, les fumigations et les cataplasmes, alors la science restait muette, et le malade, si la nature ne le relevait pas, devenait un agonisant.

Enrique avait le délire, qui succédait rapidement chez lui à de courts intervalles lucides.

Gaston-Phœbus entendit les paroles incohérentes, mais parfaitement intelligibles, du pauvre malade. Il prononçait en basque les mots d'amour et de fidélité, les noms de Goïta et de Gaston. Dans son délire suprême, le jeune homme retrouvait le vocable du cœur, celui de l'amour et de la reconnaissance, et le comte de Foix, qui était une nature sensible et généreuse, fut touché jusqu'aux larmes de cette réminiscence des sentiments de Sünhart.

Puis, pour ne pas se laisser aller à une trop grande défaillance devant ceux qui l'entouraient, le comte de Foix se retourna vers l'assistance :

— Voilà, dit-il, en ce garçon, que j'avais bien choisi, l'image de la reconnaissance et de la fidélité. Je veux honorer une fin si noble et des sentiments si sincères, je veux faire célébrer des offices aux cordeliers pour celui qui a

---

Comme l'envie ne pouvait manquer à sa gloire, on prétendit qu'en ouvrant le cadavre d'un gentilhomme, pour découvrir les causes de sa mort, le cœur avait palpité sous le scalpel. Il y avait donc homicide, et Vésale devait payer ce prétendu crime de sa vie. L'Inquisition fut impitoyable, mais Philippe II fut humain, une fois dans son règne ; il fit commuer, par le tribunal de la Foi, la sentence rendue contre Vésale en un pèlerinage en Terre-Sainte, et le célèbre anatomiste, qui avait évité le bûcher, n'échappa point à la tempête. Jeté sur l'île de Zante, il y mourut de faim, en octobre 1564.

souffert en me servant et qui, à l'heure de l'angoisse, sait épeler le nom de ceux qu'il aime : sa fiancée et son seigneur !

Et, se levant, Gaston-Phœbus ôta son chaperon, prit la main du Basque, main déjà refroidie. Il la serra :

— Sünhart! dit-il, que Dieu te fasse grâce là-haut, s'il ne veut pas te laisser ici-bas Tu auras honneur pour ta mémoire. Si tu devais rester parmi les vivants, certes je t'anoblirais ; je t'armerais chevalier, et tu serais digne entre les plus dignes de ma confiance!

Enrique eut alors comme un tressaillement... il sentait la main du prince souverain de Béarn tenant sa main de soldat et de serviteur fidèle... il entendait, peut-être, la parole de ce grand seigneur, illustre entre les plus illustres de son temps, qui lui conférait une sorte de noblesse au lit d'agonie... il voulut parler, que sais-je?... il n'y réussit point : un râle et un sanglot sortirent de la gorge oppressée du mourant, et Gaston-Phœbus sentit que le loyal jeune homme lui avait rendu son âme loyale dans sa dernière poignée de main...

Enrique Sünhart était mort.

Cette fois, le prince ne dissimula plus ses larmes ; le comte de Foix quitta la chambre mortuaire en pleurant, et il commanda en quelques paroles brèves que le château prît le deuil et que tous les exercices bruyants fussent suspendus.

Il se retira dans son appartement et ordonna qu'on le laissât seul.

Gaston-Phœbus resta ainsi enfermé dans son cabinet entre ses deux lévriers fidèles. L'homme qui devait écrire, en un langage élégant pour cette époque, les *Déduicts de la chasse* n'admettait pas, en ces heures de méditations tristes ou de travail épistolaire (car il *écrivait*, et ne dictait pas) d'autre compagnie que celle de ces deux nobles animaux. Ils étaient pour lui l'image de la fidélité muette et constante. Gaston les adorait.

Lorsque le seigneur de Béarn eut donné à la mémoire de Sünhart quelques longs moments de deuil, il appela un officier de son antichambre pour savoir si le pèlerin de Saint-Pé-de-Leren était toujours au château de Sauveterre.

Le *Navarrot* n'avait eu garde de quitter la chaude et grasse hospitalité du palais seigneurial. Dans sa naïve outrecuidance, il se croyait utile, et il se regardait comme un rouage indispensable dans ce grand drame qui se jouait en ce moment dans cette partie du Béarn. Il restait constamment affublé de sa bure de pèlerin et de la pèlerine ornée de coquilles de Saint-Jacques, afin qu'on le distinguât mieux. Les missions qu'il avait remplies lui inspiraient une haute estime de lui-même, et il attribuait à Notre-Dame de Sarrance (1) la faveur dont il était l'objet et surtout les occasions si inattendues qui lui avaient été offertes de se rendre homme en vue. Mais comme il était gourmand et bavard, il affectionnait les offices et la conversation des gens de cuisine. Il faisait bonne chère dans les sous-sols du château de Sauveterre. Les marmitons lui faisaient raconter pour une primeur de ragoût ou un morceau de venaison l'histoire du Château Noir pour la centième fois. Cependant le bonhomme finissait par perdre du prestige dans l'office. Les sacristains de la chapelle du château, autres gens gourmands et bavards affublés du froc des *frères lais*, aiguillonnaient volontiers par la plaisanterie la béate inconscience du *Navarrot*. A la fin celui-ci se fâchait et, quand la malice était trop forte, il résistait au besoin par un emportement comique aux quolibets des gens de cuisine et des frères sacristains. Alors on se levait de table, on repoussait vivement les pichets de vin de Belloc et on se préparait aux coups. Mais les farceurs riaient à gorge déployée, et le pèlerin en était quitte pour une colère rentrée. Mais il était sans rancune : une promesse de bon fricot le rendait doux et soumis.

C'est à la suite d'une de ces scènes grotesques qu'un écuyer du comte de Foix vint chercher, de la part du suzerain, le *Navarrot* tout ébahi d'un tel honneur. Décidément le prestige persistait, et à l'office les plaisanteries cessèrent.

Le *Navarrot* fut conduit auprès du comte de Foix, qui de son cabinet s'était rendu dans une autre pièce où écrivaient ses clercs ou secrétaires; car le prince de Béarn, qui correspondait avec les diverses cours de France et d'Europe et qui faisait transcrire les anciens manuscrits, occupait journellement six écrivains, non compris les comptables de son intendance, qui était admirablement organisée. Ce fut dans cette salle que Gaston-Phœbus reçut debout le pèlerin de Saint-Pé-de-Leren.

Le Navarrot voulut se mettre à genoux à la vue de Gaston-Phœbus qui le mandait, mais le seigneur lui fit signe de se relever, en ajoutant ces paroles :

— Brave homme, on ne s'agenouille que devant Dieu, devant le pape son vicaire, et devant le roi de France son premier chevalier sur la terre.

Il continua :

---

(1) C'était le pèlerinage du moyen-âge. Louis XI, venant à Sauveterre pour conclure le traité de la cession future du Roussillon à la France, ne manqua pas d'accomplir le pèlerinage de Notre-Dame de Sarrance. Depuis, c'est Notre-Dame de Betharrans qui supplanta Sarrance. Aujourd'hui Notre-Dame de Lourdes a fait oublier les deux premiers sanctuaires pyrénéens.

— Je connais toute l'histoire du Château Noir, mais répétez-moi un fait dont vous auriez été le témoin.

La femme, — la bohémienne enlevée par mon vassal félon et que je protégeais dans sa tribu tolérée d'Athos, — cette bohémienne était-elle joyeuse au grand repas du traître, à la table des Anglais et des Navarrais?

Le pèlerin qui tenait son échine courbée, et qui se donnait une contenance plus piteuse encore en tenant de ses deux mains sur sa poitrine le vieux et large sombrero orné de coquilles et de médailles de plomb lui servant de couvre-chef, le pèlerin répondit :

— Oh ! monseigneur, ces mécréants du Château Noir étaient en grande liesse, et la bohémienne ne pensait plus au Béarn au milieu de vos ennemis, que Dieu confonde! Elle était joyeuse, et sa gaieté se communiquait à toute la fête. Mon arrivée avec le message de notre seigneur l'évêque d'Oloron a tout changé.

— C'est bien; vous nous avez dit cela à notre première enquête. Ce que je veux, c'est plus de précision. La bohémienne, quel effet vous a-t-elle produit?

Ici le pèlerin resta muet : il ne comprenait pas bien.

Alors Gaston-Phœbus, pensant que lui seul pouvait intimider cet homme naïf, prit un ton moins bref et moins brusque, et répéta ainsi sa question dans le plus familier idiome béarnais :

— Voyons, brave homme, cette bohémienne vous a-t-elle paru enchantée d'être aux côtés de ce traître Gratian, et avait-elle l'air à vos yeux d'être une... ribaude ?

— Certes, oui, monseigneur! dit vivement le Navarrot enchanté, cette fois, d'avoir compris et de pouvoir répondre.

— Et, selon vous, cette fille paraissait n'avoir aucun regret; elle ne paraissait pas contrainte, et elle partageait les plaisirs des ennemis et des traîtres, sans souvenance de nos bienfaits ?

— Elle était parée comme une reine, monseigneur, et elle était joyeuse à la table du traître d'Oràas. Elle était loin de songer aux siens ou à ses protecteurs et bienfaiteurs !

Le Navarrot croyait bien faire en exagérant ses impressions. Il pensait que cela faisait plaisir à son puissant interlocuteur.

— Et, quand elle vous a vu, quand elle a entendu que vous portiez un prétendu message des Anglais qui, s'il eût été vrai, pouvait compromettre le Béarn, ma puissance et l'existence de mes sujets, n'en a-t-elle point paru affectée, ne vous a-t-elle pas cherché des yeux, n'a-t-elle pas essayé de vous parler ?

— Non, monseigneur. Elle était indifférente à moi, et le sort du Béarn prétendûment compromis ne l'a pas attristée.

— C'est une vraie ribaude, et je crois qu'elle s'est facilement faite à la vie que le traître d'Oràas lui a ménagée en son castel.

— C'est entendu dit le comte. Vous pouvez vous retirer. J'ai appris suffisamment.

Et se retournant vers un des scribes de l'intendance :

— Maître Gorriet, faites payer à cet homme du bon Dieu dix écus morlans sur notre cassette; il nous a bien servi.

Puis au *Navarrot* il parla encore ainsi :

— Vous prierez Dieu pour nous, pèlerin, pour le succès de notre cause, et le don qui vous est fait sera pour vous un témoignage de notre faveur. Si nous avons besoin plus tard de vos assertions ou de votre témoignage, on vous mandera près de nous. Retirez-vous dès ce soir en votre village, et recommandez à Dieu dans votre chapelet l'âme du bon serviteur défunt qui est mort aujourd'hui.

Le pèlerin se retira à reculons. Son séjour au château était terminé. Il n'eut plus qu'à se préoccuper de toucher le généreux don du seigneur de Béarn. Dix écus morlans étaient une somme (1); il pouvait faire montre d'une certaine fortune à Saint-Pé-de-Leren, car ils représentaient deux mille quatre cents deniers. Et si l'on songe qu'à cette même époque dix-huit deniers par jour étaient la haute paie (2) d'un sergent du Châtelet ou huissier du roi, à Paris, pour bien vivre au fond d'un village de Béarn, le pèlerin avait un véritable capital avec la somme dont l'avait gratifié Gaston-Phœbus. Seulement il lui fallut quitter les bonnes cuisines du palais de Sauveterre. L'odeur et le goût des bonnes choses avait gâté le saint homme; les quolibets de l'office lui

(1) L'écu morlans, monnaie de Béarn, comprenait 20 sous morlans à 12 deniers. Le denier représenterait aujourd'hui environ un franc.

(2) Ordonnance du roi Jean, 1364 ; de Charles V, 1376.

NOTA. — L'auteur croit devoir rappeler qu'il fait les plus expresses réserves au sujet de son droit de propriété, qui est absolu, pour toutes les éditions du *Sang Farouche* et du *Château Noir*, après l'écoulement des livraisons conformes à celle-ci. Les droits de reproduction et de traduction sont également réservés par l'auteur. J.-V.

Le pèlerin résistait au besoin avec un emportement comique aux quolibets des gens de cuisine et des frères sacristains.

seraient devenus bien indifférents, s'il avait pu prolonger son séjour au milieu des marmitons; mais il se résigna, son pèlerinage avait été en définitive une bonne aubaine pour lui.

Gaston-Phœbus se retira de nouveau dans son cabinet solitaire, et là il réfléchit sur le peu que valaient les femmes, puisque celle qu'il avait protégée dans sa tribu et qu'un brave garçon comme Sünhart avait tant aimée se faisait la complice d'un traître et la ribaude de tout un manoir. — Pauvre Sünhart, se dit à part lui le comte de Foix, tu es mort en prononçant deux noms chers à ton cœur. C'est celui de ton maître qui était le vrai nom digne de ta reconnaissance, et je ferai pour toi justice de ce repaire de vilaines gens, de traîtres et d'ingrats, de ribauds et de concubines, qui sont en ce castel d'Oràas. Je te vengerai, et je me vengerai !

Pour éloigner les pensées pénibles qui jusqu'ici avaient dominé son esprit, le comte appela un page pour qu'on lui apportât un verre d'hypocras (1).

Le serviteur apporta aussitôt sur un plat de vermeil un flacon ciselé contenant cette liqueur réconfortante, si commune au moyen-âge, et que l'on buvait soit à jeun, soit aux heures où le corps demandait un stimulant quelconque. L'hypocras se fabriquait partout. On employait des vins de Chypre ou des vins liquoreux d'Espagne dans lesquels on faisait bouillir des clous de girofle, de la noix muscade, des raisins noirs secs. Cette préparation, après un certain temps, avait une force excitante et tonique qui était pour nos pères ce que les alcools sont pour nous aujourd'hui, avec cette différence en faveur de l'hypocras que celui-ci réveille et fortifie, tandis que l'autre énerve et abrutit à la longue.

Gaston but de l'hypocras, et il ordonna qu'on préparât pour lui une chevauchée. Il voulait aller voir si son armée prenait régulièrement ses positions autour du château fort d'Oràas.

Avant de monter à cheval, il ordonna qu'on sonnât les cloches pour le défunt et que l'église de Saint-André de Sauveterre prît ses dispositions pour faire à son serviteur Sünhart des obsèques dignes d'un bon et loyal sujet. Il annonça son intention d'assister le lendemain aux funérailles, avec les principaux officiers, afin d'honorer celui qui était mort dans le devoir et dans les sentiments nobles de la fidélité et de la reconnaissance.

Puis il partit pour son inspection, accompagné de quelques cavaliers.

---

(1) Armand de Villeneuve, médecin du XIIIe siècle, a donné ainsi la recette de l'hypocras fabriqué avec des aromates de l'Asie ou du Levant : « Prenez cubèbe, clous de girofle, noix muscade, « raisins secs, de chacun trois onces. Enveloppez le tout dans un linge ; faites-le bouillir dans « trois pintes de bon vin jusqu'à ce qu'elles soient réduites à deux, et ajoutez du sucre. » Il y avait aussi le *clairet*, autre liqueur pimentée et adoucie avec du miel.

X

L'armée était en effet cantonnée dans tous les villages qui environnaient le mamelon du Mû sur lequel s'élevait, imprenable alors, le *château noir*.

Le bourg d'Oràas, fief direct de Gratian de Castetner, fut occupé par le chevalier Brasc, gouverneur de Sauveterre, chargé par le comte de Foix du commandement des opérations du siège. Gaston-Phœbus se réservait, il est vrai, la direction supérieure de la guerre, mais le gouverneur de Sauveterre était son premier lieutenant.

Les autres positions importantes autour de la forteresse assiégée furent occupées par les chevaliers dont nous avons plusieurs fois écrit les noms.

Aidés des paysans requis pour cette corvée militaire, les soldats établissaient des barrières volantes sur les parties accessibles de la colline de Mû. Quelques travaux de circonvallation étaient également poussés avec activité. Les avant-postes d'archers reçurent la première volée des frondeurs du Château Noir. Du haut des terrasses de la forteresse, d'habiles lanceurs de pierres visaient avec précision les travailleurs de l'armée béarnaise, et les défenseurs du Mû se dérobaient facilement aux flèches des archers.

Heureusement pour les assiégeants, les grosses machines de guerre approchaient et ne pouvaient pas tarder à se trouver sur le terrain des opérations. Des attelages de bestiaux étaient partis en nombre, du côté d'Orthez et de Morlàas, pour traîner les balistes et les catapultes au moyen desquelles il était facile de renvoyer aux assiégés quelques quartiers de roche qui, tombant comme les obus de nos jours au milieu des soldats et des constructions d'une enceinte fortifiée, y produisaient de très-graves dégâts. En attendant l'artillerie, les moyens rudimentaires du moyen-âge n'en étaient pas moins de sérieux engins de destruction. La position escarpée du Château Noir le préservait toutefois contre le tir des balistes. Brasc y songea, et, pour arriver promptement à un résultat utile, il fit construire sur roues de hautes tours mobiles en madriers et revêtues de planches, afin de pouvoir permettre à ses archers d'approcher de plus près et de lancer dans le Château Noir, outre des viretons, des baguettes allumées, sortes de fusées composées de lin et d'étoupes enduites de résine.

Dans les pays d'alentour, les artisans de l'industrie du bois se mirent à l'œuvre, et Gaston-Phœbus arriva au milieu de ses soldats pendant qu'on *bâtissait* ces tours mobiles. Il approuva d'autant plus vite ces travaux qu'il avait une hâte extrême de mettre le Château Noir et son châtelain félon en sa puissance, afin de châtier un crime que tout le Béarn flétrissait, et afin de tirer une vengeance éclatante des faits monstrueux dont la forteresse vassale avait été le théâtre. Le mauvais temps de l'hiver, dans lequel on entrait, commandait aussi de pousser le plus vivement possible ces diverses opérations.

Ce fut à ses lieutenants réunis devant Oràas que Gaston-Phœbus annonça également la mort d'Enrique Sünhart, mort le premier sous les murs du château assiégé.

Comme il l'avait dit à ses chambellans à Sauveterre, il le répéta à ses officiers en campagne : des funérailles honorables seraient faites le lendemain au héraut d'armes de la maison souveraine de Béarn, et un chevalier sur deux devait être détaché des camps d'investissement pour assister à cette cérémonie. Il ordonna en outre qu'un ban de trompettes serait sonné sur les fronts de bataille, le soir même, afin d'annoncer aux soldats qu'un bon et loyal serviteur était mort dans les meilleurs sentiments de fidélité et de gratitude pour son maître.

— On ne saurait trop honorer de telles vertus, ajouta Gaston-Phœbus. A notre époque où tant de soldats et de chevaliers oublient leurs devoirs de vassalité, il faut, quand bien même une conduite contraire se rencontrerait chez les plus humbles, relever les humbles et leur faire honneur de ce qui nous paraît à nous, hommes sincères, un devoir simple et strict.

Pourquoi faisons-nous la guerre ? Pour châtier un traître qui a oublié ses serments et nos bienfaits. La réparation en sera terrible. Et de même que nous guerroyons contre la félonie, honorons la fidélité modeste et vraie qui s'est manifestée dans l'âme d'un pauvre Miquelet élevé par nous à un rang dont il a été digne. Là, chacun prendra exemple, chevaliers et soldats, vassaux de toutes les conditions.

Enrique Sünhart m'a servi avec intelligence pendant la guerre de Castille, et il s'est dévoué jusqu'à la mort, — trop précoce pour lui. Nous honorerons sa mémoire, et vous saluerez son nom après la sonnerie des trompettes.

Ainsi parla Gaston-Phœbus, et les chevaliers s'inclinèrent. Les ordres du suzerain devaient être exécutés bientôt après.

XI

Gaston-Phœbus paraissait avoir oublié les moines enfermés dans les cellules basses du couvent des cordeliers de Sauveterre. Il ignorait encore la valeur du message verbal que lui apportaient les deux religieux, et, s'il se fût douté de l'intérêt d'une telle ambassade, Roger et Amaury n'eussent jamais connu la souffrance physique et morale d'une claustration en cachot.

Pour bien faire apprécier la nature des événements politiques auxquels le roi de France et le duc de Bourgogne, « l'âme de la revanche, » voulaient intéresser les hauts barons, vassaux ou indépendants, il nous faut rappeler ici ce qui se passait en ce moment hors du Béarn.

Duguesclin, le vainqueur des Anglais et de Pierre-le-Cruel à Montiel en Castille, venait d'arriver à Paris, à marches forcées. Le roi Charles V le mandait. Pendant son absence, de grands changements étaient survenus dans l'armée. Le maréchal de Boucicaut était mort. Brisé plus encore par ses services que par les ans, le maréchal d'Andrehan avait résigné sa dignité militaire. Par suite de ces vacances, le sire de Blainville et le comte Louis de Sancerre avaient été élevés au maréchalat (1). Un autre vide plus important encore s'annonçait dans la haute hiérarchie militaire : le connétable Moreau de Fiennes donnait sa démission au roi. Pour que l'épée de France restât toujours levée, la charge de connétable avait été confiée provisoirement à Philippe-le-Hardi, duc de Bourgogne.

Décidé à prendre sa revanche et à rompre la trêve avec l'Angleterre, Charles V recourut, avant une déclaration officielle de guerre, à toutes les ressources de la plus prévoyante diplomatie (2). Déjà il avait rattaché au parti français des seigneurs influents ; il sut aigrir les ressentiments du sire d'Albret, le plus puissant baron de la Guyenne, contre le prince de Galles, alors

---

(1) Louis de Sancerre était un des puissants protecteurs du moine Roger, qui, pendant la Jacquerie, s'était un moment emparé du domaine de Sancerre.

(2) Vidalin.

gouverneur d'Angleterre à Bordeaux. Il l'unit pour toujours à sa cause en lui choisissant pour épouse Marguerite de Bourbon, sa belle-sœur.

Les seigneurs des provinces cédées à l'Angleterre par le fatal traité de Brétigny furent tous pressentis par les agents secrets du roi de France et gagnés à la cause nationale : les seigneurs d'Armagnac, d'Albret, de Comminges, de Carmaing, de Rohan, s'engagèrent par une convention secrète, jurée par sept évêques et par sept notables, à soutenir la guerre contre le vainqueur anglais, de leur personne, de leur argent et de leurs troupes.

D'habiles diplomates préparaient en outre à Charles V des alliances et des appuis hors de France. Un traité fut conclu avec le nouveau roi d'Ecosse pour faire une diversion utile en Angleterre ; un autre traité mit les forces navales de l'Espagne à la disposition du roi de France. Henri de Transtamare, devenu roi de Castille grâce à Charles V et à Duguesclin, consentit ce dernier traité.

Le grand et profond politique qui régnait sur notre pays ne s'arrêta pas là : un traité d'alliance offensive et défensive fut conclu avec l'empereur Charles IV, avec le prince archevêque de Cologne, l'évêque suzerain de Metz et quelques autres potentats du Saint-Empire. Il donna à son frère, le glorieux Philippe-le-Hardi, duc de Bourgogne, l'opulente héritière des Flandres pour épouse, Marguerite, fille de Louis de Male, vivement convoitée par l'un des fils d'Edouard III, roi d'Angleterre.

En outre, exercés par ses ordres et soldés par le trésor royal, trois corps d'armée formaient en ce moment la base des forces nationales avec lesquelles Charles V voulait lutter contre le vainqueur de Crécy et de Poitiers. Ses frères, fidèles à la couronne, les ducs de Bourgogne, d'Anjou et de Berry, avaient voué une exécration profonde à l'Angleterre : l'un, par esprit de nationalité, car Philippe-le-Hardi fut le plus grand patriote du xive siècle avec Charles V et Duguesclin ; l'autre, pour avoir été taxé de félonie en plein parlement, comme ayant rompu ses liens d'otage; et le dernier, parce qu'étant resté en France après s'être engagé à revenir prisonnier à Londres, il avait été accusé hautement d'avoir violé son serment de chevalier et de prince.

Pour opposer aux lieutenants célèbres d'Edouard III et du Prince Noir des officiers capables de supporter la responsabilité de la revanche, Charles V s'attacha Ollivier de Clisson, le plus grand capitaine de Bretagne, et, comme nous l'avons dit, il manda expressément Bertrand Duguesclin auprès de lui.

Il y eut alors comme une sorte de frémissement patriotique qui parcourut tout le royaume de France. Quoi ! disait-on, le fils de Jean II, qui n'est jamais sorti de son cabinet pour prendre la cuirasse et la lance, décrétera que l'envahisseur a assez souillé le sol de la patrie et que la grande nation veut venger les grands désastres subis par Philippe VI et Jean-le-Bon ? Cela était pourtant, et la guerre était préparée par tous les moyens habiles que nous venons de faire connaître.

Les moines en ce moment en prison aux cordeliers de Sauveterre devaient compléter l'œuvre diplomatique en gagnant l'alliance ou la neutralité partiale de Gaston-Phœbus, souverain indépendant de Béarn.

D'ailleurs, le moment était propice : le royaume s'était relevé, les armées reformées, les épargnes accumulées, grâce au gouvernement sage de Charles V. En Angleterre, au contraire, Edouard III, qui n'avait plus depuis longtemps pour maîtresse la noble Alix de Salisbury (1), se plongeait, quoique vieux, dans d'obscènes plaisirs que lui ménageait Alice Pierce, la Dubarry anglaise du XIVe siècle ; le Prince Noir, de son côté, s'éteignait à Bordeaux d'une maladie de langueur.

Lorsque tout fut préparé pour la guerre, Charles V fit citer devant les pairs le prince de Galles, comme vassal de la couronne en sa qualité de duc de Guyenne, pour avoir mécontenté les seigneurs et les populations placées sous le joug de l'Angleterre, pour avoir écrasé les pays cédés d'impôts et de charges iniques... Le prince de Galles contint avec peine sa colère, et répondit avec hauteur qu'il se rendrait à Paris avec une escorte de soixante mille lances.

Charles V envoya notifier, par un de ses valets de chambre, la rupture du traité de Brétigny au roi d'Angleterre. Edouard fut furieux d'un tel procédé, et des deux côtés de la Manche les préparatifs de guerre furent poussés avec la plus grande activité.

Les états-généraux étaient réunis à Paris, au moment où les moines ambassadeurs secrets sont arrivés à Sauveterre. La représentation nationale, assemblée depuis le 7 décembre 1369, vota avec transport des taxes proportionnées à la gravité des circonstances. Les villes furent imposées à quatre livres par feu, les riches payant pour les pauvres ; les bourgs et villages à trente sous parisis. Les vins vendus en gros furent taxés à un treizième, et en détail à un quart. La pièce de vin français subit un droit de quinze sols, celle de Bourgogne un droit de vingt-quatre sols ; enfin le sel fut taxé à un sol par livre.

(1) Voir les amours d'Édouard III et de miss Granfton, comtesse de Salisbury, dans le volume du *Sang Farouche*, qui a précédé le *Château Noir*. Les 24 livraisons illustrées, un volume broché 2 fr. 40, chez Périnet, éditeur, rue du Croissant, 10.

Ces détails historiques disent quelles mesures efficaces furent adoptées par les députés de la France pour faire face à la guerre.

Dans cet hiver de 1369, les armées françaises se mirent en marche; une fut dirigée, sous le commandement du duc d'Anjou, vers la Guyenne, du côté de Toulouse; une autre armée fut conduite par le duc de Berry dans le Limousin. Un corps de dix mille hommes, soldé par les seigneurs des pays cédés à l'Angleterre, parcourut ces provinces cédées avec mission de les soulever contre le joug de l'étranger. Enfin le duc de Bourgogne fut prendre ligne avec une autre armée sur les marches de Saint-Omer : sa mission consistait à observer les troupes anglaises qui débarquaient à Calais pour attaquer la France et les forces de Charles V.

Le roi donna de formelles instructions à ses lieutenants : d'habiles escarmouches, de gros partis formés dans les campagnes, d'incessantes attaques à l'arrière-garde de l'expédition anglaise, les habitants des villages, les vivres et les bestiaux rentrés dans les villes et les forteresses, point de bataille ; telles étaient ces instructions aussi précises qu'impérieuses.

A la fatigue des marches, au manque de vivres, à des surprises continues, Charles V remettait le soin de se défaire de ces envahisseurs. En un mot, sûr de l'efficacité de ses moyens, il ne voulait rien donner à la fortune.

AVIS

M. Jacques VINDEX, l'auteur du **Château Noir**, a écrit une brochure politique intitulée **Thiers devant la France**, et signée du pseudonyme MONOS. Les événements qui se préparent donnent à cette brochure une importance exceptionnelle. Elle rend hommage à l'illustre patriote qui a libéré le territoire et qui sauvera la France.

Nos lecteurs peuvent la recevoir pour **quinze centimes** seulement, envoyés en un timbre-poste de 0^{fr},15 et sous enveloppe **affranchie**, à M. Périnet, éditeur, rue du Croissant, 10. On la recevra **franco** courrier par courrier. — Donner une adresse exacte et lisible.

Cette brochure contient un portrait médaillon de M. Thiers.

Il y avait déjà des chefs blessés sous les murs du Château Noir.

XII

Après les obsèques d'Enrique Sünhart, le comte de Foix résolut d'entendre les moines arrêtés par Manault de Navailles.

Mais la cérémonie funèbre se fit auparavant, et, comme il l'avait solennellement promis, les honneurs les plus complets furent rendus à celui que Gaston-Phœbus avait déclaré publiquement être son officier favori.

Les opérations du siége n'en furent pas interrompues : les chevaliers venus le matin à Sauveterre pour les funérailles allèrent, celles-ci terminées, reprendre leur poste devant le Château Noir.

Et Gaston-Phœbus, comme pour faire diversion aux pensées tristes de la journée, envoya quérir les prisonniers du couvent des franciscains.

Roger et Amaury avaient supporté avec patience le singulier traitement auquel ils avaient été soumis.

Séparés l'un de l'autre, ils ne purent pas communiquer un seul jour pendant la durée de leur réclusion. La claustration était sévère, et une sorte de geôlier monacal pénétrait seul dans la cellule des prisonniers, pour leur renouveler chaque fois le pain et l'eau.

Quand ces derniers voulurent adresser la parole au geôlier, pour lui demander des nouvelles du compagnon de captivité, le frère geôlier, un hercule sous la bure, fronçait le sourcil, mais ne disait mot. Amaury et Roger savaient seulement qu'ils n'étaient pas éloignés l'un de l'autre en entendant les gonds de la porte de leur prison grincer à peu d'intervalle après la visite faite à l'un d'eux par le sombre *convers* chargé de leur surveillance.

Nous avons déjà écrit que les captifs pouvaient tout redouter d'un fatal oubli de Gaston-Phœbus. Non réclamés par le suzerain, qui avait requis leur claustration, ils risquaient fort de rester dans la même cellule des années entières sans obtenir un seul instant d'attention ou de pitié des cordeliers. Le fiel, qui, dit-on, pénètre si volontiers dans l'âme des dévots, ne vaut pas la haine que nourrissaient les ordres mendiants contre les ordres travailleurs et érudits, tels que l'ordre de Saint-Benoît.

Heureusement, Gaston-Phœbus voulut entendre, sur une nouvelle sollicitation de Manault de Navailles, les moines prétendus suspects, et ce ne fut pas sans rendre grâce à Dieu que Roger et Amaury se retrouvèrent côte à côte pour se rendre à l'audience du suzerain.

— Nous sommes maintenant sauvés, dit Roger à voix basse. Le malentendu dont nous avons été les victimes cessera dès que nous pourrons être écoutés du puissant comte de Foix.

— J'en suis persuadé, mon frère et mon maître, répondit Amaury. En attendant, j'ai offert à Dieu, en expiation de nos fautes, la nouvelle épreuve que nous avons endurée.

Les cordeliers, rangés en haie entre le parloir et la porte de sortie, ne virent pas s'éloigner sans regret les captifs qu'ils semblaient auparavant si heureux de conserver sous les verrous; mais ils se consolèrent en pensant que ces intrigants seraient démasqués et que, s'ils étaient réellement des bénédictins, ils seraient de nouveau *confiés à leur garde*, pour avoir fait office d'espionnage et toutes choses étrangères à la religion.

Ces sentiments secrets n'échappèrent pas à la profonde et perspicace observation du moine Roger, et il les communiqua à Amaury dès que les prisonniers eurent franchi les portes extérieures du couvent, et pendant le trajet qu'ils accomplirent jusqu'au château de Sauveterre, sous une escorte de hallebardiers du seigneur.

En entrant au château, ils convinrent en outre et à voix basse de ce qu'ils auraient à dire à Gaston-Phœbus. Roger devait seul porter la parole et révéler jusqu'au bout la mission dont l'avait chargé Philippe-le-Hardi, pourvu que Gaston-Phœbus se montrât sympathique à la cause de la France.

Si le suzerain de Béarn manifestait au contraire des sentiments favorables à la bannière anglaise, Roger devait garder le silence sur les projets politiques du roi de France et du duc de Bourgogne, et se retrancher derrière son rôle apparent : celui d'aumônier de Philippe-le-Hardi et de porteur de vœux à la chapelle de Saint-Jacques de Compostelle.

Mais le comte de Foix avait fait appeler le prieur du couvent des cordeliers et l'archiprêtre de l'église de Saint-André de Sauveterre pour constater en sa présence, selon les réponses des moines suspectés, si ces derniers étaient des hommes de religion ou des imposteurs.

Manault de Navailles, les chambellans du comte de Foix, le sénéchal de Sauveterre, un scribe déjà installé sur son tabouret et prêt à écrire, — car Gaston-Phœbus faisait consigner sur le parchemin le procès-verbal, par demandes et par réponses, des audiences auxquelles il attachait quelque importance, — tous ces personnages formaient la cour du suzerain au moment où Roger et Amaury furent annoncés et introduits.

Roger marcha le premier. Il avait rejeté son capuchon en arrière. Sa tête austère, son regard intelligent, presque illuminé, en imposaient à la curiosité d'autrui, et Gaston-Phœbus, dans la première minute de silence qui se fit, ne dissimula pas l'impression que lui produisaient le moine et son disciple.

Lorsqu'ils se mirent à genoux, suivant la coutume respectueuse du temps, devant celui qu'à son attitude dans le cercle des personnages ils reconnurent pour le prince souverain de Béarn (1), Gaston leur dit ces mots :

— Relevez-vous, et, avant de vous appeler nos frères, expliquez-nous qui vous êtes et prouvez-le devant ces docteurs de notre sainte religion.

(1) Nous n'avons pas besoin de redire ici que le Béarn était un État absolument indépendant, comme la France ou l'Angleterre, et son chef ne devait, selon sa devise, « d'hommage qu'à Dieu seul ».

Le comte de Foix désignait en même temps le prieur et l'archiprêtre.

Roger et Amaury se relevèrent, et le premier s'exprima ainsi :

« Très-redouté sire et suzerain de Béarn, vous, mes frères en Dieu, qui entourez le gentil comte de Foix, ce que je vais dire est la vérité, la vérité entière. Nous sommes de l'ordre du bienheureux saint Benoît, avec la règle et l'habit de saint Bernard, notre très-docte et très-glorieux patron, la lumière de la foi, le pilier de la très-sainte Église, l'honneur de la France et la gloire de la sapience universelle!

« Je le prouve et j'ajoute... » (Ici le moine, parlant directement au prieur des franciscains et à l'archiprêtre de Sauveterre, répéta en latin les formules de sa règle monastique.)

Le prieur, comme pour faire montre de son rôle d'inquisiteur, posa une ou deux questions, en latin, auxquelles le moine répondit en opposant au cordelier quelques dogmes canoniques qui clouèrent net le prieur.

L'archiprêtre, dans son ignorance de séculier, hasarda un mot qui était une injure gratuite:

— C'est peut-être de la magie!

Et, avant d'attendre la réponse à cette réflexion outrageante, le prieur ajouta:

— Mais, puisque vous êtes de Saint-Benoît, pourquoi courez-vous le monde? Votre règle vous impose le travail dans les monastères. Le monde, les prédications, les courses et les périls des grands chemins sont pour nous de Saint-François, ou pour nos frères de Saint-Dominique.

— Très-révérend père, répondit le moine, il est vrai que votre règle qui vous astreint à l'aumône vous donne aussi le monde pour la quête... Saint Benoît nous a obligés au travail; de celui-ci nous tirons notre humble subsistance, mais le monde est à nous également, puisque le champ de nos travaux c'est la terre entière, c'est l'humanité sans limites.

— Du moins, avez-vous des cédules d'obédience pour parcourir, en chevauchée, les contrées de France et de l'étranger?

— Nous avons la vérité, qui éclatera ; et, quant à des parchemins, ils ne sont pas à nous, ils sont au noble souverain de Béarn, que nous supplions de vouloir bien les recevoir et lire...

Roger prononça ces dernières paroles d'un ton sec, et toute l'assistance de Gaston-Phœbus, hormis le prieur et l'archiprêtre, resta persuadée que les moines étaient de véritables bénédictins, et peut-être des ambassadeurs de haute importance.

Gaston-Phœbus, que le débat canonique des règles et des attributions des ordres en présence avait fort intéressé, au point de ne pas interrompre les paroles aigres qui venaient d'être échangées devant lui, Gaston tendit la main à un pli que le moine Roger sortit de dessous la double manche de son froc.

Ce pli, en parchemin, portait non pas un scel en cire, mais un anagramme enluminé et figurant le nom et les armes de Philippe de France, duc de Bourgogne.

Gaston-Phœbus fit signe à son scribe d'approcher; c'était un *latinier*, comme on appelait en ce temps les secrétaires seigneuriaux parlant et écrivant le français et le latin.

Lisez à haute et intelligible voix, dit Gaston-Phœbus :

« De Paris, en notre hôtel d'Artois, le vingtième jour de septembre 1369.

« A notre très-haut cousin et très-cher sire comte de Foix, vicomte suzerain de Béarn, en son castel de Moncade-sur-Orthez, ou en ses terres, domaines et châtellenies de Béarn et de Bigorre,

« Nous, Philippe de France, duc de Bourgogne, adressons ce plein et sincère message d'amitié et de souhaits de puissance et de bonheur.

« Le religieux de Cîteaux porteur de ce présent message a toute notre confiance, et nous implorons pour lui protection, hospitalité et créance, à cause du message verbal dont nous l'avons chargé avec l'assentiment du roi notre très-redouté frère et suzerain.

« Que Dieu garde le glorieux Gaston de Foix, notre frère d'armes en loyale chevallerie.

« *Signé :* PHILIPPE. »

Cette lecture avait produit une impression profonde sur Gaston-Phœbus, qui rougit légèrement en reprenant la lettre des mains de son secrétaire, comme s'il eût déjà senti le remords d'avoir suspecté les ambassadeurs du prince qu'il admirait le plus dans la chrétienté.

— Mes révérends frères en Dieu, dit Gaston, je vous crois. Vous ne pouvez m'en imposer avec un tel message. Ce que vous me direz pour accomplir votre mission me confirmera dans la confiance qui a remplacé chez moi la méfiance. Et vous ne me garderez pas rancune de mes précautions. Vous saurez ce qui se passe, et lorsqu'un vassal comme Castetner vous a donné l'hospitalité, j'ai dû me méfier...

Roger prit la parole, et en quelques mots expliqua sa venue inopinée au Château Noir, le but qu'il poursuivait, en recherchant partout des partisans pour la grande cause française...

— C'est à nous, mes révérends, que vous deviez d'abord vous adresser, et votre passage au Château Noir était déjà une faute, si même ce n'était pas une imprudence.

— Nous l'avons compris, monseigneur, dit Roger, mais nous n'avons pas vu le châtelain. Une sorte de capitaine soudard, qui commande tout le manoir, et qui est résolu à la lutte avec tous les moyens formidables dont il dispose en hommes et en machines, ce capitaine nous a accueillis et laissés partir sans s'inquiéter autrement de nous. Un moment d'insouciance de sa part nous a valu notre liberté... Pardonnez-nous, monseigneur, d'avoir été assez téméraires pour passer au Château Noir avant de venir vers le suzerain.

Cette espèce d'amende honorable fut agréée par Gaston-Phœbus; et, comme il avait hâte de savoir le message verbal que lui adressait Philippe-le-Hardi, il congédia d'un geste tous les personnages de l'assistance, et ce ne fut pas sans un secret dépit que l'archiprêtre et le prieur quittèrent cette salle où la supériorité, décidément, était, comme toujours, restée à l'habit des bénédictins.

Gaston-Phœbus, demeuré seul avec les moines, s'excusa, comme il savait le faire, grandement et simplement, pour le malentendu qui avait amené la captivité momentanée de Roger et d'Amaury.

— Dans les circonstances présentes, dit-il, je suis tenu à une prudence excessive.

C'est pour n'avoir pas observé cette première règle d'un chef de peuple et d'armée que je suis obligé de reconquérir aujourd'hui sur un vassal félon une dépendance de la couronne de Béarn.

Il en coûtera du sang, et déjà mes meilleurs serviteurs ont perdu ou vont perdre la vie pour défendre mon honneur outragé, nos intérêts compromis.

Vous comprenez donc, mes révérends pères, que tout ce qui se rapporte au Château Noir, tout ce qui vient de ce château, tout ce qui va à ce repaire de bandits, me doit être particulièrement suspect.

Voilà pourquoi j'avais ordonné votre claustration, puisque l'une de mes chevauchées vous avait surpris descendant, en équipage singulier, du thoron de Mû.

Aujourd'hui, je suis heureux de connaître la vérité et de tenir vos lettres de créance.

Soyez les bienvenus, mes révérends pères, et, en l'honneur du glorieux chevalier de France messire Philippe de Bourgogne, je vous reçois en ce castel, où vous serez logés et hébergés selon votre bon plaisir.

Les deux moines s'inclinèrent, et Roger s'exprima ainsi :

— Monseigneur, si nous avions enduré de plus graves dommages que ceux dont nous n'avons pas trop souffert en réalité, par suite de notre claustration, vos nobles et généreuses paroles seraient un baume pour nous et une cause de complet oubli.

Nous remercions Dieu et monseigneur de Bourgogne de ce qu'ils nous permettent d'approcher d'un prince tel que vous pour représenter et défendre la grande cause patriotique de France auprès des sujets du sage roi Charles ou auprès des princes étrangers, mais ses amis.

Et, après le message que vous avez daigné recevoir et faire lire, nous ajouterons, à la face de Dieu qui nous entend, ce serment de Français et de religieux dignes de l'ordre dont ils s'autorisent, nous ajouterons ce serment :

Nous jurons que nous sommes serviteurs de Dieu et de l'Église, de vrais et sincères messagers de France par ordre du duc de Bourgogne.

Et le moine étendit sa main vers Gaston-Phœbus.

Amaury confirma ce serment en faisant le même geste.

— Je croyais en vous, mes révérends, dit Gaston-Phœbus ; votre serment était désormais superflu, mais à l'accent de vos paroles je comprends que je n'ai pas à redouter l'imposture...

Et prenant un mignon cor d'ivoire, cerclé et filigrané d'or, qui pendait à la ceinture de sa dague, il en tira un son d'appel, et un des varlets de l'antichambre seigneuriale se présenta :

— Faites donner à ces deux révérends religieux nos hôtes un logis convenable en ce castel. Donnez l'ordre, en mon nom, qu'ils soient traités en tout et pour tout selon leurs besoins et désirs.

Puis, s'adressant aux moines :

— Allez vous réconforter, mes révérends.

Ce soir, à notre conseil privé ou à notre conférence militaire, vous serez mandés pour nous donner les détails de votre mission verbale.

Le reste du jour appartient à mes troupes devant Oràas, et vous souffrirez que j'ajourne notre entretien.

Roger et Amaury s'inclinèrent et sortirent de la salle d'audience en suivant le varlet du comte de Foix.

Selon les ordres de Gaston-Phœbus, ils furent installés et réconfortés d'une manière digne de l'hospitalité de ce grand seigneur.

Celui-ci, comme il venait de le déclarer aux moines, vaqua aux travaux militaires qui se continuaient avec célérité devant le Château Noir.

Deux heures après, avant la tombée de la nuit, il parcourait à cheval les rangs de ses soldats, et il inspectait les fossés et les palissades de la circonvallation.

Les travaux d'approche étaient déjà exécutés pour pouvoir élever les tours mobiles.

Des archers, déployés en tirailleurs, envoyaient aux remparts du Mû quelques flèches sûres afin de faire disparaître du haut des remparts les arbalétriers du château, dont les traits étaient mortels à plus d'un parmi les soldats ou les travailleurs de l'armée béarnaise.

Déjà il y avait eu des blessés et on transportait sur brancards les chefs d'escouade qui s'étaient avancés trop témérairement.

Gaston-Phœbus examina tout, et donna à ses lieutenants des ordres sévères pour que les travaux se fissent sans précipitation, mais sans interruption et avec méthode.

Les machines de siége approchaient. On les signalait sur les routes prochaines de Salies et d'Orion.

C'étaient des béliers, des catapultes, des balistes.

Il y avait aussi des arcs sur roues faits d'acier flexible et de fortes branches d'osier, tendus avec de vrais câbles. On les mettait en mouvement avec un treuil, et la flèche qu'ils lançaient n'était autre chose qu'un madrier terminé par un triangle de fer, comme le soc d'une charrue. Ce trait formidable pouvait transpercer le tablier d'un pont-levis, défoncer un toit et briser les plus solides portes d'une forteresse.

Le comte de Foix calcula que dans deux ou trois jours l'attaque pourrait commencer.

Et, comme nous l'avons dit, hormis quelques volées de flèches, le Château Noir ne faisait rien extérieurement.

Le pennon de Gratian de Castetner ne flottait point sur ses murs, et, pendant la nuit, aucune lumière ne brillait, pour les yeux du dehors, dans la forteresse assiégée.

Nul ne pouvait passer sans s'exposer aux coups d'épée des sentinelles.

XIII

Cependant les bruits et les clameurs de la plaine, les préparatifs du dedans, les menaces du dehors ne pouvaient pas demeurer inaperçus pour l'un des principaux intéressés dans cette grave affaire.

Gratian de Castetner, affaibli et rendu véritablement fou malgré lui par le traitement infernal du compère, n'existait plus, pour les habitants et la garnison du Château Noir qu'à l'état de non-valeur, et plus d'un le plaignait de ne pouvoir défendre sa cause et son bien dans cette occurrence suprême.

Le Roux était l'âme et le bras de la citadelle investie. Lui seul était écouté, redouté et obéi.

Mais n'importe; dans ses longues heures de somnolence et d'atonie, des pas précipités, des allées et venues, des ordres brefs, des cris lointains arrivaient jusqu'à l'oreille de Gratian, et pourtant sa figure emmaillottée ne laissait pas grande chance à tous les bruits dont nous parlons d'arriver distinctement jusqu'à l'esprit troublé du baron.

Il était toujours attaché sur son lit de parade, torture épouvantable contre laquelle la volonté du patient, annihilée par l'impuissance physique, ne pouvait plus ni protester ni réagir.

Un seul homme eut pitié de lui; cet homme était Bénédict, le porte-clef des tours, le geôlier des souterrains et des oubliettes.

Resté seul un instant, comme gardien, dans la chambre seigneuriale, il s'approcha du baron, dont les grands yeux ronds s'ouvraient comme pour chercher à distinguer quelque bruit ou à saisir quelque pensée fugitive, et il lui dit tout bas :

— Pourvu que le Roux nous défende bien contre toute l'armée du comte de Foix. Autrement, nous avons l'assaut, et nous sommes tous perdus !

— Un siége ! un assaut ! dit Gratian, que cette révélation fit bondir sous ses liens. Bénédict, Bénédict, sauve-moi ! Je ne suis pas fou, mais trahi et assassiné. Sauve ton seigneur, et tu seras maître avec moi.

Le porte-clefs recula d'un pas, et regarda autour de lui dans la vaste chambre du malade, comme pour s'assurer que personne n'était là et n'écoutait.

Il fut même à pas de loup vers la porte d'entrée, souleva la portière intérieure en tapisserie, et chercha à entendre si, dans le corridor, quelqu'un n'était pas aux aguets.

Puis vivement il revint vers le lit du baron, qui épiait tous les mouvements de Bénédict, et celui-ci ajouta :

— Monseigneur, c'est le Roux qui fait tout ceci. Il a provoqué les messagers du comte de Foix. Le siége est commencé. Il vous a navré, pour s'emparer du château, et aussi de votre gente bohémienne.

— Bénédict ! ami, ami, disait Gratian avec des saccades répétées, délivre-moi, et tu es maître de céans après ton seigneur. Je pulvérise le Roux et tous mes assassins.

Coupe ces liens, donne-moi ma grande épée, prends un coutelas, et sus aux traîtres !

— Silence, silence, monseigneur, vous n'êtes pas assez robuste, et tout le monde dans ce château, excepté le serviteur qui vous parle, appartient au Roux. Nous serions transpercés dix fois avant d'avoir dit mot.

— Non, non, délivre-moi, Bénédict...

— Patience, monseigneur!

— Promets-moi...

— Oui!

Et ce dernier mot, dit tout à fait à voix basse, indiquait qu'il fallait se méfier, car on approchait de la chambre du malade.

Le bruit entendu dans les corridors se dissipa. Bénédict revint au chevet du patient, et il tira sa dague...

— Coupe! coupe vite, cria alors, d'une voix étranglée par l'impatience, le baron de Castetner.

En ce moment la porte s'ouvrit.

Le Roux apparut, entra, et d'un bond saisissant le bras du porte-clefs:

— Misérable! lui cria-t-il, tu veux donc assassiner notre maître à tous... A moi! à moi! hurla-t-il alors... Au secours du baron! on l'assassine!

Et avant que Bénédict et le malade eussent pu protester, main-forte arriva au Roux, et le porte-clefs se trouva saisi par dix bras, et la dague accusatrice lui tomba des mains.

Les soudards accourus à l'appel du compère emportèrent hors de la chambre seigneuriale celui qui venait de livrer au baron le secret de la tragédie terrible qui se jouait en ce moment.

Gratian hurlait sur son lit de douleur et de captivité.

— Misérable assassin! criait-il à son tour, et ses yeux roulant dans leurs profondes orbites lançaient des flammes au Roux, demeuré debout et muet devant le lit du prisonnier... N'était-il pas en effet un prisonnier, ce maître du manoir, lié comme fou dans son propre lit?

Et tous ceux qui étaient venus pour enlever le porte-clefs avaient pourtant attribué à celui-ci les épithètes de « misérable » et « d'assassin » que vociférait Gratian sur sa couche de torture.

Le Roux ne dit mot. Il pensa que la colère immense du baron, colère concentrée et contenue, aurait plus d'effet que les traitements cruels du chirurgien.

Il se dit, à part lui, que le baron retomberait dans son atonie, dans sa faiblesse, après cet accès de rage impuissante.

C'est ce que voulait le compère.

Il avait deviné la trahison du porte-clefs.

Quand le malade et Bénédict avaient échangé le premier mot de leur entente, le Roux traversait les corridors. Par une ouverture presque imperceptible de la grosse porte de chêne, il avait vu le portier des tours et des oubliettes se pencher vers le baron en faisant des signes non équivoques d'intelligence. Puis, quand Bénédict crut entendre du bruit extérieurement, le Roux, qui comprenait que le traître allait explorer les alentours, s'était tout à coup éloigné. Mais revenu sur ses pas, et ayant regardé à travers le trou de la serrure, le Roux vit le porte-clefs sortir sa dague et se mettre en mesure de couper les liens de Gratian...

Alors il était entré comme la foudre, il avait d'un cri formidable appelé au secours, et, devant les soudards accourus, il put faire croire que le porte-clefs voulait assassiner le baron; et celui-ci fut, comme nous l'avons dit, emporté hors de la chambre de Gratian.

Le Roux, sans s'arrêter davantage aux imprécations du baron de Castetner, suivit bientôt après les cinq gardes qui emportaient Bénédict.

— Au four! cria-t-il, au four, le traître, l'assassin....

Bénédict, pris par les quatre membres, ne pouvait plus se défendre. L'un des soudards, pour étouffer ses hurlements et ses cris, lui jeta sur la bouche son bonnet de futaine, et le pauvre diable faillit en être étouffé du coup.

Mais ce n'était pas de cette mort qu'il devait périr... le Roux pressait ses séides et l'on arriva au fournil du château.

Ce fournil servait à la cuisson des pains et des *métures* (1).

On y faisait fondre également les résines et la poix pour la défense des remparts.

Le four, à ce moment, brûlait comme un volcan en éruption.

Arrivé dans le fournil, le cortége regarda d'un même mouvement le Roux..

Bénédict, sentant sa dernière heure, criait merci et demandait, en quelques mots étouffés par le feutre qui lui couvrait le visage, le temps de faire un acte de contrition.

— Envoyez-le au diable ! cria le Roux.

---

(1) La *méture* est un gâteau massif de farine de blé de Turquie ou de *milloc*. Détrempée à l'eau, la farine de ce blé, importé en Europe par l'invasion sarrasine au vi[e] siècle, fournit, pétrie avec du levain, une sorte de pâte fraîche qui supplée avantageusement le pain. En Béarn, c'est la base de la nourriture des Béarnais et des Basques. Dans l'Albigeois, cette farine est cuite non au four, mais dans des chaudières, et le levain n'entre pas dans la confection de la pâte. On appelle alors ce brouet le *millas*. Le haut Languedoc, l'Albigeois, le Rouergue, le Quercy, le Gévaudan, l'Agenois et une partie du Bordelais ont dans le millas le principal aliment des campagnes, — en guise de pain, — sans préjudice, bien entendu, des excellentes conserves d'oie et de porc dont les populations de ces contrées se montrent, à bon droit, très-fières.

Les cinq soudards balancèrent le corps, et d'un jet calculé le lancèrent dans la gueule rouge du four chauffé à blanc.

On ferma la porte de ce brasier.

Un crépitement vif, rapide, continu, de chairs grillées, cuites, combustionnées, se fit entendre...

Quelques secondes après, le Roux ouvrit le four.

Tout était brûlé... la flamme seule emplissait l'antre infernal...

— Allons! dit-il, il n'a pas fait longtemps antichambre chez le diable où on l'a envoyé; il a laissé sa carcasse dans le four pour mieux aller chauffer son âme dans l'enfer. Ainsi sont châtiés les ennemis de notre pauvre baron malade!

Les soudards rirent beaucoup et bruyamment à cette saillie du compère, et chacun s'en fut, cette besogne terminée, reprendre ses travaux de sentinelle, d'observation et de défense dans l'intérieur ou sur les remparts du castel.

XIV

Isolée, mais pleine de confiance dans la parole du Roux, qui lui avait témoigné tant d'intérêt et qui avait manifesté tant de repentir, la Goïta laissait passer les jours de sa captivité triste et monotone dans la chambre qui lui avait été donnée par le compère du baron.

Dans son isolement du monde extérieur, la jeune fille souffrait sans doute, et sa pensée se portait sans cesse vers celui qu'elle aimait par-dessus tout... Elle espérait le revoir grâce aux soins de cet excellent Roux qui lui portait, pensait-elle, tant d'intérêt affectueux.

Mais, en attendant le moment promis de sa liberté, rien ne manquait à la Goïta.

Les varlets du manoir, tous sous les ordres du compère, apportaient chaque jour aux heures des repas, avec un soin et un empressement respectueux, tout ce qui pouvait flatter et satisfaire les goûts de la reine des Gitanos.

Le Roux veillait à ce que ces soins ne fussent jamais négligés, et à ce que la jeune prisonnière ne fût jamais l'objet d'aucune tentative irrespectueuse de la part d'aucun soldat ou d'aucun serviteur du Château Noir.

Les châtiments du Roux étaient terribles; on les connaissait, et nul n'osait se risquer à affronter le courroux d'un pareil homme, devant lequel le farouche Gratian n'était rien lui-même.

On n'osait même pas s'aventurer jusqu'à suspecter l'étrange protection dont était l'objet, de la part du compère, la belle fille des tribus bohémiennes. On pouvait rire du baron, on ne soufflait mot du compère...

L'ascendant de cet homme était extraordinaire, la terreur qu'il inspirait était comparable à la terreur inspirée par le démon. On ne se sentait pas assez sûr de soi pour le haïr, on ne pouvait que le redouter, et, par suite, on ne lui obéissait qu'en tremblant.

Qui se fût permis, parmi les deux ou trois cents défenseurs ou serviteurs de cette forteresse imprenable, de tenter l'assaut de cette captive, laissée constamment seule dans sa chambre du beffroi?

Certes, cela aurait pu venir à l'idée de quelque entreprenant; mais le Roux était là, et l'on savait quelle garde jalouse il faisait autour du réduit de la jeune fille...

La Goïta était véritablement en sûreté tant que le compère la protégeait ainsi à distance.

Cependant, il fallait pour son âme inquiète une solution rapide à cette situation difficile et à tout moment périlleuse. Elle aspirait vers sa liberté, et tout ce qui se passait dans l'intérieur du manoir lui disait que les moments étaient suprêmes et qu'il fallait à tout prix échapper aux éventualités de la guerre.

Au dehors, les travaux du siége se conduisaient assez bruyamment pour qu'elle pût en comprendre la grandeur et la gravité, bien que son appartement, ayant vue sur les cours intérieures, lui dérobât les communications avec l'extérieur et la vue de ce qui se passait loin du Château Noir.

Elle se disait que les premiers assaillants — si ceux-ci étaient vainqueurs — se rendraient maîtres, comme après tous les siéges et tous les assauts à cette époque, de tout ce qui s'appelait bonne prise. Et n'étaient-ils pas bonne prise, le maître de céans, la fortune du castel et une belle jeune femme?

Sans présomption, elle pouvait se répondre affirmativement. Donc, le succès des assaillants pouvait devenir sa perte, à moins que Enrique ne fût parmi les vainqueurs.

Oh! alors, si c'était lui, quel bonheur de réserver au jeune héros la meilleure part du triomphe, et avec quelle joie elle se jetterait dans ses bras...

Mais serait-il là le premier? telle était l'anxieuse question que se faisait constamment la captive du Château Noir.

Impatiente de voir le Roux pour lui demander de hâter sa délivrance, la Goïta quitta son logement, et descendit dans les cours du Château Noir.

A sa vue, le Roux, qui donnait des ordres à des escouades d'archers, s'avança précipitamment vers la bohémienne, et lui commanda avec autorité de regagner son logis. Il la suivit de près, et lui dit, non sans un ton d'impatience :

— Enfin vous voulez partir? je ne vous retiens plus! Je vais faire sonner du cor au haut de la barbacane.

Si, à notre appel, on ne se présente pas du camp des assiégeants, il y aura danger pour vous, si vous sortez quand même.

Au contraire, si l'on répond, je vous ferai remettre à l'armée ennemie, comme captive du baron, et ce titre vous vaudra peut-être protection de la part des soldats de Gaston de Foix.

En tout cas, c'est à vos risques et périls!

Voyez, réfléchissez.

Dans deux heures vous serez libre, et, vis-à-vis de vous, j'aurai accompli le devoir que je m'étais tracé : celui de protéger quelqu'un dans ce manoir.

A l'exception de vous, tout ici périra : le château, le châtelain, les défenseurs, et moi, qui vous parle !

— Oh! non... dit avec compassion la jeune fille; non, Roux, vous ne périrez pas! Vous avez droit à votre propre miséricorde et à celle d'autrui.

Si je trouve là-bas des puissants qui m'écoutent, je ferai pour vous ce que vous faites pour moi, je vous protégerai; et, puisque vous vous repentez de vos fautes, vous aurez merci de Dieu et des hommes.

Le Roux, qui venait, quelques instants auparavant, d'envoyer au trépas infernal le porte-clefs des tours, eut un sourire de tristesse, et on ne se fût pas douté, en le voyant, qu'il était l'assassinat en personne, le justicier fatal du démon, son propre justicier implacable et terrible.

Devant la Goïta, cet homme sanguinaire se transfigurait toujours, et la Goïta s'y trompait, au point de lui vouer la plus sincère, la plus ardente sympathie

— Ne songez qu'à vous, Goïta, dit le Roux. Vous voulez partir : je vous laisse le champ libre.

Vous sortirez d'ici sauve de tout outrage...

Il s'en est fallu de bien peu que le baron ne vous ait mise dans les fers... J'ai puni le traître qui allait empêcher ainsi l'œuvre que je vais accomplir, celle de vous sauver.

Mais je vous le répète : hors du Château Noir, tout est péril pour vous ; et, si vous voulez savoir quelle escorte plutôt ennemie qu'amie sera la vôtre, une fois loin de ce manoir, venez avec moi au haut de la plate-forme de ce beffroi.

Et, sans attendre d'autre réponse de la bohémienne, il enjamba les hautes marches de pierre qui conduisaient au sommet de la tour, et la Goïta le suivit sans mot dire.

De cet observatoire culminant, où se trouvaient quelques-uns des plus habiles arbalétriers et frondeurs du Château Noir, la reine des Gitanos contempla le vaste camp des Béarnais.

Autour du mamelon que couronnait la forteresse du Mû, les troupes de Gaston-Phœbus occupaient tous les points stratégiques, et le blocus paraissait rigoureusement fait.

Ici les tentes des archers, là-bas les hangars de la cavalerie, dans la plaine les villages d'Oràas, de Castagnède, d'Escos, d'Athos et d'Aspis servaient de cantonnements aux troupes qui n'étaient pas de service pour la journée.

Les travaux des ouvriers chargés de monter les machines étaient poussés avec bruit et célérité. Les paysans réquisitionnés avaient terminé leurs travaux d'approche, et, de distance en distance, des paraflèches, ou planches d'abri, étaient dressés le long des palissades pour permettre aux arbalétriers assaillants de répondre aux frondeurs et aux archers du Mû.

C'était partout un grand et continuel mouvement de va-et-vient, dans le camp et dans la plaine.

Aux passages suspects, les sentinelles faisaient bonne garde ; la consigne était sévère, et les passants, gens du pays ou étrangers, avaient souvent à défendre leur droit de circulation contre la hallebarbe ou l'épée des gardiens armés des postes et des chemins.

La Goïta contempla ce spectacle imposant de la guerre. Elle mesura d'un coup d'œil le danger qui menaçait, cette fois, infailliblement le Château Noir. Elle se fût crue perdue elle-même, si elle n'avait pas compté sur la protection secrète de Gaston-Phœbus qu'elle comptait invoquer, une fois rendue libre.

Parmi les chevauchées des capitaines inspectant les diverses parties du camp de circonvallation, elle cherchait la bannière bleue portant la vache rouge de Béarn : cette bannière était celle de Gaston-Phœbus. Elle ne pouvait

Le Roux étranglait bel et bien le courageux Biron.

évidemment pas distinguer les visages; pour le moment, elle cherchait de loin à reconnaître les étendards et les pennons des chevaliers.

Le Roux n'avait rien dit. Il avait laissé la jeune fille dans sa contemplation muette.

Celle-ci se retourna enfin vers le compère de Gratian.

— C'est égal, dit-elle, je ne crains pas de partir et de m'aventurer.

— C'est bien, dit froidement le Roux; descendons.

Ils descendirent précipitamment l'un et l'autre; la Goïta, pressée de profiter des bonnes dispositions de son geôlier; le Roux, jaloux à son tour de tenir sa parole, et de donner la clef des champs à celle qu'il avait protégée jusqu'ici contre les dangers du dedans, mais dont il ne se dissimulait pas les périlleuses destinées au dehors.

— Vous me permettrez, dit Goïta au Roux, de prendre parmi les vêtements qui avaient été mis à ma disposition une simple robe et une cape brune.

— Vous prendrez tout ce qu'il vous plaira.

Cela vous avait été donné. Nul après vous n'en profitera ici.

Je vous laisse la libre disposition des bahuts et de la garde-robe du manoir.

— Non, Roux ; je n'ai besoin que du seul et modeste vêtement qui convienne à ma position de pauvre fille qui va retrouver les siens, — heureuse si je les revois !

La cape des montagnardes de Béarn est faite pour moi, et non les robes et les mantilles des châtelaines...

— Comme il vous plaira, dit le Roux.

Préparez-vous.

Quand vous me ferez prévenir, on sonnera du cor, et je ferai baisser pour vous le pont-levis.

La Gitana entra alors dans son appartement, pendant que le Roux allait faire sa ronde habituelle dans les corridors sur lesquels donnait la chambre seigneuriale du baron.

Il regarda par une fissure de l'huis de chêne si le malade ne se trouvait pas encore entre les mains de quelque nouveau traître.

Le sort de Bénédict n'était pas fait pour encourager les dénonciateurs.

Le barbier-chirurgien du manoir avait appris ce qui venait de se passer, mais il était dans l'ignorance de la vérité des choses. Il supposait, comme tout le monde au Château Noir, que Bénédict avait voulu assassiner le baron dans son lit.

Il venait de reprendre sa place auprès du malade, quelques instants avant le nouvel espionnage fait par le Roux.

A sa vue, Gratian, que la fièvre de la rage avait repris, fit comme un soubresaut sur son lit. Il se tordait sous les liens, et la force semblait lui revenir avec l'ardente volonté de se délivrer quand même.

— N'approche pas ! cria-t-il, d'une voix forte et rauque, au chirurgien qui le menaçait de ses infusions calmantes.

Et celui-ci, comme pour faire plaisir au malade, leva les bras au ciel et s'écria :

— Enfin, votre fidèle compère vous a vengé : l'infâme Bénédict n'est plus qu'une cendre maudite, dans le fournil du castel.

— Mort! brûlé! que dis-tu, barbier? exclama Gratian en tournant la tête vers le chirurgien.

A ces accents nouveaux, presque suppliants, du baron, qui implorait pitié et délivrance, le barbier resta muet, saisi par la surprise... Il se demanda si Gratian n'était pas sincère, ou bien si la folie du châtelain n'était pas plus intense que jamais.

Il recula d'un pas comme pour mieux examiner la figure du malade, et l'œil du Roux plongea dans la chambre pendant que le chirurgien opérait son mouvement d'observation muette.

Le compère n'entra pas dans l'appartement. Il se retira rassuré, pensant bien que le barbier avait fait son profit du châtiment infligé au dénonciateur Bénédict.

Cependant le baron suppliait toujours son médecin geôlier :

— Délivre-moi, barbier! s'écriait-il d'une voix dolente. Mes faveurs et mes trésors cachés dans des murs et dans des cachettes connues de moi seul, tous ces biens seront à toi, si tu coupes les cordes qui m'attachent à ce lit, et qui m'empêchent de défendre mon manoir et de me venger du traître Roux.

— Calmez-vous, monseigneur, répondait tranquillement le chirurgien. On vous a retenu sur ce lit pour calmer votre fièvre, et pour vous laisser reprendre votre santé trop vivement ébranlée.

— Vous dites tous que je suis fou. Je ne suis fou que de colère, et seulement contre le Roux, l'infâme, l'assassin de son maître, de son bienfaiteur, et le bourreau de mes gens en ce castel.

Non, barbier, je ne suis pas fou. Je n'ai eu que de la rage, et qui n'en aurait pas en se voyant torturé perfidement et ignominieusement comme je le suis?

Je ne veux plus vivre, barbier, je ne veux que me venger et faire la fortune de celui qui me sauvera.

— Mais, baron, vous êtes malade et en état de fièvre. Les hommes qui chaque jour vous soulagent de vos liens et qui vous attachent de nouveau peuvent seuls remplir cet office de votre délivrance. Mais qui me répond que, aussitôt debout, si tant est que vous puissiez vous tenir debout, vous ne serez pas pris de frénésie encore, et si la rechute ne sera pas alors mortelle pour vous, que nous voulons conserver à la vie?

— Ne me parle pas ainsi, barbier, ou je croirai que tu es le pire traître!

Ton langage est celui de l'infâme compère qui me dit et qui vous dit hypocritement que je suis fou, fou à lier, fou à saigner. Et tout cela pour se défaire de moi!

N'avez-vous donc pas le courage de me tuer? Et, si la peur de plonger votre dague dans mon corps vous domine au point de vous faire préférer à cet assassinat l'assassinat plus sûr d'un traitement abominable et sûrement mortel, pourquoi ne me livrez-vous pas vivant, moi et le manoir, au suzerain de Moncade qui nous assiége et qui nous défie?

Viens, barbier, approche et entends mon serment :

Je te jure sur ma foi de chevalier que toi seul seras le maître céans, toi seul disposeras de mes trésors, sans crainte du Roux et de ses complices, que je ferai pendre, si tu veux couper mes cordes avec une dague que tu iras secrètement chercher.

Voyons, suis-je fou en te parlant ainsi avec calme, avec justesse?

Le barbier, comme s'il échappait aux étreintes de la tentation la plus vive, car il voyait bien que le baron parlait avec un bon sens que tant d'épreuves auraient pu aliéner plus complétement encore, le barbier fit mine d'aller chercher la dague, et, en réalité, il quitta l'appartement pour échapper aux dangereuses obsessions du malade, et pour aller, en définitive, raconter ce qui se passait au seul homme véritablement redoutable, au Roux.

Gratian eut sur sa couche comme une lueur d'espoir.

L'idée seule d'une prochaine délivrance fut un véritable soulagement pour lui. Depuis tant d'événements accomplis en peu de jours, c'était la seule satisfaction qu'il eût éprouvée. Il lui sembla qu'il retrouvait des forces et une ardeur nouvelles.

Il attendit impatiemment, le barbier.

XV

Le Roux était, en ce moment, occupé à une singulière besogne. Le compère avait plus que la qualité, il avait le génie de la méfiance. Rien n'échappait à ses investigations incessantes.

Le souterrain par lequel la Goïta avait voulu fuir débouchait, on l'a vu dans un des précédents chapitres, sur la pente abrupte et aride du versant occidental du Mû.

Les galeries souterraines du castel étaient bien gardées, mais ces labyrinthes profonds avaient des bras inconnus.

Le Roux explorait en ce moment toutes les branches du souterrain.

Or, les assaillants avaient remarqué, d'après les révélations des paysans d'Oràas, que les bouches de quelques cavernes, sur le mamelon qui portait le Château Noir, étaient obstruées par des plantations symétriques de buissons et de haies vives. Il y avait là autre chose que de simples halliers.

Le commandant de l'armée béarnaise, Brasc, demanda un soldat de bonne volonté pour aller explorer ces trous béants signalés sur la pente du Mû.

Un écuyer de Biron (1) se présenta et s'offrit pour cette expédition.

Les chevaliers raillaient le jeune guerrier d'entreprendre une charge sur un nid de louvards, disaient-ils.

Biron, revêtu d'une simple casaque, répondit bravement à la demande de Brasc.

Il s'était aventuré, à la faveur de la brume épaisse du matin, jusqu'à portée des flèches du manoir; mais il n'avait pas été aperçu. Arrivé à l'entrée d'un de ces trous, il n'aperçut que des obstacles insignifiants, mais il reconnut que c'était là une entrée préparée par la main de l'homme.

Nul doute pour Biron : c'était l'orifice d'une caverne aboutissant jusqu'au manoir.

(1) Ancêtre des Gontaut-Biron.

Il pénétra assez avant dans la galerie.

Çà et là quelques débris attestaient que les loups ou les renards avaient dévoré des lapins et des volailles; mais c'était un souterrain véritable, ayant une issue intérieure sous le Château Noir, car une forte porte en fer barrait à cent pas la galerie.

L'écuyer nota bien dans son esprit toutes ces observations, et il se flatta de les rapporter au commandant Brasc, et de faire tomber ainsi les quolibets des autres chevaliers qui l'avaient plaisanté sur son expédition.

Seulement, il dut attendre qu'il fît nuit pour descendre la colline, afin d'échapper aux traits, qui eussent été inévitables alors, des archers de Gratian.

Il revint donc jusqu'à l'orifice intérieur, et il attendit.

En même temps, à pas de loup, le Roux, qui avait entendu marcher derrière la porte de fer, ouvrit celle-ci le plus silencieusement possible, et il arriva, en se glissant sur le sable et sur la terre, jusqu'à l'écuyer de Biron, qui contemplait au loin le paysage déjà dépouillé par l'hiver, mais singulièrement changé par la circonvallation et le mouvement bruyant et pittoresque de l'armée assiégeante.

Et, avant d'avoir seulement entrevu le danger, une corde à nœud coulant lui fut subitement passée au col : le Roux étranglait bel et bien le courageux Biron.

Celui-ci se débattit, n'ayant pas eu le temps de pousser un cri. Sa face bleuit aussitôt, ses membres se contractèrent, se raidirent, l'œil sortit de l'orbite... Il expira bientôt après, et le Roux, l'envoyant sur la pente, d'une forte poussée de son pied, fit rouler jusqu'aux palissades béarnaises le malheureux explorateur des souterrains.

Le compère se décerna à lui-même un premier satisfécit sous la forme d'un ricanement sinistre.

— Bonne chose qu'une corde! se disait-il en lui-même.

Ça tue, ça n'ensanglante pas. J'aime la corde pour la chanterelle d'autrui!

Dans mes besognes, rien ne me va comme un cul de basse-fosse, une profonde oubliette, ou la corde. Fi de la dague! Je n'aime pas les éclaboussures....

Il roule bien, le petit! il est fini, il n'en reviendra plus. Je l'ai bien colleté, et je n'ai pas besoin d'aller laver mes mains.

Ainsi monologua le compère, puis il reprit le chemin des labyrinthes, après avoir de nouveau verrouillé la poterne du souterrain.

Au retour de cette tournée laborieuse dans les chemins de cave, il trouva le barbier qui l'attendait.

Le barbier raconta alors avec force détails ce que le baron lui avait demandé.

Le compère ne souffla mot, laissant parler le chirurgien pour savoir quel degré de confiance il devait ajouter aux protestations dévouées de ce praticien vulgaire et ignorant.

Après avoir tout dit, le barbier formula un avis. Il croyait d'ailleurs être agréable au Roux.

— Notre maître, que vous aimez tant, compère, peut, je crois, supporter la liberté de ses mouvements...

— Tu le crois, bien sûr ?

— Je le crois, compère.

— Et, alors, pourquoi ne l'as-tu pas détaché, ou plutôt *délivré*, puisque c'est le mot dont tu te servais, il y a un moment?

— J'ai voulu vous consulter auparavant, et c'est ce que je fais.

— Je crois, barbier, que tu as eu là une meilleure idée.

— Vous pensez qu'il y a danger à laisser le baron libre?

— Beaucoup de danger! D'abord, c'est sa colère qu'il faut craindre; et puis, c'est la mienne surtout qu'il faut redouter.

Sans être un expert dans l'art de guérir ou d'achever les malades, je me vante de connaître seul le cas tout particulier du baron. Je l'ai fait attacher pour prévenir bien des crises terribles, et je te sais gré de m'avoir confié tes avis ou tes scrupules.

J'entends, et souviens-t'en, barbier, j'entends que tu retournes auprès de cet insensé. Tu le calmeras avec tes médecines, mais tu ne toucheras point aux cordes qui le tiennent en sûreté. Drogue-le, c'est ton affaire. Quant aux attaches solides, ça me regarde, et ça regarde mes compagnons.

Si, comme tu le dis, il offre une fortune pour pouvoir sortir de son lit, vois ce que tu as à faire. Seulement, je serai le plus fort, le baron sera soigné et traité malgré lui, et celui qui aura accepté une récompense pour cet acte de félonie contre moi ira rejoindre Bénédict dans son four, où il n'est que braise depuis ce matin.

Et encore il a été rôti sans avoir touché la récompense, celui-là.

Je n'attends pas que les traîtres aient profité de leur dénonciation. Je vais généralement plus vite, non pas au-devant mais à l'encontre de leurs désirs. J'arrive toujours le premier à cette course-là. Tant pis pour celui qui perd la partie. Tu peux essayer, barbier!

Celui-ci, qui venait tout d'un coup de s'apercevoir qu'il avait fait fausse route, se garda bien de laisser tomber dans le néant un avertissement aussi formel.

Il se le tint pour dit, et, voulant amadouer le compère, il s'écria :

— Mais j'ai été fidèle, moi ! je vous ai prévenu.

— Tu as bien fait. Tu as, cette fois, gagné le premier la course; car si je t'eusse prévenu, au contraire, tu ne serais pas ici en ce moment.

Allons, va soigner le baron ; tiens-toi coi, laisse-le dire, et ne pense qu'à moi.

Le chirurgien se hâta de déguerpir. Il était suffisamment édifié.

Une lutte atroce s'engagea sous la porte de la barbacane.

XVI

Une situation aussi horrible, aussi compliquée, chargeait étrangement, on le voit, la responsabilité du Roux.

Pour s'expliquer sa pensée machiavélique, il faut admettre que ce qu'il avait dit tant de fois à la Goïta allait fatalement s'accomplir : résolu à périr et à faire périr tous ceux qui dans le château s'étaient souillés de crimes, châtelain et séides, il ne se défendait contre l'investissement des troupes béarnaises que pour l'acquit de son amour-propre, et parce qu'il voulait périr, les armes à la main, dans le dernier assaut ou dans le dernier incendie de la forteresse d'Oràas.

Il ne voulait pas rendre sa liberté au maître légitime du manoir, parce que le premier soin de celui-ci aurait été de faire pendre ignominieusement l'infâme compère qui s'était fait le geôlier et le bourreau du baron.

Et finir ainsi, c'est ce que ne voulait pas le Roux.

Il voulait se donner la suprême volupté de mourir debout et en maître au milieu du vaste effondrement de la citadelle.

Aussi conduisait-il la défense de manière que l'honneur des armes fût sauf.

Il voulait, quoique assuré de sa défaite, que la chute de ce qui avait été un redoutable repaire de bandits fût un événement sans exemple, et devînt, en même temps, le tombeau des plus fiers assaillants. Pour lui, la mort des uns devait être la mort du plus grand nombre.

L'orgueil, poussé jusqu'à ses plus extrêmes et ses plus féroces limites, guidait donc la conduite du Roux, et sa dernière pensée était une pensée sanguinaire.

Quel tigre!

Et cependant cette nature farouche, pour laquelle le crime était d'instinct, la conception la plus simple, ne s'humanisait que devant la plus faible créature, en ce moment enfermée au Château Noir, et tout entière à sa merci.

Nous avons, dans de précédents chapitres, fait ressortir cet étrange contraste entre le Roux protégeant la Goïta et le compère de Gratian faisant trembler tout le monde sous son regard et par la crainte de son coutelas. Certes, la Gitana captive, qui ignorait les actes atroces de son protecteur bizarre, mais qui devinait combien un tel homme était redoutable, avait raison d'être reconnaissante au Roux de tout le mal que celui-ci ne lui faisait pas.

Qui l'aurait empêché, en effet, ou de livrer la bohémienne aux assouvissements du baron Gratian, ou d'abuser lui-même d'une proie aussi belle devenue le jouet de toutes les violences possibles?

C'est ce que se disait Goïta à elle-même, et dans son instinct de femme elle comprenait toute la valeur du service absolument désintéressé jusqu'ici que lui avait rendu le Roux pendant sa captivité au Château Noir.

Aussi, pendant que les uns craignaient ou haïssaient le Roux, — ces deux sentiments sont équivalents, car on ne craint jamais qui l'on aime ou qui l'on estime, — un seul être, faible, sans appui, sans soutien, perdu au milieu de ces loups-cerviers du Château Noir, la Goïta enfin, avait pour le Roux une vive et reconnaissante sympathie. La jeune et jolie bohémienne ne mentait pas quand elle disait à cet homme qu'elle prierait Dieu pour lui !

Et le Roux, chaque fois qu'il entendait parler ainsi avec confiance et avec douceur la reine des Gitanos, éprouvait un charme mystérieux, non pas ce charme qui va faire naître quelque passion charnelle, quelque désir, mais bien celui, au contraire, qui s'adresse à la fibre mystérieuse de l'âme et qui lui fait entrevoir le bonheur que procurent les bonnes actions.

Alors le remords de n'avoir compris que le langage et les sollicitations de la perversité et du crime, ce remords aiguisé sans cesse par le souvenir de son parricide, avait porté le Roux à ne demander la fin de ses tourments qu'à la mort violente....

Mais il voulait entraîner dans sa catastrophe dernière tous ceux qui, aux yeux de Dieu et des hommes, étaient aussi bandits que lui.

Il s'était dit qu'il ferait le bien, une seule fois dans son existence, en arrachant aux appétits sensuels du baron de Castetner la pauvre bohémienne des tribus d'Athos, enlevée par ruse et par violence au milieu des siens massacrés ou proscrits.

Cette œuvre accomplie, le Roux montait lui-même à l'échafaud d'expiation, et il s'abîmait, avec les défenseurs du Château Noir, dans la catastrophe finale de son manoir maudit...

Le moment approchait où il lui fallait accomplir l'acte de protection jusqu'au bout.

La situation était désespérée au dedans et au dehors.

Trois cents pierriers et mangonneaux étaient disposés par l'armée béarnaise et prêts à battre sans repos les murailles du Château Noir. De puissantes machines étaient maintenant dressées et prêtes à être roulées jusqu'aux approches de la place assiégée. Des brandons de poix et de paille étaient prêts à être enflammés pour être lancés par les machines jusque dans l'intérieur du manoir, de façon à ce que l'incendie se manifestât d'une manière ou d'une autre, mais d'une manière infaillible.

Les assiégeants étaient prêts, et la découverte du cadavre de Biron, rejeté des flancs de la colline jusqu'aux palissades béarnaises, n'était pas fait pour calmer l'ardeur des assiégeants.

D'ailleurs, Gaston de Foix avait donné des ordres pour que tout fût terminé avant les fêtes de la Noël, dont on approchait rapidement.

Le Roux voyait bien que la dernière lutte allait avoir lieu sous deux ou trois jours.

Si les machines, si les quartiers de roche lancés contre les remparts, n'ouvraient pas la brèche, si l'incendie provoqué par les flammes lancées du dehors ne paralysait pas les efforts des défenseurs, le formidable castel pouvait tenir en échec pendant longtemps l'armée de Gaston-Phœbus; mais il fallait attendre les résultats de la première attaque.

Autour de lui, parmi les soldats, qui jusqu'alors obéissaient aveuglément aux ordres du compère, des signes de mécontentement s'étaient déjà produits.

On ne comprenait pas l'inactivité du baron.

Il fallait que Gratian fût à toute extrémité pour ne point paraître devant ses soldats, car ceux-ci, à cette époque d'indifférence totale pour la souffrance physique, étaient habitués à voir les barons se tenir à cheval, malades ou blessés, jusqu'au dernier moment de l'énergie et du souffle. Les impotents se faisaient attacher sur leurs coursiers plutôt que de ne pas remplir le premier devoir de la chevalerie : combattre, vaincre ou mourir.

Aussi, disaient les mécontents, si le baron est en danger de mort, qu'on sonne aux remparts, et qu'on évite l'assaut. On ne défendra pas un cadavre. S'il est vivant, et s'il veut sauver l'honneur de son nom et de sa bannière, qu'il paraisse et qu'il promette bonne récompense à ses soldats pour la besogne que ces derniers vont entreprendre.

Le Roux, tenu au courant de ces propos, se hâta d'intervenir et de parler au nom du baron.

Il promit large récompense à ceux qui feraient leur devoir, et punition exemplaire à ceux qui se mutineraient.

On ne tint pas grand compte de semblables paroles, et le soir un groupe de séides du Roux et de mutins en vinrent aux mains et à la hache sous la porte de la barbacane. La révolte avait déjà provoqué du sang.

Le compère apaisa tant bien que mal ces premières manifestations.

Il fit prendre et jeter, tout lié, aux gros chiens molosses qui rôdaient et hurlaient entre la première et la seconde enceinte, l'un des plus bruyants parmi les mutins.

Entouré de sa garde d'assommeurs, vrais brigands pour lesquels le compère était l'idéal des chefs, il défiait les murmures; mais il lui fallait déjouer les complots à la faveur desquels le manoir aurait pu tout à coup se trouver en la seule possession des mécontents et, à la fin, livré sans coup férir aux troupes du suzerain de Béarn.

Le plus sûr moyen à opposer à la crainte d'une délivrance inopinée du baron ou d'une révolte triomphante, ou d'une reddition perfide aux assaillants, c'était de provoquer la lutte suprême, et le Roux se prépara au dernier combat.

C'est alors qu'il se décida à donner le champ libre à la bohémienne.

Celle-ci attendait.

Elle avait cherché en vain les vêtements simples et modestes qui pouvaient lui assurer la pitié et la protection du dehors, au lieu des somptueuses toilettes dont on lui avait livré une profusion.

Sous les atours luxueux et brillants, elle devenait pour les uns un objet de basse convoitise, pour les autres un objet de mépris, parce que, n'étant pas de la condition des châtelaines, elle ne pouvait passer que pour une ribaude, une courtisane chassée du manoir.

Les vêtements qu'elle avait lors de son enlèvement par Gratian avaient été emportés. Il lui semblait interdit de se vêtir autrement que de soie et de brocart; la robe de bure et la cape brune, qu'elle cherchait de préférence aux robes bordées de vair, n'existaient pas pour elle.

Dans les bahuts où les toilettes de la châtelaine morte et des courtisanes qui avaient passé par là se trouvaient entassées pêle-mêle, le choix de la Gitana ne tombait jamais que sur des vêtements de plus en plus riches.

Enfin, plutôt que de risquer la prison perpétuelle avec ses continuels dangers, derrière les murailles du Château Noir, la Goïta se prépara comme elle le put.

Elle avait raison de redouter les convoitises de toutes sortes, lorsque devant une plaque d'acier de Venise, qui servait de miroir aux châtelaines de cette époque, elle découvrit son beau visage, sa gracieuse allure et le charmant effet de ses atours.

Le Roux, comme un geôlier qui irait chercher sa victime, entra dans le moment, tenant un paquet de clefs dans sa main.

La Goïta eut comme un frisson en voyant entrer cet homme... Elle savait que c'était le moment de la délivrance, et pourtant elle tremblait.

XVII

— Je suis à vous, dit le Roux, et je vais vous faire passer par des corridors où vous n'avez pas à regarder ni à droite ni à gauche.

Si je faisais sonner du cor, on ne nous répondrait pas du camp d'Oràas. Vous sortirez par une crevasse de notre montagne sur le versant d'Auterive et de Carresse.

Par là, vous rencontrerez un poste nombreux d'assaillants. Mais j'ai remarqué, au pennon qui flotte sur une tente, dans le lointain, que ce poste est commandé par un chevalier.

Vous aurez plus facilement raison d'un grand seigneur que de quelque sergent d'armes.

Je n'ai pas d'issue pour vous sur la plaine d'Oràas; il me faudrait ouvrir la barbacane et faire jouer la herse et le pont-levis. Le Château Noir ne s'ouvrira plus de bon gré.

Du reste, je vous le répète, vous demanderez le chevalier qui commande le camp de Castagnède, et c'est vers lui qu'on vous conduira sans doute lorsque vous arriverez aux barrières, après votre sortie du souterrain par lequel vous deviendrez libre à vos risques et périls.

La Goïta avait écouté, non sans émotion, toutes les paroles du Roux.

Celui-ci avait parlé lentement et d'une voix grave, comme si l'acte qu'il allait accomplir était pour lui la chose capitale de sa vie.

Et, en réalité, délivrer quelqu'un, dans cet antre fatal, était pour le Roux le fait unique de son existence.

La jeune fille répondit presque en tremblant à son sauveur :

— Je vous suis... et vous ne doutez pas de ma reconnaissance éternelle, ajouta-t-elle, joignant ses mains et se rapprochant de cet homme debout et impassible.

— Évitez d'être prise jamais. Nul ne vous protégerait sans vous demander... beaucoup.

Pour moi, je ne veux pas de reconnaissance; si vous vous souvenez du maudit compère d'un baron maudit, dites-vous qu'il n'a pas même mérité la pitié de Dieu et qu'il brûle au plus profond de l'enfer.

Et, sans attendre une protestation de pitié de la Gitana chrétienne, qui ne pouvait pas se résoudre à voir en son sauveur un être ainsi déchu pour l'éternité, le Roux prit les devants et indiqua d'un signe le chemin qu'il fallait suivre. C'était toujours la spirale de pierre, les escaliers en hélice de la tour du beffroi.

On descendit sans rencontrer de gens du manoir ou de gardes, car tout le monde était sur les remparts, et l'on se trouva à l'orifice des souterrains du Château Noir.

Au lieu de prendre la galerie tortueuse et sombre dans laquelle la Goïta s'était égarée une première fois, le Roux, qui avait trouvé un fallot tout allumé, et d'ailleurs préparé par lui, à l'entrée des souterrains, pénétra dans un labyrinthe d'où se dégageaient, à travers les froides ténèbres, des odeurs de cachot et de charnier.

La Goïta en fut vivement impressionnée, et elle se serrait avec crainte contre le Roux, n'osant regarder ni à droite ni à gauche, lorsqu'un rugissement effroyable se fit entendre dans ces profondeurs caverneuses.

Elle poussa un cri de détresse, et, malgré elle, la frayeur lui fit ouvrir les yeux qu'elle tenait fermés en marchant pour ainsi dire cramponnée au bras du Roux... Elle vit, frappées par la lueur sourde du fallot, quatre ou cinq masses confuses agitant de lourdes chaînes et se dressant debout.

C'étaient des ours sauvages, les féroces exécuteurs des hautes-œuvres du manoir.

Attachés à de solides piquets de fer, ces carnassiers pyrénéens recevaient, par une ouverture supérieure pratiquée dans la voûte, celles des victimes du baron ou du compère qu'on préférait supprimer sans éclat et sans témoins.

Les oubliettes du Château Noir correspondaient au charnier des ours, et ceux-ci, laissés sans lumière, sans contact avec le mouvement extérieur, étaient comme de gigantesques vampires dans un sépulcre de granit, toujours affamés, toujours altérés de sang.

— Oh! grâce, grâce! dit, d'une voix entrecoupée et suffoquée par l'effroi, la jeune fille, qui s'accrochait au compère.

Le compère ricana, et ce ricanement sinistre avait quelque chose de diabolique. Les ours semblèrent comprendre : ils se levèrent à l'unisson sur leurs pattes de derrière, fantômes épouvantables; leurs mâchoires terribles claquaient, et leurs petits yeux, perdus dans l'épaisseur de leur fourrure inculte, brillaient aux lueurs de la lanterne....

— Allons, patience, amis, je vais vous jeter de la venaison de là-haut, dit le Roux, pendant que la bohémienne continuait ses cris, car les ours, se précipitant sur leurs chaînes, approchaient du Roux et de la Goïta jusqu'à les frôler presque.

La Gitana fléchit sur ses genoux. Elle ne pouvait plus marcher.

Le Roux la prit à bras-le-corps, laissant son fallot à terre.

Les ours, croyant que la victime allait être lancée dans leur cercle, se préparèrent à recevoir la proie, et le roulement de leurs cris gutturaux redoubla comme un long éclat de tonnerre, produit par ces basses profondes et gigantesques.

— Tout beau ! tout beau ! crie le Roux d'un ton de belluaire aux carnassiers qui bondissent à la chaîne.....

Se sentant prise et enlevée, la Goïta ne parlait plus, son corps tout entier s'agitait comme la feuille à l'ouragan d'automne..... La peur avait paralysé sa voix.

Que faisait donc cet homme, son protecteur, son sauveur ? Excitait-il à plaisir les ours, pour ne leur montrer qu'un leurre, avec cette proie vivante qu'il semblait porter sur sa tête comme pour la lancer avec plus de précision vers ces gueules béantes que la faim et la férocité instinctive rendaient redoutables à tout être vivant ?

Mais le Roux franchit cette partie de la caverne, et il déposa la Goïta à terre, en l'engageant à ne pas avoir peur. Celle-ci ne quitta point le bras du Roux.

On franchit une forte barrière en fer, c'était une porte grillée en herse. Elle paraissait séparer l'antre des ours de la partie des souterrains conduisant à d'autres galeries. Le Roux ferma derrière lui cette barrière, comme s'il eût craint d'être poursuivi.

— Oh! Roux, quittons vite ces vilains passages, disait la fugitive de sa voix toujours tremblante.

— Nous tournoyons sur nous-mêmes en ce moment, répondit le compère.

Ces souterrains sont de véritables escargots, et une colonne d'ennemis, venant du dehors par surprise, se perdrait bien vite dans ces profondeurs...

Mais ne tremblez plus. Je connais mon chemin, et nous verrons de la lumière après quelques pas.

Un des prisonniers du souterrain.

La bohémienne, qui n'entendait plus les ours que de loin, s'enhardit de nouveau, et elle marcha avec courage et résolution.

En tournant brusquement dans une nouvelle galerie, on aperçut un jour blafard qui emplissait cette portion du souterrain.

Des ouvertures pratiquées à la partie supérieure de la voûte apportaient, cette fois, un peu d'air et de lumière.

Il y avait dans cette galerie quelques cachots, d'où s'échappaient des gémissements douloureux.

La Goïta entendit ces plaintes étouffées, et elle baissa les yeux, ne voulant point enfreindre l'injonction du Roux, qui lui répétait encore de ne pas regarder à droite ou à gauche.

Elle entendit seulement les cris des malheureux.

Dans une cellule fermée comme une cage par des barreaux en croix, un vieillard presque nu, à peine couvert de quelques haillons, gisait sur un sol qui n'était plus ni terre ni fumier.

De temps en temps, quand on descendait dans ces cavernes pour apporter de l'eau aux ours, les belluaires-geôliers se souvenaient qu'il y avait par là des captifs affamés et altérés. Alors, avec la même fourche qui servait à jeter quelque pâture aux carnassiers (lorsque la proie vivante tardait trop à descendre par les oubliettes) on envoyait, par les barreaux de leurs cages, des reliefs immondes aux prisonniers enchaînés dans ces cachots.

Ce vieillard était un ancien astrologue de Gratian. Il avait eu l'imprudence hardie de prédire au baron qu'il aurait une fin tragique et ignominieuse, s'il ne s'amendait; Gratian avait aussitôt condamné au cachot perpétuel le malheureux sorcier, dont la science divinatoire n'avait pas été jusqu'à prévoir le sort piteux qui lui serait un jour réservé à lui-même.

Lorsque le compère et la Gitana passèrent devant sa prison, le vieillard se dressa avec peine sur ses genoux décharnés et amaigris, et, soulevant ses chaînes avec ses bras, il supplia, d'une parole à peine articulée, qu'on le rendît à l'air libre ou qu'on l'achevât.

— Aux ours! si tu cries, riposta d'une voix forte et brutale le Roux, qui ne daigna pas même jeter un regard sur le fumier d'angoisse de cet infortuné vieillard.

La Goïta soupira fortement, d'émotion et de pitié, en entendant cette lamentable prière, à laquelle il était fait une réponse aussi barbare et aussi menaçante.

D'autres cris partirent d'une autre cage. C'était un voyageur de Guyenne égaré un jour sur les terres du baron Gratian, et qu'on avait enfermé et enchaîné parce qu'il n'avait pas voulu se racheter par rançon.

Jeune encore, ce captif était traité comme le vieillard, son voisin. Seulement celui-ci avait cet avantage sur le voyageur à rançon : il était en prison depuis dix ans! Le plus jeune n'avait pas encore un an de captivité; il était donc dans les transes effroyables du désespoir, et, lié à ses deux poignets par une chaîne passée par un anneau scellé au mur, il jouait comme un possédé, tirant tantôt la chaîne du bras droit, tantôt la chaîne du bras gauche, et accompagnant ce mouvement alternant d'un ricanement sinistre : celui-là était fou!

« Le bruit, le grincement des chaînes, les rires stridents du captif, attirèrent forcément le regard de la Goïta; elle vit cet homme, dont les vêtements tombaient aussi en lambeaux, dont les longs cheveux noirs et la barbe noire inculte couvraient déjà le visage.

Cette atroce infortune arracha un cri à la bohémienne.

— Pourquoi regardez-vous? dit brusquement le Roux.

— Pardon! dit la bohémienne, mais quel malheur frappe donc ces prisonniers?

— Marchez; et, puisque vous avez vu les captifs du baron, les ours du baron, les cavernes du baron, la justice du baron, soyez heureuse de n'avoir pas passé par un semblable traitement, après avoir été violée par votre ravisseur.

— Roux, mon charitable sauveur, je vous bénis en ce moment; c'est vous qui m'avez épargné ces effroyables malheurs.

— Nous arrivons! se contenta de dire celui-ci d'un ton bref.

Et, en effet, un nouveau détour de la galerie les conduisait à un couloir droit, très-sombre encore. Une porte épaisse semblait fermer hermétiquement le souterrain. Une fissure étroite laissant passer une ligne de lumière indiquait qu'on était en communication avec le dehors.

Le cœur de la jeune fille battit vivement dans sa poitrine : le Roux avait été sincère; il l'avait réellement sauvée. Elle porta la main sur son sein comme pour contenir des battements violents, et comme pour exprimer par un geste muet, mais sincère, toute la reconnaissance que lui inspirait la protection dont l'avait comblée le Roux.

Le compère tira de sa ceinture la trousse de lourdes clefs. Il choisit au toucher celle qui correspondait au gros verrou de la porte de sortie du souterrain.

La jeune fille se signa avec une piété non feinte, et elle adressa mentalement une prière à Dieu.

Le Roux, avant de faire jouer le fort cadenas qui fermait cette porte, appliqua son oreille près des verrous et sur le sol, pour écouter si aucun bruit suspect ne venait du dehors, dans la partie de la galerie laissée libre et en communication avec la campagne.

Il se redressa tout à coup, mais sans mot dire, comme s'il eût entendu quelque chose d'insolite.

Il fit un signe de la main à Goïta pour recommander à celle-ci le plus absolu silence, et de nouveau il s'agenouilla et écouta, son oreille appliquée encore à terre, au bas de la porte toujours verrouillée.

L'attention du Roux devait être bien captivée, car il retenait son souffle, et il semblait ne vouloir rien perdre de ce qu'il croyait entendre au-delà de la massive barrière qui séparait les souterrains du Château Noir des sinuosités extérieures de la colline.

XVIII

Pendant que s'accomplissait l'évasion si émouvante de la captive du Château Noir, l'armée béarnaise, à laquelle on venait d'apprendre la mort de l'écuyer de Biron, envoyait ses plus hardis explorateurs à la recherche, sur les flancs du thoron de Mû, de toutes les crevasses, fissures ou cavernes qu'on supposait devoir communiquer avec le centre de la forteresse.

La colère excitée par la mort si piteuse du volontaire Biron était à son paroxysme parmi les chefs et les soldats de la bannière suzeraine.

Le cadavre de Biron avait été relevé au pied des palissades de circonvallation. On savait maintenant, à n'en plus douter, qu'une tanière habitée par des défenseurs de la forteresse se trouvait à mi-côte du Mû, du côté d'Oraas, et, tout en prenant des dispositions pour se rendre maîtres de ce passage souterrain, les chefs de l'armée assiégeante faisaient explorer les autres parties du grand mamelon.

Jusqu'ici le siége du Château Noir avait coûté à Gaston-Phœbus deux de ses meilleurs serviteurs ; d'autres chefs et nombre de soldats avaient été blessés par les traits partis des tours et des remparts du manoir félon ; et cependant on ne pouvait pas dire que les assiégés eussent perdu autre chose que leurs communications libres avec le dehors.

Ces événements et cette situation exaspérèrent au plus haut degré le capitaine Brasc. Il résolut, avant de faire savoir ce qui se passait à Gaston-Phœbus, de se rendre maître à tout prix des cavernes meurtrières d'où les étrangleurs lui renvoyaient sans vie les plus dévoués de ses soldats.

Il commanda une manœuvre qui consistait à faire gravir, de nuit, la colline par des hommes couverts de leurs targes, c'est-à-dire coiffés en quelque sorte de leurs boucliers, pour éviter au besoin les volées de flèches des assiégés. C'était, comme on disait alors, « marcher à la tortue, » car les hommes couverts de leur targe sur la tête et sur les épaules ressemblaient parfaitement à des tortues avec leur carapace.

L'ouverture du côté de Castagnède, par où voulait déboucher le Roux, fut bientôt découverte.

Les paysans du pays avaient, d'ailleurs, indiqué ces crevasses, qui avaient extérieurement l'aspect de fissures et de cavernes naturelles et sauvages. Mais nul parmi les gens du pays ne s'y était jamais aventuré, parce que cette partie de la colline avait été qualifiée « d'enclos de guerre. »

On se rappelait cependant que, lorsque les loups et les renards allaient y chercher un refuge, leur présence se trahissait au loin par leurs hurlements et leurs glapissements douloureux. Ils s'étaient laissé prendre aux piéges et chausse-trapes dont le sol de ces cavernes était abondamment pourvu. Les curieux, les explorateurs, les malfaiteurs ou les ennemis couraient donc de véritables dangers en s'aventurant jusque dans l'intérieur de ces couloirs alpestres.

Les soldats envoyés à la recherche ne s'arrêtèrent pas à ces difficultés. Brasc avait donné un ordre formel : il voulait les passages à lui et au besoin les défenseurs de ces cavernes.

Ce fut avec la plus grande circonspection que deux *coutilliers* (1) pénétrèrent dans le souterrain qui regardait Castagnède. Ils sondèrent en rampant le sol et les parois de la caverne. Des ronces sèches furent le seul obstacle qui se présenta à eux.

C'était un excellent aliment pour un incendie, si les chefs décidaient d'enfumer la tanière.

Ils arrivèrent enfin jusqu'à la porte massive en chêne revêtue de plaques de fer et constellée de gros clous à têtes pointues et saillantes.

Les *coutilliers* se hâtèrent d'aller faire leur rapport à Pierre de Béarn, frère bâtard du comte de Foix, qui commandait le poste de Castagnède.

Pierre ordonna qu'on ne mît point le feu aux broussailles de la caverne, mais qu'on tendît un piége permanent à ceux qui tenteraient de sortir.

Ce piège n'était autre chose qu'une surveillance organisée en dehors de l'entrée de la caverne, de manière à happer au passage quiconque, arrivant

---

(1) Les coutilliers étaient les soldats non armés de l'arc ou de la pique. Ils portaient une épée longue, menue et tranchante depuis la pointe jusqu'à la garde. Il y avait un coutillier parmi les six hommes armés qui composaient l'escouade appelée au moyen-âge *homme d'armes* ou une *lance*. Une armée de cent lances comprenait donc six cents soldats.

des souterrains intérieurs, aurait tenté de venir examiner les avant-postes de l'armée assiégeante ou bien aurait essayé de fuir.

C'était pendant les allées et venues des soldats placés au guet, mais en dehors de la caverne, que le Roux avait cru distinguer des bruits qui ne le rassuraient nullement.

Il en fit part, à voix basse, à la bohémienne, en lui proposant d'attendre un moment plus favorable.

Mais celle-ci, qui redoutait par-dessus tout un sursis qui pouvait lui devenir plus fatal que la chance périlleuse de sa sortie du manoir, celle-ci protesta contre ce qu'elle appelait les craintes exagérées du Roux.

— Vous en parlez bien! riposta celui-ci à voix basse et d'un ton presque impatienté.

Vous ne savez pas qu'à la guerre tout est ruses et embûches et que, si je vous laisse sortir par ici, un flot d'ennemis peut pénétrer avant qu'on ait fermé l'entrée des souterrains?

La Goïta ne répliqua point, tant elle avait peur d'indisposer l'homme à la merci duquel elle se sentait si complétement.

Le moindre retour dans les idées jusqu'ici favorables de cet être redoutable pouvait être la perte sans miséricorde de celle qui avait entrevu sa délivrance et qui ne soupirait qu'après cette seule chose : l'air libre, au risque même de tomber pour le moment prisonnière des soldats béarnais.

— J'ai besoin d'écouter encore! dit le Roux, à la grande consternation de la fugitive, qui dévorait son impatience, et qui, se voyant sur le seuil de la liberté, appartenait encore à sa prison par toutes les incertitudes de volonté de son geôlier.

L'idée seule de retourner sur ses pas, au moindre caprice du Roux, et de traverser la caverne des ours, la glaçait d'horreur et d'effroi. Elle se résigna à attendre dans une anxieuse perplexité la décision du Roux, qui sondait constamment, par l'auscultation du sol et du bois de la porte bardée de fer, les mouvements extérieurs dont le bruit était arrivé jusqu'à lui, et que l'oreille, pourtant bien fine, de Goïta n'avait nullement perçu.

Dans sa situation si perplexe et réellement intolérable, la Goïta eut un moment la folle pensée de crier de toutes ses forces et d'appeler au secours, comme pour attirer les gens du dehors que le Roux soupçonnait être déjà entrés dans la partie extérieure du souterrain.

Mais cette idée fut, heureusement, aussitôt rejetée que conçue.

Cette fugitive témérité aurait pu lui coûter cher, et, pour le coup, le Roux n'eût pas hésité à changer brusquement ses sentiments à l'égard de la bohémienne, et à punir cruellement celle-ci en la livrant en pâture aux ours du souterrain.

Elle comprit bien vite l'insigne danger de cette hallucination, et elle se tut, comprimant son impatience.

Le Roux se releva, après avoir écouté pendant longtemps et à plusieurs reprises.

— Je n'entends plus rien, dit-il.

La Goïta respira.

— Eh bien ! sortons-nous ? demanda-t-elle.

Le Roux fit un mouvement brusque, comme s'il eût été agacé par l'empressement manifesté par la fugitive.

— Pourquoi n'avez-vous pas confiance en moi?

Si je ne voulais pas vous délivrer, aurais-je fait tout ceci ?

J'irai jusqu'au bout; mais, encore une fois, laissez-moi juge du moment opportun.

Je n'ouvrirai pas encore cette porte !

La bohémienne entendit avec désespoir ces dernières paroles, qui refoulèrent violemment la joie muette qui, une minute auparavant, avait rempli son âme, lorsque le compère, s'étant relevé de son auscultation du sol, avait dit qu'il n'entendait plus rien au dehors.

Mais elle ne souffla mot, et le Roux n'interrompit pas ce silence.

Des bruits du lointain arrivaient jusqu'à l'entrée de la caverne, mais c'étaient les bruits du camp, les coups d'essai des balistes ou des mangonneaux. Les cris qui traversaient parfois l'espace, et dont l'écho venait se répercuter jusque sur les parois extérieures du souterrain, appartenaient aux armées combattantes.

Ce n'étaient pas ces bruits d'hommes ou de machines qui inquiétaient le Roux. Son oreille était habituée à ces fracas, il en distinguait admirablement la cause et le but. Mais les allées et venues secrètes et circonspectes des explorateurs du souterrain avaient seules éveillé son ombrageuse méfiance, et c'est pour cela que, momentanément rassuré par la tranquillité apparente des abords de la caverne, il avait décidé, malgré tout, malgré son désir de donner la clef des champs à la Goïta, malgré la fiévreuse impatience de celle-ci, c'est pour avoir entendu des pas et des mouvements suspects au-delà de la porte qui fermait les souterrains, qu'il décida d'attendre encore, et d'attendre en écoutant silencieusement.

La jeune fille se réfugia de nouveau dans la prière pour se réconforter et s'enhardir.

Le Roux respecta la dévotion de Goïta.

Il profita de la méditative attitude de la bohémienne pour écouter encore, son oreille appliquée aux fissures étroites de la porte, les bruits extérieurs....

Outre la prière, une autre pensée bien vive remplissait l'âme de Goïta.

Elle se disait qu'une dernière barrière la séparait de son bien-aimé, de Sünhart, qu'elle allait enfin revoir.

Oh! qu'il y avait longtemps, se disait-elle, — trop longtemps pour la fiancée fidèle et amoureuse! — qu'elle n'avait vu le cher Enrique, celui dont elle sentait, sur sa lèvre brûlante, l'ardent baiser donné à Athos avant le départ du jeune Miquelet pour la mission de confiance dont l'avait chargé Gaston-Phœbus.

Et elle monologuait mentalement :

— Il m'attend, sans savoir ce que j'étais devenue! Il n'aura pas douté de moi, j'espère! Et pourtant qu'elles aventures ont été les miennes dans ce maudit castel, dont la dernière porte tarde tant à s'ouvrir devant moi!

Oh! oui, Enrique, j'ai conservé ta foi et j'ai été digne de ton amour. J'étais prête à me poignarder mille fois, si je n'avais pu reparaître en ta présence que souillée et avilie...

Et à ton tour, je le sais, tu auras gardé ton serment de fidélité envers celle que tu appelas l'amante de ton cœur et l'épouse de ta vie, en ce jour bienheureux de nos fiançailles!

Je vais te retrouver digne du seigneur que tu sers et de la fortune qui peut-être se prépare pour toi. Je devinais ton cœur, et je sais que tu ne me rejetteras pas, quoique ta situation ne soit plus celle du pauvre Miquelet de Lecumberry! Celle dont on a voulu faire une courtisane et la maîtresse suzeraine de ce manoir te reviendra humble de position, mais fière de sa vertu, pauvre parce que tout a été pris dans le sac de son campement d'Athos, mais riche de courage, d'amour et de dévouement!

Et, à ces pensées, une larme coulait des beaux yeux de la Goïta.

Le Roux s'en aperçut.

— Vous pleurez d'impatience, ma mie? Je vous ai dit que vous seriez libre : il faut avoir confiance en moi.

— J'attends avec confiance, Roux. Mais, que voulez-vous? je pleure au souvenir des miens que je ne reverrai pas à Athos.

— Qui vous force de quitter ce manoir?

— Oh! non, de grâce! ne me parlez pas de rester, puisque vous avez consenti à me délivrer....

— C'est entendu ; mais, si vous craignez maintenant de ne trouver personne

Cagote, tu es à moi, dit-il, et, je te le jure, tu mourras...

pour vous recevoir, il ne tient qu'à vous de rendre le baron très-heureux de vous faire la maîtresse du manoir et de tenir en échec tout le Béarn devant nos murs.

Nous pouvons résister un an et plus ; — après, par exemple, tout pourra se gâter, mais une prompte et glorieuse mort terminera une belle et joyeuse vie.

A ces paroles dites d'un ton presque sarcastique, Goïta demeura comme interdite.

S'il eût fait grand jour dans cette galerie souterraine, le Roux se fût aperçu, à la vive rougeur qui monta au visage de la jeune fille, de l'impression d'indignation que lui produisaient de semblables propos.

Sans mot dire, elle regarda le Roux, et celui-ci, sous le coup de ce regard qui disait plus que toutes les paroles combien la Goïta se révoltait, celui-ci reprit un autre ton, et il s'excusa en réalité.

— Je sais, dit-il, que vous n'êtes pas de celles qui vendent leur corps et leur âme pour un plaisir passager.

Ce que je vous ai dit nous a aidés à attendre quelques moments encore, mais je vous protége, et je vous rends libre parce que vous méritez ce que je fais pour vous.

Allons, ne pleurons plus, Goïta, et préparez-vous à sortir.

Je vais risquer beaucoup en ouvrant cette porte, mais pour vous j'ai déjà beaucoup risqué; et, cependant, cet homme terrible qui s'attirait votre colère, votre regard plein de reproches, cet homme aura été pour vous l'ami le plus inattendu, avouez-le, et surtout le plus désintéressé.

A ces accents qui trahissaient le regret des précédentes paroles, la jeune fille, émue et reconnaissante, prit vivement la main du Roux :

— Je vous pardonne ce que vous m'avez dit, et ne doutez jamais de mon éternelle reconnaissance. Je vous dois la vie et l'honneur, dans ce manoir où tout était piéges, dangers, tentations !

Au moment où vous me délivrez, je veux que vous sachiez combien je prierai pour vous et combien, si cela m'est possible, je défendrai votre cause auprès de l'armée béarnaise.

Je ne serai pas seule à être reconnaissante. Quelqu'un là-bas, dans l'armée de Gaston-Phœbus, m'aidera à faire défendre votre cause, si les armes vous étaient défavorables.

Le messager du comte de Foix, un brave Miquelet, mon fiancé, que le suzerain de Béarn protége, celui-là parlera comme moi; et, si vous vous repentez beaucoup devant Dieu, votre salut ne sera pas compromis, et, quant aux hommes, nous vous les rendrons favorables.

Merci encore! merci, toujours! Roux, mon sauveur!

Celui-ci, qui ne trouvait point d'expressions capables de répondre à l'émotion douce et à l'éloquente sincérité de Goïta, celui-ci fit alors jouer le lourd cadenas, et la porte s'entr'ouvrait enfin !...

Il sortit sa tête par l'entre-bâillement et il explora d'un coup d'œil la galerie, prêt à refermer vivement l'huis épais à la moindre apparition suspecte.

Rien ne décelait la présence d'espions ennemis. Les buissons desséchés à l'entrée de la caverne n'étaient pas coupés ou affaissés. Le sol de la galerie, jusqu'au bord externe de la crevasse, ne présentait aucune particularité de nature à éveiller la défiance. En un mot, le Roux se dit à lui-même que décidément il avait été trop prudent.

Il ouvrit plus largement la porte.

— Venez maintenant, dit-il à la bohémienne.

Celle-ci s'élança comme si elle eût craint quelque contre-temps nouveau.

Mais le Roux, plus prompt que la fugitive, arrêta celle-ci dans son élan, et Goïta poussa un cri.

— Pourquoi bondir si vite? dit le compère d'une voix forte et qui n'observait plus les règles de la prudence, suivies jusque-là avec tant de soin.

Et aussitôt, au cri de la jeune fille et à la parole du Roux, les soldats de Béarn, placés au guet à la sortie du souterrain, sortirent tout à coup de leur cachette, et leurs têtes coiffées du morion apparurent soudain aux yeux stupéfaits du compère, qui retenait la Goïta.

Sans perdre une seconde son sang-froid, le Roux devina tout; il se replia vivement, entraînant avec lui la bohémienne, et, en moins de temps que nous n'en mettons à décrire cette scène, la Gitana et son protecteur singulier se retrouvaient à l'abri derrière la porte du souterrain, que le Roux cadenassait avec soin.

— Malédiction! cria-t-il en repoussant brutalement la Goïta... Mort de Dieu! ta cause nous perdra tous, fille! tu as crié, et l'ennemi nous assaille....

Et en même temps, comme pour confirmer cette dernière parole du compère, une troupe de soldats du camp de Pierre de Béarn fit irruption dans la partie libre du souterrain, et battit vivement la porte bardée de fer avec des piques et des maillets.

Mais l'huis résista, et le Roux, abandonnant un instant la Goïta, qui restait muette au milieu de tant d'angoisses et que tant de déceptions déchiraient à la suite des plus vives espérances, le Roux alla chercher des quartiers de roche accumulés en divers endroits du souterrain, et il fortifia seul, habilement et dextrement, la porte solide, qui résistait avec avantage aux coups répétés du parti assaillant.

Non content de ce surcroît de résistance, le compère trouva et traîna jusqu'à l'huis une forte solive qu'il arc-bouta contre la porte. Il ne paraissait pas possible, dès lors, à moins de faire manœuvrer le bélier (chose impossible), de se rendre maître de ce passage.

Il se dit qu'il aurait tout loisir pour faire murer le souterrain et interdire à tout jamais l'entrée par ce point vulnérable du Château Noir.

Alors il revint vers la Goïta, qui était restée blottie dans un coin, la tête cachée dans ses mains, pleurant de désespoir et n'attendant plus que la mort.

— Pour vous, pour toi, Gitana de malheur, dit le Roux dans un accès de colère, j'ai failli laisser passer par traîtrise l'ennemi qui nous guettait et que ton cri a réveillé. Que tu te sauves, et qu'il advienne de toi ce qu'il pourra, peu m'importe! mais qu'à cause de toi, le manoir soit pris par embuscade, non, je n'y peux consentir.

Remontons au castel.

J'aviserai, si je le juge à propos; mais je ne me risquerai plus à une aventure qui nous mettrait tous à la merci de l'ennemi, sans avoir à lutter et sans que le château ne soit détruit de fond en comble.

J'y mettrai plutôt le feu, et tous nous attiserons l'incendie de nos corps maudits.

La Goïta, à genoux, cria :

— Grâce! grâce! ne faites périr personne pour moi.

Laissez-moi partir seule, n'importe comment, et, si je péris en chemin, que cela ne vous préoccupe plus...

— Allons! allons! cagote, marchons, remontons au castel.

Je suis le maître céans, et je n'écouterai plus que ma volonté.

A peine achevait-il ces mots qu'un tumulte effroyable se produisait dans les profondeurs des souterrains.

Des bandes forcenées avaient l'air de se précipiter dans les galeries; des éclats de voix, des bruits d'armures, des cliquetis de lances et d'épées, des commandements secs et lointains se faisaient entendre. Par-dessus tout, les rauquements formidables des ours, surpris, épouvantés et rendus furieux, dominaient cette bagarre effrayante, et le compère, étonné, inquiet, cherchant la cause de ce tumulte et la devinant enfin, fut cloué sur place, comme pétrifié par ce qui se produisait.

La Goïta à genoux, affolée de peur, enlaça, comme pour chercher une protection, les jambes du compère ; elle les serrait convulsivement, comme si l'homme qui la menaçait, il y avait une minute à peine, dût être encore, et malgré tout, son appui suprême dans la tempête qui se produisait tout à coup dans ces noires profondeurs.

. . . .

Précédé de torches et suivi d'une troupe d'hommes armés jusqu'aux dents Gratian apparaissait. . . . .

. . . .

XIX

Le Roux n'eut pas le temps de se défendre; sa stupéfaction immense s'y serait opposée.

En un clin d'œil, comme la meute qui se précipite sur la bête aux abois, les mêmes hommes qui se faisaient, il y a quelques heures, les aveugles instruments des desseins occultes du compère, ces hommes, ces séides se ruèrent à la fois sur celui que Gratian apostropha par ces seuls mots :

— Ah! je te tiens, triple criminel, chair à fauves, abominable traître!

Enlevez le pendard, et hissez-le jusqu'au castel : il ne faut pas qu'il périsse sitôt!

Et en même temps le Roux, sanglé, garrotté, était porté sur les robustes épaules de quelques-uns de ces monstres à face humaine qui étaient le bras et l'instrument de tout ce qui avait la force et l'autorité dans ce Château Noir.

Jusqu'ici c'était le Roux qui dominait, et ces affreux soudards, créatures de rapine et de sang, obéissaient au compère jusqu'à l'aider à achever le baron étendu sur son lit de torture; mais maintenant le baron, debout, délivré et furieux de rage légitime, il faut l'avouer, retrouvait tout son monde fidèle, et il lui avait suffi d'un énergique appel pour se mettre en chasse, sur la piste du traître, lui en tête de ses dogues humains.

La Goïta était désormais à la merci de son ravisseur.

Gratian se pencha vers elle, faisant approcher du visage pâle de la bohémienne la torche de l'un de ses pages.

— Allons, dit-il d'un ton presque narquois, elle perd aussi souvent connaissance que la reconnaissance! Holà! quelqu'un, enlevez-moi cette amoureuse du compère.

Gardons-la pour le banquet des noces, et vite sous la chaîne, cette cagote de malheur.

La Goïta fut enlevée et portée dans un des cachots du souterrain. La violence des mouvements lui rendit l'entière possession de soi-même, et les premiers mots qu'elle articula furent adressés à Gratian, qui dirigeait l'opération du ferrement des pieds et des bras; car on l'enchaînait dans la cellule du voyageur de Guyenne et à la place de celui-ci, qui, hébété, se laissait faire sans mot dire et sans bouger de place.

— Monseigneur, dit-elle, faites-moi tuer d'un coup de poignard, de grâce! ne veuillez pas autre chose de moi que ma mort. Je ne suis coupable que d'avoir voulu m'échapper de ce castel. Je ne sais pas pourquoi je n'ai plus ma dague protectrice. Envoyez-moi à la mort par le fer, et non par la dent des bêtes : c'est toute la faveur que je vous demande!

Gratian avait écouté en silence; mais son regard, rendu brillant par la fièvre, éclatait dans ses orbites caves, car la souffrance avait profondément creusé le visage du baron.

C'est ce regard perçant qui seul répondait à la bohémienne.

Que pensait Gratian, que semblait-il vouloir dire?

Se complaisait-il seulement à l'idée d'achever cruellement les jours de sa captive, où savourait-il d'avance la volupté d'une suprême possession avant d'en finir avec ce beau corps qu'il faisait momentanément enchaîner?

Ou bien voulait-il avoir quand même le dernier mot de la jeune fille, la faire sa courtisane, par la seule fatalité des choses, par la crainte de tourments sans nombre, par l'horreur de la claustration froide et fétide, par 'épouvante des animaux féroces ou des appareils de torture?

Qui pourrait le dire?

Gratian ne prononça d'abord aucun mot pour répondre à la Gitana. Il paraissait la mépriser trop pour descendre jusqu'à un colloque avec sa prisonnière.

Mais comme le voyageur à rançon, ce pauvre fou en haillons et désormais incapable de marcher, tant sa position accroupie dans le cachot avait paralysé chez lui les moyens de locomotion, comme ce voyageur, dont on prenait le cachot et les chaînes de fer, devenait un embarras pour les geôliers du Château Noir, Gratian trouva une solution aussi prompte qu'originale:

— Envoyez-moi ce quidam, qui n'a pas cent écus tournois dans son escarcelle quand il traverse ma terre, envoyez-le aux chiens de l'enceinte!

Il faut tenir mes molosses en appétit de chair humaine; car, lorsque l'assaut sera donné, il faut que les plus hardis de la bannière de Phœbus trouvent bon accueil dans mes fossés intérieurs. Allez!

Les soudards, laissant Gratian seul avec ses deux pages, emportèrent le malheureux, qui n'avait nullement conscience du sort effroyable qu'on lui destinait.

Il eut comme un ricanement d'insensé, comme s'il eût voulu exprimer quelque satisfaction de se sentir porté et balancé sur les épaules des belluaires farouches.

Remonté dans la cour d'honneur du château, le groupe du fou rencontra le groupe qui avait emporté le Roux, et celui-ci, lié comme un fagot, était jeté à terre, où il gisait comme une bête d'abattoir qui attend son tour. Les routiers du castel lui disaient maintenant leurs patenôtres à leur façon souforme de brocards et de quolibets grossiers.

Il n'y eut trêve pour le Roux à ces sanglantes plaisanteries que lors de l'arrivée du fou prédestiné aux chiens.

Alors tout ce qui était libre dans la garnison suivit les exécuteurs du pauvre diable, et tout le monde se mit à la terrasse qui dominait le fossé profond des molosses.

Là, on pendit le fou par les aisselles, et on le laissa descendre doucement jusqu'à une certaine distance de la gueule et du bond des chiens affamés et terribles.

Ceux-ci sautaient en effet à l'arrivée de cette vivante proie. De pareilles aubaines manquaient rarement aux deux cents molosses de l'enceinte. Leurs yeux injectés de sang, leur gueule pantelante, leurs aboiements courts et rauques, indiquaient l'appétit féroce de ces carnassiers de rempart.

Le fou riait à ces ébats! et la galerie des soudards jouissait à ce spectacle sans pareil.

Une victime faisant risette à ses dévoreurs de tout à l'heure,... mais c'était nouveau et charmant pour les sauvages auteurs de cette tragédie!

Alors on baissa davantage la corde, et les chiens les plus agiles purent bondir jusqu'aux pieds de la victime.

Les premiers coups de croc arrachèrent au malheureux un cri lamentable. Sous l'insanité de l'esprit, il y avait la sensibilité corporelle; ce fut celle-ci qui gémit à la douleur physique.

On releva, au milieu des rires et des battements de mains, le cadavre vivant — car ce n'était pas autre chose! — et désormais on releva et on baissa de plus en plus la corde, de manière à ce que la curée commençât par l'arrachement de lambeaux de chair à toute la partie inférieure du corps.

Et au milieu de ce supplice épouvantable, le fou criait, impuissant, et ses lamentations douloureuses semblaient faire chorus avec les hurlements des chiens et les cris de joie des bourreaux.

Enfin il fallut couper la corde et livrer complétement le malheureux aux carnassiers.

On hissa de nouveau la victime, afin de couper la corde assez près des épaules; et alors, comme ces dogues qui dans nos anciennes courses de taureaux se pendaient aux oreilles et au cou de la victime et qui se laissaient traîner par celle-ci, les horribles chiens du Château Noir se pendirent par leurs crochets aux jambes du fou, et on hissa les chiens en même temps que l'infortuné voyageur. Puis, la corde coupée, homme et chiens retombèrent dans le fossé, et en quelques instants le fou avait disparu, déchiré et englouti par cent gueules.

Tandis que s'accomplissait cet horrible martyre, Gratian, demeuré avec deux porte-torchères en présence de la Goïta dans le souterrain, daigna lui parler en ces termes :

— Cagote d'Athos, tu es à moi, et, je te le jure, dit-il en levant le bras jusqu'au-dessus de sa tête, tu mourras de mort épouvantable, si demain tu ne me fais demander grâce et pitié ; alors je verrai comment il faut traiter celle qui me devait tant d'égards, et qui m'a si indignement trahi en s'alliant avec le plus monstrueux traître de ce manoir.

Jusque-là, expie et réfléchis !

La bohémienne avait écouté froidement sans mot dire, puis elle laissa tomber sa tête dans ses mains chargées de chaînes, et elle pleura abondamment.

Gratian se retira, et il ferma lui-même le cachot de Goïta; il en emporta la clef.

Il remonta, traversant les charniers des ours et les sombres galeries jusqu'au seuil du donjon, et la troupe furibonde lui annonçait que les chiens du seigneur avaient fait honneur au prisonnier de Guyenne.

C'était au Roux maintenant qu'il fallait songer.

Gratian ne perdit pas de temps.

Il fit planter un piquet au milieu de la cour d'honneur. Le compère y fut attaché par le cou, par les pieds et par les mains, celles-ci rattachées derrière le dos.

Le Roux frémissait de rage, son corps robuste et trapu se ramassait gonflé par des efforts de rage impuissante. Dans ses yeux se lisait l'amer dépit d'avoir été devancé par le baron.

— Compère, lui cria celui-ci ensuite, en présence de ceux des soldats

Ils aperçurent étendue à terre…

laissés disponibles par la surveillance des remparts, compère, commande maintenant en maître à ces soldats et à ces serviteurs.

Voilà ton trône! tu vas y jeûner un jour et une nuit. Puis tu feras faire chère à de bons compagnons que tu as un peu négligés ces jours-ci, parce que tu prenais trop soin de moi. Ils ont faim, ces compagnons. Nous les ferons jeûner jusqu'à ce que tu sois de la fête…

Tu me comprends, compère? c'est donc entendu. Prends patience au piquet, et savoure l'hommage que je viens de te rendre comme un vassal à son suzerain.

Cela dit, Gratian tourna les talons et alla se préparer à diriger les travaux de défense et à se mettre en garde contre les surprises des ennemis.

A l'égard des faibles et des gens enchaînés, il avait beau jeu! Il lui fallait maintenant songer à sauver sa tête et son manoir.

Il fit sonner les trompettes, assembler les combattants, et, revêtu de son armure, il commença, bien qu'affaibli encore, la laborieuse inspection des moyens de défense du Château Noir.

A ce sujet, Gratian ne put s'empêcher, dans son for intérieur, d'admirer les excellentes dispositions prises partout par le Roux, et cela l'affermit davantage dans l'idée qu'il s'était faite :

— Le Roux a voulu me supplanter, devenir le maître du manoir pour traiter ensuite, fort de ses avantages et de ses ressources comme résistance, avec Gaston-Phœbus lui-même.

O infâme loup-cervier, ta peau éclatera avant d'être devenue la peau du lion!

XX

Gaston-Phœbus avait été tenu de point en point au courant des événements qui se passaient devant le Château Noir.

On ne put pas lui cacher trop longtemps la fin tragique du jeune écuyer de Biron.

Le prince suzerain de Béarn trouvait là un nouvel aliment à sa colère contre la forteresse rebelle. Aussi transmit-il à son lieutenant, le chevalier Brasc, l'ordre de pousser à tout prix, par les machines, par le feu, par la sape, les travaux d'attaque.

Sur ces entrefaites, on apprit par un messager de Pierre de Béarn qu'une nouvelle entrée du Château Noir venait d'être découverte, du côté de Castagnède, et que les soldats postés à l'entrée de la caverne, reconnue comme étant un passage souterrain, avaient failli prendre un homme et une « belle ribaude » qui cherchaient à s'évader.

Prévenus du piége par un trop brusque mouvement des soldats aux aguets, l'homme et la femme étaient rentrés précipitamment dans le souterrain, et l'entrée en avait été vivement et fortement barricadée. Les soldats qui avaient cherché à forcer l'huis de bois et de fer avaient entendu les travaux faits à l'intérieur pour renforcer davantage cette barrière, infranchissable en apparence.

Au rapport de chacune de ces circonstances, Pierre de Béarn n'hésita pas : au lieu de laisser à l'ennemi le temps de se fortifier et de murer ce passage, qui était décidément la partie vulnérable de la forteresse, il fit appel aux hommes résolus de son camp pour aller derechef à l'assaut de la caverne et pour forcer la porte à coups de hache et au besoin par l'incendier.

Heureusement pour la réussite de ce plan, Gratian venait de faire sa « justice » à l'intérieur, et les défenseurs du Château Noir avaient été un instant détournés de leur vigilante sentinelle, au moins sur les parties qui ne regardaient pas directement le gros de l'armée du siége, du côté d'Oràas.

De plus, le baron ne savait pas, n'avait pas eu la vulgaire adresse de chercher à savoir par le Roux que la caverne était menacée par le corps d'observation de Pierre de Béarn.

Le compère, devenu le jouet des cruelles représailles de Gratian, s'était bien gardé de jeter l'alarme. Bien plus, il attendait sa vengeance, sinon sa délivrance, de l'irruption même des ennemis par les souterrains du manoir; et, puisque le baron lui avait donné vingt-quatre heures de carcan au pilori de la cour d'honneur, avant de le faire précipiter dans la basse-fosse aux ours, il se disait que ce temps serait plus que suffisant pour voir arriver l'armée assaillante, et pour périr d'un coup de pique ou d'un coup d'épée, comme il l'avait souhaité en définitive. Mais, en mourant, il aurait la satisfaction dernière de voir périr l'odieuse garnison du château et de voir aussi la fin honteuse du sire de Castetner.

Les chefs de l'armée béarnaise, réunis chez Brasc, à Oràas, entendirent et approuvèrent les projets de Pierre de Béarn.

Le gouverneur de Sauveterre, commandant des forces du siége, combina même une démonstration du côté d'Oràas afin de laisser au parti de Pierre de Béarn le temps et le loisir d'effectuer l'expédition souterraine.

Aussitôt la corne d'appel, les trompes de guerre, retentirent dans tous les campements. Les fantassins prirent leurs piques, les archers leurs arbalètes ; les chevaliers montèrent sur leurs chevaux. L'ordre d'assaut fut donné aux troupes, et les machines s'apprêtèrent à lancer leurs pierres, leurs brûlots, leurs lances d'incendie.

Surpris par cette détermination, qui leur paraissait un peu prompte eu égard au peu d'avancement des travaux du côté escarpé de la colline, les soldats de Béarn se demandèrent avec effroi si la tentative n'allait pas être plus meurtrière que victorieuse.

L'absence de Gaston-Phœbus sur le théâtre du combat surprenait aussi tout le monde, car on savait combien était brave le comte de Foix, et comme il briguait l'honneur de marquer toujours sa place en tête des batailles.

Mais telle était l'ardeur des assaillants et la volonté de venger la nation béarnaise des forfaits d'un rebelle devenu légendaire dans la contrée, tel était aussi le secret désir de tous les soldats d'avoir terminé cette guerre locale avant les grands froids d'hiver, — car déjà ils étaient sensibles, puisqu'on touchait à la Noël, — que chacun résolut d'affronter tous les périls et de combattre avec bravoure pour la cause de Gaston-Phœbus et de la dignité du pays.

Les colonnes d'assaut furent ainsi réglées :

Des hommes, portant de grands pavois en guise de dais faits en doubles planches, abritaient des sapeurs munis de pics et de hoyaux pour saper la barbacane.

D'autres, sous les mêmes abris, qui garantissaient les assaillants des pierres lancées du haut du manoir, des volées de flèches et de toutes les matières liquides et enflammées qu'on n'allait pas manquer de jeter du haut des tours et des machicoulis, d'autres hommes portaient des échelles pour pouvoir les dresser contre les murs en brèche.

Derrière ces soldats, les coutilliers, armés du glaive et marchant en tortue sous leur targe, qui leur garantissait la tête et les épaules, rampaient presque sur leurs genoux. Ils devaient les premiers gravir les échelles et égorger avec leurs coutelas les premiers défenseurs sur les remparts, ceux-ci étant généralement armés de haches ou de longues lances en fourche que plus tard on appela pertuisanes.

Après les coutilliers, les archers, à découvert, vêtus de leurs cottes d'acier, devaient répondre trait pour trait aux arbalétriers du manoir et harceler les troupes de défense par leurs volées de viretons.

Enfin les hommes d'armes à cheval avaient pour mission ou de fournir de nouveaux renforts aux hommes de pied, au moment de l'assaut, en mettant eux-mêmes pied à terre, ou de courir sus aux assiégés en cas de sortie.

Pendant ce temps, comme nous l'avons dit, les machines devaient, de trop loin, il est vrai, battre les murs de brèche et surtout lancer des matières incendiaires par-dessus les murs du manoir, pour paralyser et diviser la défense.

Telle était la belle et rapide ordonnance d'assaut arrêtée par le commandant Brasc.

Gratian de Castetner achevait ses *exécutions intérieures*, et il procédait, comme nous l'avons dit, à l'inspection de ce qu'on appelait alors « l'œuvre défensive » du manoir féodal, lorsqu'il aperçut du haut des murailles le rassemblement et l'ordre de bataille des troupes assiégeantes.

Il resta longtemps en observation devant le spectacle qui s'offrait à ses yeux.

Son habitude de la guerre lui fit aussitôt comprendre que l'ennemi se disposait à un assaut. Mais, en examinant les moyens d'action de l'assaillant et les forces de résistance du Château Noir, une immense joie sembla remplir son être, et il s'écria, assez haut pour être entendu des soldats qui l'entouraient :

— La journée sera nôtre, s'ils marchent ainsi ! Leurs machines, la plupart détraquées, auront peine, à la distance où elles sont, à nous envoyer quelques pots de résine enflammée. Quant à leurs sagettes, je les défie de nous faire plus d'effet qu'un salut de bonnet n'en ferait à un âne !

Puis il se retourna vers les siens :

— Compagnons, défendons notre bien !

Ce manoir sera l'asile et la cuisine de tous ceux qui lui sacrifieront aujourd'hui un peu de bonne volonté.

Roulez-moi quelques charriots de bonnes pierres sur ces terrasses. Nous ferons pleuvoir du caillou sur leurs pavois de sapin. Par le Dieu vivant ! si nous ne défonçons pas leurs planchers, nous serons bien maladroits !

Compagnons, tous à la peine, et nous serons ensuite tous en liesse !

Et s'animant presque joyeusement :

— Holà ! mes sommeliers, éventrez-moi deux barriques de belloc, et que tout le monde boive ! C'est en buvant, c'est en chantant qu'il faut répondre à ces fous, dont il restera, j'espère, quelques centaines au pied de nos murailles.

Barbier, bon compère, cria-t-il ensuite à son chirurgien, monté tout d'un coup au rang de conseiller intime du baron, en récompense du service qu'il avait rendu à celui-ci en le délivrant, barbier, mon ami, préside à la rasade et n'épargne rien pour les combattants!

— Vivat! vivat! clamèrent aussitôt les routiers assemblés autour du baron.

Et les quolibets de s'échanger sur le mode ironique entre les soudards de la forteresse, à la vue des préparatifs de l'armée béarnaise.

On appela alors les hommes dans la cour d'honneur pour vider les pots de vin noir de Belloc, vin tonique, et le meilleur encore de tous les vins du sud-ouest de la France.

Si du côté d'Oràas le mouvement d'attaque n'obtenait que la méprisante indifférence du sire de Castetner et de sa garnison, il se préparait du côté de Castagnède un autre mouvement qui n'avait pas eu le privilége d'attirer l'attention des hommes du Château Noir, parce que le chevalier Pierre de Béarn procédait sans bruit et sans déploiement apparent de forces.

Les volontaires auxquels il avait fait appel s'étaient trouvés en trop grand nombre; il fallut se borner au concours strictement nécessaire de deux groupes d'exploration et d'attaque de la caverne de Castagnède.

Deux habiles officiers au service du bâtard de Foix (Pierre de Béarn) partirent sans armure, n'ayant que la dague au côté. Ils commandaient quelques hommes dépourvus de cuirasse ou de cotte de mailles, afin d'avoir tous leurs mouvements libres dans les sinuosités d'un souterrain qui leur était inconnu. Ils prévoyaient qu'ils auraient peut-être à ramper, et, dans tous les cas, ils avaient à éviter le bruit que produit un vêtement de fer quand on heurte les murailles et quand on glisse avec peine dans des couloirs étroits. On supposait que ces galeries souterraines n'étaient, comme cela se remarquait dans d'autres forteresses féodales, que des ruelles assez larges à peine pour laisser passer un seul homme de front.

Avant d'avoir été remarqués par la moindre sentinelle du Mû, vingt Béarnais se trouvaient dans la galerie antérieure fermée par la porte que nous connaissons bien.

On essaya de forcer cette porte avec des leviers de fer. L'huis résista. Mettre le feu à cette barrière, cela menaçait de devenir long, car la porte était blindée de fer; et puis il fallait craindre que la fumée, s'engouffrant dans les galeries intérieures, n'allât sortir par les bouches donnant dans les cours du Château Noir, et alors l'éveil serait donné.

Les officiers de Pierre de Béarn insistèrent pour la pesée à la place des gonds et des cadenas. Il avait été reconnu que le sol, au bas de la porte, était pavé de grosses pierres et qu'il était absolument impossible de se frayer un passage en creusant le terrain au-dessous de la porte.

Le commandant du poste de Castagnède, qui attendait le signal convenu pour faire irruption avec ses gens, avec ses portes-torches, ses piquiers et ses coutilliers, s'étonna du peu de résultat qu'obtenait le groupe d'attaque. Cependant il avait confiance en ses volontaires, et il comptait bien se voir maître du passage avant la fin de la démonstration de l'armée principale d'Oràas. D'ailleurs, le succès de l'entreprise était là, car on ne pouvait pas renouveler, sans l'accomplir effectivement, le simulacre d'attaque par les colonnes du commandant Brasc, si, par fâcheuse aventure, l'entreprise de la caverne tardait trop à réussir.

La porte céda enfin; quatre leviers, manœuvrés par seize bras, descellèrent le pêne des verrous et firent éclater les cadenas.

Il y eut comme un bruit sourd produit par ce vigoureux ébranlement de la porte, et l'arc-boutant, perdant l'axe principal de son appui, tomba à terre de l'autre côté de la galerie.

Ces assaillants pénétrèrent un à un dans le souterrain, et déblayèrent l'entrée, obstruée par des barres, des madriers et des quartiers de pierres.

Alors qu'ils supposaient rencontrer au moins un corps de garde de surveillance, contre lequel ils s'apprêtaient à combattre, les possesseurs du passage n'eurent d'abord devant eux que le vide et le silence.

Ils se turent, ou ne parlèrent qu'à voix basse, pour écouter si quelque bruit suspect n'arrivait pas jusqu'à eux.

Le lointain rugissement des ours parvint seul à leurs oreilles, et l'odeur fétide des cachots non aérés et du repaire des bêtes féroces les saisit violemment à la gorge.

La transition de l'air pur à l'atmosphère de ménagerie et de prison était trop forte pour les nouveaux venus.

— C'est pire que la fumée d'un poulailler, dirent entre eux les deux officiers, chefs de l'entreprise : ça sent la bête puante et le charnier. Ce sont peut-être des oubliettes sans issue... — Mais cependant ceux qui ont voulu s'échapper venaient de quelque part? — Poursuivons!

Et la troupe marcha avec circonspection.

Aucun avis n'avait été envoyé encore au poste d'observation de Pierre de Béarn.

Les deux officiers, pour enhardir les soldats qui les suivaient, marchaient en avant, éclairés par une lanterne que portait l'un d'eux.

Arrivés dans l'une des galeries, éclairée par de hautes et étroites ouvertures pratiquées dans la voûte, les explorateurs s'arrêtèrent pour examiner si quelque regard indiscret, en observation près des ouvertures supérieures, ne plongeait pas en ce moment dans le souterrain. Ils ne remarquèrent rien de semblable, et décidément ils étaient les maîtres de cette importante position de la forteresse.

Alors les officiers dépêchèrent l'un de leurs hommes vers Pierre de Béarn pour lui annoncer le succès de la première partie de l'entreprise, et pour lui demander d'autres soldats pour tenter une irruption soudaine par les issues qu'on ne pouvait pas manquer de découvrir.

Les cachots commençaient à paraître. Les rugissements des ours devenaient plus distincts, et les explorateurs se demandèrent, non sans inquiétude, si ces hôtes farouches n'étaient pas laissés libres dans la caverne, et si l'apparent abandon des galeries ne cachait pas quelque danger terrible, comme par exemple une garnison d'animaux féroces avec laquelle il faudrait d'abord lutter, en attendant le combat avec les soldats du manoir.

Les chefs de l'expédition distinguèrent cependant le bruit des chaînes. Ils eurent, dès lors, la certitude que les ours étaient attachés, car le grincement des anneaux correspondait à chaque rugissement des bêtes.

On avança encore.

Alors un soupir douloureux, semblant s'exhaler de la poitrine d'une femme, s'entendit derrière la porte de l'un des cachots devant lesquels défilait l'expédition silencieuse.

Le cachot était fermé.

Les chefs se dirent que le prisonnier ou la prisonnière pourrait peut-être faire des révélations utiles sur la topographie souterraine du manoir, et qu'on pourrait obtenir ainsi de précieux renseignements en échange de la liberté qu'on offrirait à la victime enfermée dans cette prison profonde.

Comme on n'avait pas d'autres moyens que le levier de fer et la pesée près des châssis et des verrous, on procéda pour forcer la porte du cachot comme on avait déjà fait pour pénétrer dans la caverne, avec toutes les précautions possibles pour éviter de faire trop d'ébranlement et de bruit.

La prison fut ouverte grâce à l'effort vigoureux des explorateurs.

Les deux chefs y pénétrèrent avec leurs fallots; ils aperçurent étendue à terre sur un misérable fumier une belle femme que l'inanition, le froid et les tourments de la captivité avaient plongée dans une anatomie profonde, et qui était presque agonisante.

Emus de pitié à la vue de cette intéressante prisonnière, dont la beauté

Tu as déshonoré la chevalerie!...

n'avait pas été altérée par tant d'émotions et de souffrances, les chefs descellèrent vivement l'anneau du mur qui retenait les chaînes de la captive. On ne pouvait déferrer les poignets de celle-ci qu'en lieu sûr et avec les instruments usités en pareil cas.

La prisonnière ne bougea pas : on eût dit une morte, et pourtant le pouls et le cœur battaient, mais faiblement.

Les deux officiers, ravis d'enlever, en attendant, cette proie à la cruauté des geôliers du Château Noir, et espérant, à défaut de rançon, obtenir quelque autre récompense (car il faut tenir compte des mœurs de ce temps-là et des passions de tous les temps), les officiers, disons-nous, enlevèrent la captive, et l'un d'eux, avec quatre soldats, se mit en devoir de la transporter au-delà de la colline, afin de lui donner un air plus pur et de la rassurer par la certitude de la liberté.

La Goïta — qui ne l'a pas reconnue? — n'était plus qu'un corps inerte, et ses beaux yeux ne s'ouvrirent pas. Évidemment, elle se sentait enlevée. Avait-elle conscience de la réalité des choses, ou bien anéantie, sans force, sans volonté, subissait-elle la fatalité de sa position, et se laissait-elle conduire à l'inconnu ou à la mort sans protestation et sans résistance?

. . . .

XXI

Les choses se passaient ainsi dans ce souterrain tandis que la démonstration de l'armée béarnaise attirait du côté d'Oraas et sur les remparts, sur les terrasses et sur la plate-forme des tours, la garnison entière du Château Noir, excitée par les libations ordonnées par Gratian.

Celui-ci avait vidé deux hanaps pleins avec ses soldats, et des défis à Gaston-Phœbus, des cris bachiques, des imprécations à l'adresse du Roux, qui, attaché à son pilori, avait assisté à cette scène, furent proférés par la tourbe des séides du manoir.

Le Roux, tout entier à son idée fixe, celle d'une invasion subite du souterrain dont il savait que l'ennemi avait connaissance, attendait d'un événement prochain un changement de tableau dans les conditions de la défense.

Tandis que le tumulte extérieur, la joie immonde, la vantardise bruyante de la garnison, remplissaient tout le manoir, et que les préparatifs du combat se portaient d'un seul côté, l'oreille du compère n'était tendue que vers les soupiraux qui correspondaient avec les souterrains.

Déjà la nature du rugissement des ours lui avait indiqué que les bêtes féroces frémissaient devant quelque chose d'inconnu. Ce n'étaient pas les rauques râlements de la faim : c'était l'éclat de la colère, car les ours sauvages sont toujours en furie dès qu'on vient les déranger dans leur antre, et pour eux la solitude est l'état normal. Aussi l'importunité leur est-elle sujet à révolte avant que l'attaque ne leur devienne sujet à furie.

A la gamme des monstres, le Roux suivait avec anxiété ce qui se passait dans les cavernes du manoir. Lui seul pouvait maintenant compter les jours de la forteresse, car si le Mû était imprenable par un siége méthodique ou un assaut de vive force, il était, comme toutes les positions du monde les plus formidables, accessible par la ruse et par la traîtrise.

La ruse, grâce à une partie vulnérable du castel, allait sous peu rendre Gaston-Phœbus maître absolu du Château Noir.

Le Roux eût pu prévenir Gratian et obtenir peut-être sa rentrée dans les bonnes grâces du baron.

Il se garda bien de contrarier la fatalité, et de manquer l'occasion qu'il avait rêvée de périr dans les voluptés de la vengeance en assistant à la ruine totale de la forteresse, à la fin terrible de ses défenseurs et à la honte comme à la mort inévitable de Gratian, dont le Béarn tout entier, à défaut du comte de Foix, demanderait la dégradation comme chevalier et la mort au gibet d'ignominie.

Gratian poussa l'outrecuidance et la témérité du défi jusqu'à arborer le pennon que lui avait envoyé le Prince Noir, lorsque celui-ci cherchait à acheter des créatures en Béarn, afin de pouvoir préparer la conquête de cet état indépendant.

Cette bannière était blanche avec le léopard rouge (1).

C'était le signe évident de la félonie, et le dernier manifeste de l'insulte adressée par le vassal à son suzerain, par un chevalier béarnais et français à sa patrie et à la grande nation à laquelle, sans lui être inféodé, le Béarn tenait par tant de liens, tant d'aspirations et de sympathies.

Gratian affectait, d'ailleurs, de porter ces armes brodées en écu sur sa casaque.

Gaston-Phœbus arriva à Oràas pendant que ses troupes exécutaient le mouvement de fausse alerte.

Armé de pied en cap, le comte de Foix se plaça au milieu de ses barons fidèles, et sa présence enflamma ses troupes au point qu'il fallut que les sergents d'armes parcourussent les rangs pour éviter que la démonstration sortît de son caractère absolument inoffensif.

Ce fut alors qu'on instruisit les soldats du plan qui était combiné, et dont

---

(1) *D'argent au léopard de gueules.*

on espérait la réussite entière, d'après les signaux venus à tout instant de Castagnède et qui indiquaient qu'on était en possession des souterrains du château.

Afin de laisser compléter l'œuvre de Pierre de Béarn, et afin de ne pas attirer l'attention des guetteurs du côté de Castagnède, Gaston-Phœbus se garda bien de se porter sur ce point. Au contraire, il se montra ostensiblement à la tête de son escorte, faisant flotter au vent son pennon de chevalier et sa bannière suzeraine de Béarn (1).

Gratian, de son aire, suivit la marche de Gaston-Phœbus, reconnaissable à ses couleurs et à sa nombreuse escorte.

Un simulacre d'attaque fut commandé.

Les colonnes s'ébranlèrent et les machines envoyèrent quelques gros projectiles et des lances à feu, c'est-à-dire des baguettes portant des cordes trempées dans l'huile et dans la poix liquide, enflammées avant le jet. Les arcs à tour placés dans les puissantes machines de la balistique du moyen-âge envoyaient ces engins au milieu des villes et des forts et y provoquaient souvent l'incendie.

Au cri de guerre des Béarnais et aux premiers coups des machines, le Château Noir répondit par un immense hourra des soudards, qui acceptaient la lutte, et qui envoyèrent une volée de traits aux pavois qui abritaient les sapeurs, les *échelliers* et les coutilliers de l'assaut.

Mais en ce moment la bannière de Gratian était abattue sur le donjon, les archers placés sur ce point élevé étaient précipités dans le vide, et l'étendard bleu de Béarn flottait sur cette plate-forme souillée par les couleurs de la traîtrise.

La défense cessa tout à coup de répondre à l'attaque directe.

Brasc, prévenu par des cavaliers arrivés à franc étrier du camp de Castagnède, annonçait la prise du Château Noir par les entrailles de la forteresse, et Gaston-Phœbus fit sonner les trompettes pour arrêter la diversion.

Des troupes furent envoyées au pas de course au secours de Pierre de Béarn qui demandait du renfort à tout prix.

Les explorateurs de la caverne, comme nous l'avons vu, avaient transporté au-delà du souterrain, puis au camp de Castagnède, la Goïta, désormais délivrée des prisons du Château Noir.

Pierre de Béarn et les écuyers qui l'entouraient accueillirent ce premier trophée de la victoire.

(1) *D'azur aux deux vaches passant, de gueules.*

La bohémienne comprit qu'elle était en terre amie ; son âme s'ouvrit, et des pleurs s'échappèrent abondamment de ses paupières.

Mais comme elle était faible et qu'une longue privation de nourriture paralysait sa voix et sa volonté, elle fit signe qu'elle avait besoin de boire. Pierre de Béarn, galant avant tout, fit porter du vin blanc et des gâteaux à celle qu'il regardait comme une ribaude et dont il laissait à déterminer le sort par la volonté seule du suzerain.

La Goïta fut déferrée des anneaux de fer qui portaient ses chaînes meurtrières. Sa qualité de proscrite et de prisonnière du Mû, les souffrances qu'elle paraissait avoir endurées lui attirèrent d'abord la pitié des vainqueurs, sans préjudice de l'admiration que sa beauté et sa magnifique tournure excitaient dans l'entourage de Pierre de Béarn.

Celui-ci, jeune chevalier, n'était pas le moins sensible à la vue de sa jolie capture; mais le devoir devait parler avant tout autre sentiment, et les officiers qui avaient déjà réussi la première partie de la besogne interrogèrent la Gitana :

— Dites-nous s'il y a un chemin non fermé de portes, d'obstacles ou de herses pour aller dans le manoir.

— Je n'ai vu qu'un long escalier en escargot descendant comme en un perthuis, puis il y a plusieurs galeries noires... Prenez garde aux ours, dit-elle avec effroi et avec un mouvement effaré, comme si elle entendait encore les monstres de la caverne.

— Sont-ils enchaînés?

— Oui.

— L'escalier de la galerie va-t-il droit dans les cours, ou dans les tours intérieures ?

— On va partout, en plein air et dans les appartements du beffroi.

— Y a-t-il beaucoup de soldats au manoir ?

— Oui, — et elle répondait par ce simple monosyllabe aux questions qui lui étaient faites rapidement.

— Soupçonnent-ils notre entrée par ces galeries?

— Non! Le Roux, un bon celui-là et qu'ils ont tué peut-être, me disait, en voulant me faire sauver, que le baron Gratian ni personne au manoir ne se doutait qu'on pût jamais arriver par là.

Pierre de Béarn, qui présidait à cet interrogatoire sommaire, ajouta :

— C'est avec le compère réputé le complice infâme de Gratian, que vous avez essayé de sortir quand on s'est aperçu d'ici de votre tentative d'évasion?

— Oui... Il était bon, le Roux! Il est mort peut-être. Je ne sais pas comment Gratian ne m'a pas déjà tuée aussi!

— Ah! ceci n'est pas la guerre, et vous expliquerez toutes ces choses-là plus tard. Vous attendrez dans notre camp ce qu'on décidera de vous.

Et ordonnant aussitôt à ses soldats de gravir la colline pour prendre définitivement le château par le souterrain, le bâtard de Foix avisa aussitôt l'armée d'Oràas de son attaque décisive, et il demanda que la démonstration sur le revers méridional du thoron du Mû fût faite sans retard.

XXII

L'ordre était donné aux assaillants par l'intérieur d'épargner les captifs, les proscrits, qu'on rencontrerait aux fers ou dans les cachots, mais de livrer aux meutes féroces de la double enceinte tous les soudards que la hache et l'épée seraient trop lentes à frapper.

Des colonnes entières s'engouffrèrent alors dans la caverne; les premiers explorateurs marchaient en tête.

Le vieil astrologue fut trouvé et enlevé de son fumier. Celui-là n'eut qu'un seul mot :

— J'avais prédit juste!

Puis il resta silencieux, pendant qu'on le faisait passer de bras en bras jusqu'à l'air extérieur.

Les ours bondirent sur leurs chaînes à la vue de cette invasion souterraine.

Ordre fut donné de s'occuper des hommes avant de frapper les bêtes, afin d'arriver sans donner trop tôt l'éveil.

Les Béarnais se perdirent quelque temps dans ces labyrinthes; enfin, à force de courir à la suite les uns des autres, comme un véritable serpent humain, dans ces méandres caverneux, on trouva enfin l'issue, l'escalier droit en pierre, spirale raide et longue qui conduisait à la lumière, c'est-à-dire au rez-de-chaussée du manoir.

Alors vingt hommes, armés de coutelas, continuèrent leur ascension jusqu'au sommet de la tour du beffroi que le même escalier en spirale desservait depuis les entrailles du Mû jusqu'au faîte du donjon, et ce furent ces hommes qui surprirent les archers de la plate-forme, qui les précipitèrent dans l'espace, et qui plantèrent la bannière bleue de Béarn à la place des couleurs anglaises, qu'on abattit d'un coup de hache.

En même temps, avec une rapidité que les circonstances commandaient par-dessus tout, le serpent humain, hydre véritable qui avait déroulé une de ses têtes jusqu'au sommet du donjon, vomit une autre colonne, mais celle-ci nombreuse et serrée, dans la cour d'honneur.

Des cris épouvantables sortirent de la poitrine de tous les assaillants. La cour du château fut envahie, inondée par cette irruption soudaine, et les gens du manoir occupés aux réchauds de résine et d'huile bouillante, pour soutenir l'assaut, furent égorgés sur place, avant que le gros des défenseurs n'eût eu le temps de s'apercevoir de la tempête qui éclatait tout à coup au milieu de la forteresse, et qui devait infailliblement tout emporter dans ce repaire jusqu'ici indomptable et réputé inaccessible en cas de guerre.

Les bandes de Gratian, massées sur les remparts pour répondre aux attaques d'Oràas, furent surprises par derrière, ayant contre les assaillants de l'intérieur les nombreux désavantages de la position, du nombre et de l'armement, car elles n'avaient à cette heure que l'arc et la fronde, armes de jet et non de combat corps à corps.

Aussi, quand les Béarnais, aux cris de: *Béarn! Béarn!* se ruèrent en trombe furieuse sur la garnison de Gratian, ils poignardèrent et égorgèrent sans obstacle les séides du félon.

Le sang inonda bientôt les cours et les terrasses. Sur les parapets, on vit des soudards qui, par terreur de la *navaja* (1) des Béarnais, s'élançaient dans le vide, échappant à la lame serpentine du terrible couteau, qui éventrait malgré les cottes tressées de fer et l'épaisseur des plastrons de buffle, échappant, dis-je, à la navaja pour aller se briser la tête contre les rocs de la colline.

C'était une effroyable boucherie, et il semblait que le flux des assaillants augmentât sans cesse!

Après le contre-ordre de Gaston-Phœbus, le souterrain où l'écuyer Biron avait été étranglé fut forcé et envahi à son tour, et les colonnes

---

(1) Long couteau navarrais, à la lame étroite, effilée et recourbée en yatagan.

de renfort demandées à l'armée principale de Brasc pénétrèrent par cette nouvelle galerie.

Gratian affolé, enveloppé par l'irruption, par la lutte sanglante, par le désastre, essaya de tenir tête aux ennemis et à la fatalité.

Bondissant, quoique ses forces fussent loin d'être complètes, il saisit une hache d'armes et il fit un moulinet terrible autour de lui, atteignant des têtes et coupant des bras.

Ordre formel venait d'être transmis de prendre vivant le traitre d'Oràas. Et, comme celui-ci voulait périr, mais en vendant chèrement sa vie, il fallut que, d'un saut s'élançant des épaules des soldats qui faisaient cercle autour du baron et qui se garaient difficilement contre ses coups, un Basque fondit comme un oiseau de proie sur la tête de Gratian et paralysât les mouvements de ce dernier.

Gratian était pris !

Il fut lié sur place, et Arnaud de Bideren, l'un des officiers de Pierre de Béarn, qui avait été l'explorateur heureux du souterrain de Castagnède, fit transporter cette capture vivante en lieu sûr dans le castel, car la bataille durait toujours et, un à un, les soudards de la forteresse étaient jetés aux chiens des fossés.

Les deux cents dogues sauvages et affamés ajoutaient par leurs hurlements lugubres aux clameurs furibondes des combattants. Les fossés devenaient un charnier d'êtres morts, d'êtres vivants et de blessés, et la meute avait cette fois abondante et horrible curée ! Elle dévorait ses propres gardiens au lieu de ceux qui lui avaient été destinés et promis.

La nuit était venue.

Les torches allaient et venaient entre les mains des assaillants qui couraient d'une mêlée à l'autre, faisant briller le sang à terre, éclairaint les coups portés, faisant ressortir les visages enflammés par l'action, contractés par le courroux, et étincelant sur les casques, les haches et les poignards.

Un commencement d'incendie dans les appartements seigneuriaux, que les vainqueurs parcouraient et pillaient à l'envie, se manifesta et enveloppa de fumée épaisse avant de les éclairer de ses longues flammes l'effroyable épisode de la lutte dernière et du sac de la forteresse.

— Laissez brûler ! laissez brûler ! s'écriait Pierre de Béarn, arrivé sur le théâtre du combat avec d'autres officiers de son campement ainsi que des chevaliers et des écuyers de l'armée de Brasc.

Le Roux, trouvé enchaîné au piquet dans la cour, eut le privilège d'échapper

Le moine récitait tout haut les prières des morts,

au massacre général des défenseurs et des gens du manoir, puisqu'il était recommandé de conserver saufs tous les proscrits de Gratian.

On le transporta loin de la bagarre par la grande porte du Château Noir, ouverte à coups de maillets.

Le pont-levis fut baissé, la barbacane démolie, toutes les barrières renversées.

Comme le feu se développait, et que Brasc faisait dire, au nom de Gaston-Phœbus, de laisser libre cours à l'incendie qui allait enfin purifier la montagne du Mû, on descendit dans un des cachots du souterrain le baron Gratian, qui fut enchaîné à la place même où tant de malheureux avaient passé de lumière à ténèbres et de vie à trépas.

Arnaud de Bideren lui signifia qu'il avait ordre de le garder jusqu'à la réunion de la *Cour majour*.

Il lui dit :

— Tu as déshonoré la chevalerie, insulté au Béarn et au suzerain, tué mon protégé Sünhart de Lecumberry, désigné par moi à la faveur du comte de Foix. Je te garde pour la dernière justice !

Pendant que le sang coulait à flots au-dessus et que le feu menaçait tout, une autre scène non moins effroyable s'était, un moment auparavant, produite dans les souterrains.

Les premiers soldats de Castagnède qui avaient pénétré dans les galeries furent assez prudents, sur l'avis des chefs qui les conduisaient, pour éviter de toucher aux ours de la caverne. On voulait même conserver ces monstres sauvages, qui étaient énormes, pour les chasses de Gaston-Phœbus.

Mais les nouveaux arrivants, se précipitant au pas de course dans les couloirs profonds et ne distinguant plus ni les rugissements ni les cris, tombèrent en tas dans le groupe des ours, et il y eut, dans les ténèbres, un combat où tout d'abord les hommes, pris comme dans de formidables étaux, eurent le désavantage, car les ours étouffèrent les importuns et leur ouvrirent le crâne.

L'obstacle grossit en cet endroit, au milieu des chaînes entrelacées, des hommes roulés à terre, des soldats étranglés et des ours blessés bondissant sur leurs liens. Le vacarme et la mêlée devinrent indescriptibles. Les haches et les couteaux frappaient à l'aveugle sur les hommes et les animaux, et, avant d'avoir eu raison des ours, à force de piques et de masses d'armes, plus de cinquante hommes y périrent étranglés et étouffés ou s'entre-tuèrent.

L'invasion du manoir aurait été interrompue par l'amoncellement des cadavres en cet endroit fatal, si l'autre souterrain, découvert par Biron, n'avait été envahi et n'avait également livré passage aux renforts de l'armée assiégeante.

Gaston-Phœbus n'avait pas voulu, pour sa dignité, entrer dans la forteresse dont il était désormais le vainqueur et le maître.

Les trompes de guerre rassemblèrent les soldats de sa bannière, et l'ordre de la retraite fut donné à tout le monde, pour laisser au feu le soin d'achever l'œuvre de destruction.

Il fallut toutes sortes de précautions pour enlever Gratian de son cachot, où il n'était resté enchaîné que peu d'instants. On le traîna honteusement sur une claie, garrotté et couché en long, jusqu'au-delà du manoir au camp de Castagnède, où Pierre de Béarn gardait les captifs trouvés dans la forteresse. Le lendemain on devait décider du sort de ce monde-là.

De la troupe nombreuse des routiers, soudards et mercenaires de Gratian de Castetner, pas un seul n'était vivant à cette heure. Ses gens, ses serviteurs étaient également égorgés et jetés les uns aux chiens, qui avaient maintenant excès de ripaille, les autres laissés en tas dans le manoir en feu.

Les vainqueurs, qui laissaient plus d'un vaillant soldat dans les souterrains ou sur le théâtre de la lutte, descendirent précipitamment de la colline, dont le faîte embrasé éclairait comme en plein jour toute une lieue de circonférence.

Rentrés dans leurs retranchements, les soldats de Gaston-Phœbus assistèrent de loin aux progrès de l'incendie, qui gagnait les tours, les guérites, les constructions massives, et faisait pleuvoir dans les fossés des torrents d'étincelles, des poutres incandescentes, des quartiers de murailles calcinées de la base au sommet. Des hurlements plaintifs et sinistres accompagnaient les formidables craquements de l'incendie. Les molosses du château avaient leur tour de cette expiation générale, et les flammes enlaçaient constructions et remparts de manière à ne laisser que d'immenses décombres et des squelettes réduits en braise.

Gaston-Phœbus revint à la nuit dans Sauveterre, aux acclamations de toutes les populations de la ville et des alentours accourues pour saluer le vengeur du pays, le justicier souverain qui rendait enfin un fief opprimé à la vie libre et digne des autres fiefs fidèles.

Le feu du Château Noir, sur l'éminence du Mû, fut comme un phare qui annonça, jusqu'aux confins des possessions anglaises, commençant à Bayonne, que la forteresse convoitée par les envahisseurs étrangers n'était plus qu'un lieu désert et maudit, et que la victoire était restée au seul et légitime suzerain du Béarn.

Les cloches de Sauveterre sonnèrent à toute volée, malgré l'heure indue lorsque le comte de Foix rentra avec son escorte; et au bourdon de l'antique église Saint-André répondirent, en pleine nuit, les campaniles de la plaine au-delà du Gave et autres cloches de tout le pays d'alentour.

Brasc, resté à Oràas, avec le gros de ses forces, ordonna le repos, après avoir fait faire des libations aux soldats vainqueurs. Ceux-ci saluèrent le triomphe de la cause seigneuriale en chantant la romance nationale du Béarn, composée par Gaston-Phœbus, et qui est restée. C'est l'un des chants pyrénéens dont la musique et les paroles appartiennent au genre le plus mélodieux et au style le plus élevé de la mélopée montagnarde:

« Là haüt sur las moûntanen
« Un pastour malhûroux
« Pensave aoû cambianen
« De sés amous!... (1)

Des rondes dansantes et le saut basque au son du tambourin terminèrent les refrains entonnés en chœur, et, sous un ciel toujours rougi par un brasier immense, les vainqueurs allèrent chercher pour la fin de la nuit le repos que méritaient leurs efforts et leur victoire.

XXIII

Le lendemain, le comte de Foix envoya quérir, dès la première heure de la matinée, le commandant Brasc et son frère naturel Pierre de Béarn.

Ces deux chevaliers arrivèrent à toute bride jusqu'au château de Sauveterre, et, aussitôt qu'ils eurent été introduits auprès de Gaston-Phœbus, qui se tenait dans sa chambre seigneuriale, celui-ci alla au-devant du bâtard de Foix et de son premier lieutenant. Il embrassa cordialement Pierre de Béarn, et il prit les deux mains de Brasc qu'il serra avec effusion.

Ces marques d'affection en ce temps-là n'étaient pas banales, et lorsqu'un roi ou un puissant prince embrassait un chevalier ou lui serrait la main, c'est que l'affection était sincère et le motif sérieux.

— Gentil frère, dit-il à Pierre de Béarn, tu as assuré et hâté la réussite de ton entreprise. C'est bien, et je te dois autant de reconnaissance que je te garde d'affection. Tu es digne de marcher maintenant avec nos meilleurs capitaines, avec Brasc par exemple!

Celui-ci, qui recevait indirectement ce beau compliment et qui venait d'être honoré de la forte poignée de main du souverain béarnais, s'inclina en rougissant presque, car il avait toutes les timidités de la modestie, tout en possédant les suprêmes qualités de la fermeté et du courage militaires.

(1) Là-haut, sur les montagnes, — Un pasteur malheureux — Songeait au changement (à l'infidélité) — De ses amours (de son amante).

— Oui, Brasc, lui dit Gaston-Phœbus en se retournant vers le chef de l'armée d'Oràas, vous m'avez bien servi, et vous avez rendu un nouveau service au Béarn. Comme à la bataille de Launac, il y a huit ans (1), la cause de notre bannière s'est trouvée, grâce à vous, triomphante une fois de plus, et vivement.

Vous êtes maître dans l'art des siéges, comme vous étiez pour moi vaillant dans les belles appertises d'armes en rase campagne. Je dirai cela aux notables du Béarn assemblés, et je vous dirai publiquement la récompense que je réserve à vos services.

Décidément, le gouverneur de Sauveterre manquait d'éloquence quand il recevait de semblables éloges. Il ne put que s'incliner. Il était faible discoureur, mais batailleur terrible... Il voulut balbutier quelques mots, Gaston lui posa la main sur l'épaule en souriant :

— C'est bien, c'est bien, brave Brasc. Je sais que je puis compter sur votre fidélité. Aussi bien je vous ai mandé ainsi que mon frère de Foix pour conférer sur ce que nous avons à faire.

Et un page de Gaston-Phœbus approcha des escabeaux pour les deux chevaliers : le suzerain prit place dans un fauteuil à coussins de velours devant une table massive chargée de parchemins, des lettres reçues de France et des missives écrites en son nom au roi Charles V et à Philippe-le-Hardi, duc de Bourgogne (2). Le comte de Foix parla ainsi :

— Messires, j'ai arrêté les mesures suivantes :

Vous congédierez tous les hommes des villages, leur corvée est finie.

Vous ferez rentrer dans les cantonnements de Sauveterre, de Salies, d'Orthez, de Lescar et de Pau les soldats, qui nous ont bien secondés.

Vous leur ferez distribuer une *montre* (3) de 10 sols tournois en sus de la distribution ordinaire. J'ai ordonné à mon trésorier d'apporter à Oràas les sommes nécessaires. Quand on veut trouver à l'occasion de bons soldats, il

---

(1) La bataille de Launac (aujourd'hui situé dans la Haute-Garonne) fut livrée en 1362 par Gaston-Phœbus contre le comte d'Armagnac et son jeune allié Armand-Armenjeu d'Albret. Gaston-Phœbus fut vainqueur et il fit prisonniers les comtes d'Armagnac et d'Albret. Celui-ci s'évada, grâce à la complicité de la comtesse de Foix, Agnès de Navarre, épouse de Gaston et sœur du roi de Navarre, Charles-le-Mauvais. On trouvera dans les *Grands jours de la Revanche*, l'ouvrage qui suit le *Château Noir*, l'épisode des amours d'Agnès et d'Albret.

(2) Dans les *Grands jours de la Revanche*, qui commenceront le 1er décembre et qui sont la suite du *Château Noir*, on lira les détails historiques du complot patriotique des grands seigneurs de France pour préparer la mémorable campagne de 1372, afin de chasser l'Anglais du territoire.

(3) On appelait alors la *montre* la paye des soldats, ou le *prêt* de nos jours. Encore au siège d'Amiens, en 1597, on se servait de cette expression. Sully était chargé de fournir la montre aux troupes de Henri IV.

faut les récompenser quand le devoir est accompli, ce devoir, comme dans la circonstance présente, ne leur eût-il coûté que peu de peine et peu de sang.

J'ordonne que tout ce qui ne sera pas de franc aloi parmi les captifs du castel, vous le fassiez passer par les armes. Ce qui vient du traître Gratian n'est pas bon.

Gratian sera gardé et conduit à Sauveterre à pied, entre les troupes, et enfermé dans la prison du Gave.

S'il demande à être conduit en ma présence, refusez obstinément toute supplique de cette nature; je ne veux voir le traître qu'au jour de sa comparution devant les jurats de Béarn.

Vous m'avez bien compris, Brasc?

— Oui, monseigneur, répondit celui-ci.

— Bien. Il y a encore, à ce qui m'a été rapporté, une femme, la cagote d'Athos, l'ancienne reine des Gitanos, et qui était aimée de ce pauvre Sünhart, notre messager d'armes. Elle a violé son serment d'amour, et Dieu ou le diable savent seuls si elle a été violée elle-même par tous les brigands du Château Noir.

Vous lui ferez, si vous voulez la grâce de la corde, mais que le bourreau s'en accommode — et promptement — avec sa hache.

Elle a été la courtisane de ce maudit castel. Du lit de Gratian elle a dû passer entre les bras des soudards. Le pèlerin de Saint-Pé de Leren l'a vue en ripaille et en fête à la table de Gratian, des Anglais et des Navarrais. Elle m'avait juré reconnaissance, et elle s'était promise en fiançailles au brave Miquelet de Lecumberry.

C'est une ribaude, finissez-en.

Si nous avions pu avoir le scélérat de compère de Gratian, il eût été utile de le lier avec le traître d'Oràas pour les pendre tous les deux au même gibet...

— Mais, monseigneur mon frère, dit Pierre de Béarn, cet homme a été trouvé attaché à un pilori dans la cour du castel; et comme j'avais donné ordre de ne pas toucher sans mon ordre aux proscrits du manoir, le compère a été conduit à mon campement de Castagnède, et nous le garderons.

— A merveille! gardez, gardez-moi ce monstre, ce déterreur de morts, ce parricide, ce voleur, cet assassin. Gardez-le avec soin.

Vous l'attacherez à son complice, et les deux feront leur entrée à Sauveterre unis par la même chaîne puisqu'ils furent associés par les mêmes crimes.

Enfin, messires, n'oubliez pas mes bons paysans; mon trésorier a ménagé pour eux quelques sacs d'écus que vous leur ferez distribuer en bonne justice.

Gaston se leva.

— Messires, continua-t-il, je compte sur vos besognes intelligentes. Je vous attends ensuite, avec tous mes bons chevaliers et écuyers de Béarn, à Sauveterre où nous allons célébrer les fêtes de la Noël.

J'aurai certes besoin de vos conseils et de vos bras : la France se prépare à sa grande revanche contre l'envahisseur.

Je vous dirai ce qui m'a été rapporté de la cour de mon cousin de Bourgogne, et de notre chef en puissance monseigneur Charles V, le vrai roi sage.

La Noël de cette année va décider de grandes choses. Allez, et soyez moi-même à Oràas.

Les chevaliers se levèrent et, après avoir pris congé du suzerain pour deux ou trois jours, ils se disposèrent à regagner Oràas. Leurs chevaux, tenus par leurs varlets, les attendaient tout sellés dans la cour d'honneur du château de Sauveterre. En une ou deux heures, le grand trot des coursiers les conduisait jusqu'à leurs campements devant le Mû, où ils avaient à opérer le licenciement des troupes, la distribution de la paie extraordinaire aux soldats et aux paysans, et, de plus, à exécuter les ordres sommaires qui leur avaient été notifiés à l'égard de la Goïta, condamnée à mort sans autre forme de procès, et à l'égard de Gratian et du Roux, déclarés de bonne prise pour la prison et pour la sentence ultérieure de la *Cour majour*.

Pierre de Béarn transmit à ses officiers les ordres qui concernaient les captifs. Il n'y avait que le vieil astrologue auquel on rendît la liberté, en lui jetant quelques hardes sur les épaules et quelques sous dans la main. Le vieillard était trop malade pour profiter du tardif bienfait de la liberté. Le bâtard de Foix lui fit donner une cédule d'entrée et de miséricorde pour la maladrerie d'Orion (1).

Gratian et le Roux furent gardés à vue jusqu'à leur tranfèrement à Sauveterre.

Gratian supplia qu'on lui épargnât cette dernière honte de se voir accouplé à son compère et de marcher dans les anneaux de la même chaîne jusqu'à la tour du Gave, à Sauveterre.

Il implorait la pitié de ses anciens compagnons d'armes de Béarn, leur demandant la grâce d'un coup de poignard. Ne pouvant plus rien promettre,

(1) Appelée dès le XIIe siècle « hospital d'Orion ». Ce nom est resté à ce village, situé entre Sauveterre et Orthez. Gaston-Phœbus y avait une maison de chasse.

il demandait, pour l'amour de Dieu, l'aumône de la mort. Il jura de refuser toute nourriture et de se laisser mourir de faim. Mais on avait contre cet expédient suprême la ressource de l'entonnoir, et l'on ne se gênait nullement à cette époque pour coucher un homme sur le dos et pour lui faire avaler de force l'eau et la bouillie qui pouvaient le soutenir, afin que l'appareil de la justice, s'il s'agissait d'un condamné à mort, ne perdît rien de son émouvant spectacle. Et comme l'entonnoir était à lui seul un supplice, puisqu'il était dans le code tortionnaire une des variétés de la torture, Gratian dut se résigner à attendre la mort autrement que par la privation de nourriture.

Les *Grands jours de la Revanche* sont la suite du *Château Noir*. Les dramatiques péripéties qui préparèrent une première fois le triomphe de la France sur l'Anglais envahisseur vont se dérouler dans les *Grands jours*, et tous les personnages qui ont déjà paru dans les récits du *Château Noir* ont joué le plus grand rôle dans les préliminaires de la mémorable campagne de 1372. On verra comment Gaston-Phœbus, après avoir pour ainsi dire répudié sa femme la comtesse de Foix, prépara, en haine de Charles-le-Mauvais, allié des Anglais, le complot des grands barons du Midi.

L'intrigue romanesque et l'histoire se suivent à chaque pas dans les *Grands jours de la Revanche*. C'est le livre du patriotisme national qui se prépare et nous demandons aux nombreux lecteurs du *Sang Farouche* et du *Château Noir* de nous rester fidèles et de nous trouver d'autres adhérents parmi les intelligents amateurs de drames historiques. C'est à tous les cœurs patriotes que nous faisons appel : il faut que les *Grands jours de la Revanche* pénètrent partout, afin qu'on sache comment un peuple envahi et mutilé se relève et grandit.

Les *Grands jours* paraîtront le 1er décembre, sans interruption, immédiatement après le *Château Noir*, qui finit à la livraison 35e. Tous les libraires seront pourvus.

Nous donnerons le double de matière sur deux colonnes à chaque page, avec des dessins inédits spécialement exécutés pour les *Grands jours de la Revanche*.

A tous nos lecteurs qui sont devenus nos soutiens et nos amis, nous confions le succès du roman patriotique que nous leur annonçons.

JACQUES VINDEX.

Arnaud emportait la Goïta délivrée.

Le Roux était resté muet et sombre depuis sa quasi-délivrance. Retenu pour les informations auxquelles le procès en forme de Gratian allait donner lieu, et implicitement compris dans la poursuite et le châtiment, le compère ne se faisait nulle illusion sur son sort, et il n'était nullement affecté de cette perspective. Bien au contraire, une joie farouche, qui ne se trahissait ni dans ses yeux ni dans son attitude, couvait au fond de son âme et lui procurait les secrètes voluptés de la vengeance.

Il allait donc périr, se disait-il, avec le baron de Castetner, et Castetner, dégradé comme chevalier et comme baron, mourrait avec le Roux.

Ce n'était pas la fin grandiose rêvée par le compère : la mort les armes à la main sur les ruines ensanglantées ou fumantes du Château Noir. La Providence ne cède pas toujours aux désirs des grands coupables, et, quelles que soient les combinaisons les plus sûres en apparence, le dernier mot de toute chose est rarement celui qu'on avait rêvé, cherché ou préparé.

Mais qu'importait au Roux le genre de mort auquel il était prédestiné, puisque le baron allait avoir la même expiation ? Il est juste, se répétait-il en soi, que les deux bandits soient égaux sur le même échafaud, et il est juste qu'ils périssent ignominieusement pour la honte des uns, pour l'exemple de tous.

Mais celle qui ne trouvait pas grâce d'un seul jour était la Goïta.

Pierre de Béarn, pris de compassion, non pour les fautes ou les crimes de la bohémienne auxquels il croyait pleinement, mais bien pour la beauté et la jeunesse de la fille des races maudites, changea, puisqu'il en avait le droit, le supplice de la corde en celui de la hache.

Arnaud de Bideren fut chargé de prévenir enfin la Goïta, qui se trouvait dans une petite tente, depuis la veille, grelottante de froid et anxieuse sur son sort. On n'avait pas voulu communiquer avec elle, par ordre exprès du bâtard de Foix, et aucune réponse ne lui fut faite quand elle demanda tant de fois où était Enrique Sünhart, son Enrique !

Arnaud de Bideren annonça à la jeune fille que, puisqu'elle avait été la complice des derniers crimes du traître d'Oràas, elle devait quitter ce monde, mais qu'on lui épargnait la pendaison.

Goïta demeura atterrée non pas à l'annonce de sa mort prochaine, mais à cette accusation qu'elle avait été la complice de Gratian...

Mais, fière et digne, elle se leva de son siége, et, devant Arnaud et les deux hommes qui avaient accompagné celui-ci et qui ne pouvaient être que les bourreaux, elle protesta avec animation :

— La complice du baron ! de mon ravisseur, auquel j'ai résisté jusqu'à faillir tomber dans la mort plusieurs fois !... moi, traîtresse avec un traître !... moi, mentir à Enrique, que vous me cachez et qui répondrait pour moi, tant il aurait foi en mes paroles !... oh ! non, ne dites pas cela ! Tuez-moi, mais tuez-moi avec tout mon honneur qui est entier, avec toute ma religion qui est restée respectée par moi et qui, en échange, m'a toujours soutenue et protégée !

Et levant ses bras, ses beaux bras, vers le ciel, elle s'écria éplorée :

— Ah ! Sünhart, Sünhart, tu m'abandonnes et tu me laisses périr accusée d'un forfait odieux ! On me tue comme une ribaude, quand j'étais la seule innocente au milieu des loups, quand je suis sortie sans tache d'un antre de noirceurs, quand j'étais la seule fidèle au Béarn au milieu des traîtres, et toujours fidèle à toi... à toi qui m'abandonnes!

Et alors des larmes abondantes jaillirent de ses yeux, et elle s'affaissa.

Arnaud de Bideren la soutint et la fit s'asseoir encore; puis il lui parla d'un ton très-modéré et presque compatissant, tant cette scène et ces paroles l'avaient impressionné :

— Mais, malheureuse! Enrique Sünhart ne peut pas vous entendre : il est mort, vous l'avez tué!

— Mort?... fit avec terreur la Goïta, qui se releva comme mue par un ressort, et ses larmes se séchèrent tout à coup; son regard prit une fixité sinistre, sa pâleur une teinte morbide.

Mort! dites-vous? mort, mon Enrique!...

— Il est mort. Vous l'avez tué ou fait tuer, d'un trait d'arbalète, par le Roux, l'infâme compère de Gratian.

Un cri s'échappa de la poitrine de la Gitana; elle s'évanouit.

Arnaud de Bideren fit surseoir à l'exécution. Il voulut rendre compte à Pierre de Béarn de ce qu'il avait entendu, des ardentes protestations de la jeune fille.

Pierre, qui n'avait pas raison d'être ému puisqu'il n'avait pas été témoin, répliqua en riant :

— Pardieu! elle proteste... elle est femme et sait mentir; elle a peur de la mort, c'est naturel; elle a des syncopes, c'est la meilleure manière d'éviter une explication sur la mort du pauvre héraut.

Voyons, mon brave Arnaud, ne vous laissez pas aller à compassion. La fille est jolie, c'est dommage! mais c'est l'ordre de monseigneur, et je n'y faillirai pas.

S'il ne dépendait que de moi, certes! j'aime assez les belles créatures pour leur pardonner toutes les infidélités possibles, et je serais capable de vous la laisser jouer en un coup de dé, sans négliger moi-même de prendre part au jeu.

Et il accompagna ces derniers mots d'un grand éclat de rire, partagé par le cercle des officiers qui étaient avec lui.

Seul, Arnaud de Bideren ne parut pas goûter la saillie, et il resta silencieux, pensif et triste devant le bâtard de Foix.

— En tout cas, monseigneur, dit-il, je vous demande une grâce, pour quelques heures de plus ou de moins, l'ordre de notre cher suzerain n'en sera pas moins exécuté, mais je voudrais donner une consolation à cette fille : un confesseur pour sa dernière heure et pour sa dernière assistance.

— Comme il vous plaira, Arnaud, dit Pierre de Béarn. Il faut que la ribaude paie comme les autres, voilà l'essentiel. Faites l'office de frère de la Merci, ce sera méritoire. A vous d'agir comme vous voudrez, pourvu que ce soir ce soit fini. Je vous rends responsable.

Un instant, Bideren eut la pensée de demander qu'on le suppléât dans cette triste besogne d'officier de la justice martiale, mais il réfléchit assez vite que les dernières consolations réclamées pour la Gitana seraient peut-être refusées à celle-ci.

Il sortit. Il avait jusqu'au soir.

Un moine d'Aspis, de ceux du couvent d'Athos précédemment pillé par Gratian au moment où celui-ci leva l'étendard de la révolte, arriva au camp de Castagnède, sur la réquisition d'Arnaud de Bideren.

Le chevalier et le confesseur entrèrent dans la petite tente de Goïta, qu'ils trouvèrent à genoux, la face contre terre, et pleurant toujours en prononçant le nom d'Enrique.

Lorsqu'elle put revenir à elle, les larmes l'avaient soulagée de son oppression extraordinaire. Elle se leva à la vue du froc, et joignant ses mains :

— Mon père! j'ai tout dit à Dieu, et je vous le dis à haute voix : Je suis innocente de tout ce dont on m'accuse, je suis digne en tout de la miséricorde de Dieu! Donnez-moi l'absolution, et envoyez-moi là-haut pour retrouver celui qui est mort et qui a été à son tour reçu dans la miséricorde de Dieu...

— Ma fille, dit le moine, une confession doit être plus sérieuse en cette heure solennelle. Nul doute que Dieu ne vous fasse grâce si vous vous repentez, car il vous tiendra compte de l'expiation d'ici-bas. Mais il faut que mon ministère s'accomplisse avec calme.

Le moine tourna la tête vers Arnaud. Celui-ci comprit et se retira.

. . . .

XXIV

Arnaud de Bideren donna les derniers ordres pour que les troupes du campement de Castagnède se repliassent sur Oràas.

Il ne voulait pas, d'ailleurs, qu'on assistât en nombre à l'exécution de la reine des Gitanos.

Ne pouvant plus sauver la vie à celle-ci, il voulut du moins lui épargner l'humiliation d'un public spectateur de son dernier supplice.

Il ordonna à l'exécuteur martial de l'armée d'Oràas, au bourreau, de préparer son billot derrière la tente de la jeune fille, et il proscrivit d'avance tout appareil capable d'impressionner l'infortunée Goïta.

Ces dispositions prises, et étant sûr que les soldats et paysans ne seraient pas à ce rendez-vous de la mort, occupés qu'ils étaient les uns à plier bagage, les autres à fouiller dans les décombres fumants encore du Château Noir, Arnaud de Bideren rentra dans la tente qui était la dernière prison de la bohémienne, et il alla avertir, par sa seule présence, le moine confesseur que l'heure fatale était arrivée.

Le religieux venait d'achever sa mission sainte, et le chevalier de Bideren se demanda, en entrant, lequel du confesseur ou de la condamnée montrait le plus de calme et de sérénité.

Goïta, debout, presque souriante, malgré les larmes qui avaient creusé ses paupières, sillonné ses joues, demandait qu'on hâtât le moment bienheureux où l'office du bourreau la réunirait pour toujours et loin de ce monde à son bien-aimé....

Arnaud se découvrit devant tant d'infortune, relevée par toute la grandeur de l'innocence, qui pour lui ne faisait plus aucun doute, — tant les âmes loyales comprennent vite et d'instinct la loyauté qui est chez autrui; il se découvrit avec respect devant un être condamné à la mort, car il n'est rien de si respectable, de si solennel, de si hautement sacré que l'être humain qui va mourir, frappé par la justice, — cette justice fût-elle cent fois légitime, et le coupable fût-il mille fois criminel ; il ôta son chaperon, et le vrai chevalier se révéla : il offrit sa main à Goïta, et, sans mot dire, respectueusement, lentement, il la conduisit derrière la tente.

Là était le bourreau, qui attendait debout, sa main appuyée sur la hache.

Le moine récitait tout haut les prières des morts, Goïta récitait la prière primitive, — la plus belle, la seule vraie de la religion de Jésus-Christ, l'oraison dominicale.

Cette prière est celle des âmes simples et des esprits élevés. Elle est universelle, et elle est complète. Elle embrasse les devoirs, l'humilité, les aspirations terrestres et surnaturelles de l'homme. Elle est de tous les temps et de tous les cœurs ; elle défie les dogmes et les domine tous ; elle est à elle seule, le *credo* de toute philosophie qui a pour base la morale et pour fin suprême l'immortalité ; elle est en un mot une religion le trait d'union, exempt de controverses, entre l'âme et la pensée supérieure qui nous console, nous réconforte et nous grandit.

Goïta récitait donc le *Pater noster* pendant que le confesseur récitait le *Miserere*.

Elle quitta la main d'Arnaud de Bideren et lui dit :

— Merci ! monseigneur...

Elle s'agenouilla seule, sans injonction et sans secours, devant le billot.

Le moine leva la main pour bénir, et il dit à haute voix :

— Bohémienne ! vous êtes digne de notre religion, vous avez été digne chrétienne, et je vous envoie à Dieu parce que vous êtes innocente et pure de tout ce dont on vous accuse !

Goïta leva ses mains vers le moine :

— Oh ! grâces vous soient rendues, mon père, qui me faites heureuse au moment de la mort ! Je ne veux plus rien sur cette terre... votre justice m'a consolée de mes malheurs... Enrique, je vais à toi !

— Arrêtez ! cria, ému et hors de lui, Arnaud de Bideren au bourreau, qui s'approchait et qui déjà mesurait la volée de sa hache.

Arrêtez !...

O Goïta ! continua-t-il, en se précipitant entre l'exécuteur et la victime, on ne meurt pas innocente devant un homme loyal... Je réponds de vous sur ma tête, levez-vous !

La jeune fille, plus étonnée, mais plus calme et plus ferme que le bourreau lui-même, dut se relever. Elle sembla interroger, de son grand et beau regard, le chevalier de Bideren.

Celui-ci ajouta :

— Venez! venez! Rentrez dans votre tente sous la protection du révérend père; je vais trouver notre sire, monseigneur Pierre de Béarn.

Et le bourreau, devinant que son office était terminé bien qu'il n'eût pas commencé, se retira heureux de n'avoir pas rougi le sol d'un sang qui lui paraissait pur.

La Goïta rentra dans la tente assez affaissée par ces émotions. Sa grâce certaine ne la réjouissait pas, du moins en apparence. Sa pensée s'était déjà reportée vers les sphères mystiques, et l'âme veuve d'Enrique ne soupirait qu'après le fiancé, loin de ce monde.

Mais Bideren était déjà auprès de Pierre de Béarn.

— Sur ma tête! ou je quitte le métier des armes, le chemin de la chevalerie, disait-il avec véhémence, sur ma tête, je réponds de la Gitana!

Je réclame une récompense pour avoir ouvert le chemin du Château Noir : je veux cette femme! Elle prouvera son innocence, et elle sera utile au procès contre Gratian.

Pierre de Béarn ébranlé réfléchit.

— Bien, dit-il. Je réclamerai à mon tour une récompense à monseigneur mon frère, celle de te pardonner la grâce que ta générosité accorde à la bohémienne.

. . . .

Le soir de ces événements, Arnaud, suivi d'un écuyer, emportait sur son cheval la Goïta délivrée, et il allait la mettre en sûreté au château de Bideren, au-delà du Gave.

. . . .

Nous allons voir, à partir de la prochaine livraison, dans les *Grands jours de la Revanche*, ce qu'il advint de la reine des Gitanos et du grand rôle que jouèrent, dans les amours célèbres de ce temps-là et dans l'histoire nationale de la France, les personnages, restés vivants encore, du *Château Noir* et du *Sang Farouche*.

JACQUES-VINDEX.

F I N

(Voir l'avis à la page suivante.)

Nous répétons à nos lecteurs ce que nous avons déjà écrit à la fin de notre dernière livraison :

Les *Grands jours de la Revanche* sont la suite du *Château Noir*. Les dramatiques péripéties qui préparèrent une première fois le triomphe de la France sur l'Anglais envahisseur vont se dérouler dans les *Grands jours*, et tous les personnages qui ont déjà paru dans les récits du *Château Noir* ont joué le plus grand rôle dans les préliminaires de la mémorable campagne de 1372. On verra comment Gaston-Phœbus, après avoir pour ainsi dire répudié sa femme la comtesse de Foix, prépara, en haine de Charles-le-Mauvais, allié des Anglais, le complot des grands barons du Midi.

L'intrigue romanesque et l'histoire se suivent à chaque pas dans les *Grands jours de la Revanche*. C'est le livre du patriotisme national qui se prépare et nous demandons aux nombreux lecteurs du *Sang Farouche* et du *Château Noir* de nous rester fidèles et de nous trouver d'autres adhérents parmi les intelligents amateurs de drames historiques. C'est à tous les cœurs patriotes que nous faisons appel : il faut que les *Grands jours de la Revanche* pénètrent partout, afin qu'on sache comment un peuple envahi et mutilé se relève et grandit.

Les *Grands jours* paraîtront le 1er décembre, sans interruption, immédiatement après le *Château Noir*, qui finit à la livraison 35°. Tous les libraires seront pourvus.

Nous donnerons le double de matière sur deux colonnes à chaque page, avec des dessins inédits spécialement exécutés pour les *Grands jours de la Revanche*.

A tous nos lecteurs qui sont devenus nos soutiens et nos amis, nous confions le succès du roman patriotique que nous leur annonçons.

JACQUES VINDEX.

L'auteur réserve formellement ses droits de propriété et tous ceux de reproduction et de réimpression.

Magny-en-Vexin (Seine-et-Oise). — Imprimerie O. PETIT.

www.ingramcontent.com/pod-product-compliance
Lightning Source LLC
Chambersburg PA
CBHW050642170426
43200CB00008B/1122